文物保护与博物馆展览策略

孟文丽◎著

图书在版编目（CIP）数据

文物保护与博物馆展览策略/孟文丽著. -- 长春：时代文艺出版社，2023.12
ISBN 978-7-5387-7254-8

Ⅰ.①文… Ⅱ.①孟… Ⅲ.①博物馆－文物保护－研究 Ⅳ.①G264

中国国家版本馆CIP数据核字(2023)第205778号

文物保护与博物馆展览策略
WENWU BAOHU YU BOWUGUAN ZHANLAN CELUE

孟文丽　著

| 出 品 人：吴　刚 |
| 责任编辑：李荣鉴 |
| 装帧设计：文　树 |
| 排版制作：隋淑凤 |

出版发行：时代文艺出版社
地　　址：长春市福祉大路5788号　龙腾国际大厦A座15层（130118）
电　　话：0431-81629751（总编办）　0431-81629758（发行部）
官方微博：weibo.com/tlapress
开　　本：710mm×1000mm　1/16
字　　数：250千字
印　　张：15.75
印　　刷：廊坊市广阳区九洲印刷厂
版　　次：2023年12月第1版
印　　次：2023年12月第1次印刷
定　　价：76.00元

图书如有印装错误　请寄回印厂调换

前　言

　　文物保护与博物馆展览将古老与现代、传统与创新相融合，承载着人类文明的记忆，将历史的长河凝固在展览馆中。在这个领域，我们经常需要面对两重挑战：一方面是如何妥善保护那些千百年来传承下来的文物，让它们在时间的冲刷中得以保存；另一方面，则是如何通过博物馆展览，将这些珍贵的文物呈现给公众，让历史和文明在观众心中绽放。

　　文物保护，不仅仅是对实物的保护，更是对文化的传承。它需要我们运用现代科技手段，将传统与创新相结合，找到一种既能保护文物完整性，又能让其与现代社会相契合的方式。在这个过程中，社会的广泛参与变得尤为关键，唯有共同努力，才能守护这份文化的瑰宝，将其传递给后代。

　　博物馆展览，则是连接过去与现在的桥梁。通过巧妙的展陈设计和展示手法，我们可以将古老的器物、文献、艺术品等呈现得栩栩如生，让观众仿佛穿越时光，亲身感受历史的厚重。博物馆不仅是知识的仓库，更是文化的窗口，通过展览，我们能够更好地理解自己的文化根基，以及与其他文明的交融。

　　因此，文物保护与博物馆展览是一项需要科学、文化、社会多方共同参与的事业。本书将深入探讨这个领域中的关键议题，从文物保护的技术手段到博物馆展览的设计理念，从社会参与到文化传承，旨在为读者呈现一个全面且深入的视角，探讨如何更好地保护和展示人类宝贵的文化遗产。让我们一同踏上这段穿越时空的旅程，探寻文明的脉络，感受历史的韵味。

目 录

第一章 文物保护概述
第一节 文物的定义与分类 …………………………………… 001
第二节 文物保护的法律框架 ………………………………… 009
第三节 灾害防范与文物保护 ………………………………… 034
第四节 新技术在文物保护中的应用 ………………………… 054

第二章 博物馆展览策略
第一节 展览策略的概念 ……………………………………… 071
第二节 博物馆展览设计原则 ………………………………… 105
第三节 多媒体技术在展览中的运用 ………………………… 132
第四节 参与性展览与互动体验 ……………………………… 139

第三章 文物数字化与虚拟展览
第一节 文物数字化的概念与技术手段 ……………………… 147
第二节 虚拟博物馆的发展与应用 …………………………… 160
第三节 数字化展览对文物保护的影响 ……………………… 165
第四节 可持续性发展与数字化文物资源 …………………… 175

第四章　社会参与与教育推广

第一节　社会参与文物保护的意义 ……………………………… 183
第二节　博物馆的教育推广作用 ………………………………… 210
第三节　利用社交媒体进行文物宣传 …………………………… 220

参考文献 ……………………………………………………………… 242

第一章 文物保护概述

第一节 文物的定义与分类

一、文物的概念与范围

（一）文物的概念

文物是人类社会发展过程中留下的具有历史、艺术、科技、社会学等价值的有形和无形的物品。它承载着人类文明的记忆和传承，包括但不限于器物、手工艺品、书画、古建筑、古代文书、器乐、考古遗址等。

（二）文物的范围

文物的范围极其广泛，可以分为以下几个方面：

1. 器物与手工艺品

陶器是古代文明中的杰出代表，包括陶罐、陶盘、陶壶等。不同地区的陶器具有独特的艺术风格，反映了当地的文化、生活习惯和审美观念。古代铜器是金属工艺的杰出代表，包括青铜器、铜镜、铜钱等。青铜器是古代社会权力和地位的象征，展现了高超的冶炼和铸造技术。玉器在中国传统文化中具有特殊的地位，包括玉璧、玉佩、玉雕等。玉器不仅是实用工艺品，更是吉祥、富贵和美好生活的象征。传统手工艺品涵盖了各种材质和工艺，如刺绣、扎染、剪纸等。这些手工艺品传承了古老的工艺技术，展现了民间艺术的独特魅力。这些器物与手工艺品不仅记录了古代人类的生活，更是艺术的杰作，承载了丰富的文化内涵。在文物保护中，对这些古老工艺品的维护和传承具有重要的意义。

2. 书画与文书

古籍是古代人类智慧的结晶，包括文学、历史、哲学等各个领域的著作，记录了古代社会的思想、制度、文学成就，对后人的学术研究和文化传承具有深远的影响。字画是中国传统艺术的重要形式，包括书法和绘画。书法作品以其独特的艺术风格展现了文字的美感，绘画作品则通过图像的形式表达了艺术家的审美情趣和观念。古代的碑刻记录了历史事件、人物事迹以及文学艺术成就。石刻的耐久性使得这些碑刻成为历史的见证，对于研究古代文化和历史具有不可替代的价值。古代文书包括各种古代手稿、文献记录等。这些文书不仅是历史的实物证据，也是文学、法律、宗教等方面的重要文献，为我们了解古代社会提供了珍贵资料。这些书画与文书作为文物，承载了丰富的历史、文化内涵，是文物保护工作中需要特别关注的对象。在保护过程中，要综合运用科技手段，确保其在时间的洗礼中得以保存和传承。

3. 古建筑

古代寺庙是宗教信仰与建筑艺术的结合体，具有独特的宗教意义和建筑风格。寺庙的建筑结构、雕刻艺术和装饰元素都反映了当时社会的宗教信仰和文化水平。古代宫殿是统治者权力的象征，也是建筑艺术的高峰之一。宫殿建筑常常采用雄伟的结构和精湛的雕刻工艺，展现了统治者的威严和文化的繁荣。古代城墙是城市防御工事的代表，它体现了当时的防御技术和城市规划。城墙的建筑风格、结构设计反映了古代文明的城市规划和军事思想。这些古建筑是文化遗产的瑰宝，代表了古代社会的建筑技术、审美观念和文化传统。在文物保护中，古建筑的维护与修复既是对历史的尊重，也是对后人文化传承的重要贡献。

4. 乐器

古代的乐器丰富多彩，包括琴、瑶、笙、筝等。这些乐器在古代音乐中扮演着重要的角色，为社会生活、宗教仪式和娱乐活动提供了音乐的伴奏和表达方式。琴是中国传统乐器的代表，如古琴、琵琶等。琴的音乐表达既有深沉悠远的意境，也能表达出豪放激昂的情感，是古代文人雅士喜爱的艺术工具。瑶是中国古代的打击乐器，通过敲击发声。它常常用于宗教仪式、庆典等场合，体现了音乐在古代社会的宗教和文化功能。笙是一种吹奏乐器，具有清亮悠扬的音色。古代笙常被用于宫廷音乐、宴会娱乐等场合，展示了古代音乐的艺术风貌。这些古代器乐不仅是古代音乐的核心，也是古代文化的表达方式。在文物保护中，对这些古老的音乐文化进行保护与传承，是对古代音乐文明的珍视。

5. 考古遗址

考古遗址是地下埋藏的文化遗产，包括古代建筑、生活遗迹、墓葬等。通过考古发掘，可以还原古代社会的生活方式、制度组织、文化风俗等，为了解人类文明的演变提供了珍贵的实物证据。古代建筑遗址包括古代城市遗址、宫殿遗址、寺庙遗址等。这些建筑遗址反映了古代城市规划和建筑技术水平，揭示了当时社会的政治、宗教和文化面貌。土层中的古代生活遗迹包括房屋基址、生产工具、陶器等。这些遗迹能够还原古代人类的日常生活，了解他们的居住环境、生产方式等。古代墓葬是了解古代社会宗教信仰、丧葬制度和人类历史的重要途径。墓葬中的文物、器物等反映了当时社会的文化水平和人们对死者的尊重。考古遗址的保护和研究对于还原古代社会面貌、推动人类文明研究具有重要的价值。在考古工作中，科学的发掘和合理的保护是至关重要的环节。

文物的广泛范围使得文物保护与管理变得复杂而重要，需要综合运用多学科的知识和技术手段，以确保文物的完整性和传承性。

二、文物的分类及特征

（一）文物的分类

文物的分类是为了更好地管理和研究，通常根据其性质、用途、材质等方面进行区分。主要的分类包括器物、文书、艺术品等。

文物的这些主要分类反映了人类文明的多样性和丰富性，也为文物保护、研究和展示提供了有序的框架。

（二）文物的特征

1.器物的特征

器物是人类创造和使用的工具、容器等物品，具有多方面的特征。

首先，材质是器物的重要特征之一。不同的材质反映了当时的技术水平和可获得的资源。例如，古代的陶器、青铜器、玉器等，材质的选择直接关系到器物的用途和美学表现。

其次，形状也是器物的显著特征。器物的形状往往受到文化、宗教和功能需求的影响。古代的器物形式多种多样，如器皿的造型、工具的设计等都反映了当时社会的审美观念和实用需求。

再者，用途是器物特征中至关重要的一部分。不同的器物被设计出不同的功用，如生产、宗教仪式、饮食等。器物的用途也与当时社会的生产方式和文化习俗密切相关。

总的来说，器物作为文物的一种，通过其材质、形状和用途，展现了人类在不同历史时期和文化环境中的创造力、生活方式和社会发展。

2.文书的特征

文书作为文物的一种，包括古籍、手稿、碑刻等，具有文字记载的特征，是文化传承的主要载体。

首先，文书用文字记录是其最显著的特征。古籍、手稿、碑刻等以文字形式表达了人们的思想、知识和经验。这些文字记录涵盖了广泛的领域，包括历史、文学、法律、宗教等，为后人了解过去提供了珍贵的资料。

其次，文书具有历史性。通过古代文书的阅读，可以窥见古代社会的风俗习惯、政治制度、宗教信仰等方面的信息。文书中的历史记载为我们了解古代社会的面貌提供了重要线索。

另外，文书反映了当时的文化水平和思想观念。语言、表达方式、修辞手法等都是文书中展现文化特征的方面。文学作品的风格、哲学著作的思想体系等都通过文书传承给后人。

总的来说，文书作为文物，透过其文字表达，见证了人类思想、历史和文化的发展，是珍贵的文化遗产。

3. 艺术品的特征

艺术品包括绘画、雕塑、音乐乐器等，具有独特的艺术表现力。其特征主要体现在以下几个方面：

首先，艺术品的艺术风格是其鲜明的特征之一。不同的时期和不同的文化背景塑造了独特的艺术风格。例如，文艺复兴时期的绘画风格与古埃及雕塑的风格迥然不同，反映了不同时代的审美趣味和文化特征。

其次，表现手法是艺术品关键的特征之一。艺术家通过绘画、雕塑、音乐等手段表达自己的情感、思想和审美理念。画家的用色技法、雕塑家的造型手法，都是艺术品表现手法的重要组成部分。

此外，艺术品还反映了艺术家的创意。艺术创作是艺术家个体思想的表达，其创意性体现在对主题的独特诠释、艺术形式的创新等方面。艺术品通过艺术家的创意传达着独特的文化信息。

总的来说，艺术品通过其独特的艺术风格、表现手法和艺术家的创意，成为文物保护、文化研究和审美体验的重要对象。

4. 考古遗址的特征

考古遗址作为文物的一种，具有它的特征，主要体现在以下几个方面：

首先，考古遗址的地下文物是其显著特征之一。地下埋藏的文物包括陶器、工具、装饰品等，这些物品在长时间的埋藏中得以保持相对完整的状态，为研究古代生活、制度和技术提供了宝贵的实物证据。

其次，建筑遗迹是考古遗址的重要组成部分。古代城市、寺庙、宫殿等建筑的遗迹可以通过考古发掘还原其结构和布局，揭示古代社会的城市规划、宗教信仰等方面的信息。

此外，考古遗址还包括生活遗迹，如房屋基址、生产工具、陶器等。这些遗迹可以还原古代人们的居住环境、生产方式和日常生活。

最重要的特征之一是，考古遗址通过时间的叠加展示了不同历史时期的文化层序。这为研究文化的演变、社会的发展提供了时间线索。

总体而言，考古遗址作为文物的一种，通过地下文物、建筑遗迹等，为我们提供了窥视古代社会的窗口，是了解人类历史文明的关键途径。

文物的分类和特征对于文物保护、研究和展示都具有指导意义，有助于更系统地理解和管理丰富多样的文化遗产。

三、重要文物的价值与意义

（一）历史价值

重要文物承载着丰富的历史信息，是时间的见证者。通过考古发现的古代文物，我们能够还原过去的社会、政治、经济状况，揭示人类社会的演变过程。这些文物成为历史的活教材，让我们更深刻地理解过去，从而更好地面对未来。重要文物作为历史的见证者，具有深远的历史价值。首先，这些文物通过物质的存在，直接记录了过去社会的实际状态。考古发掘的古代文物，如器物、建筑遗址等，为我们提供了生活方式、技术水平、社会制度等方面的实际数据，使我们能够还原过去社会的面貌。其次，重要文物是历史的活教材。它们通过形式丰富的方式，如文字、图案、雕塑等，向我们展示了当时人们的思想、信仰、艺术追求等。这些活教材不仅是学者研究的对象，也为普通人提供了直观的历史体验。重要文物还有助于揭示历史事件的背后故事。例如，通过古代文书的研究，我们可以了解战争、政治决策、社会风貌等方面的详细情况，为历史事件提供更全面的理解。总体而言，历史价值使得重要文物成为时间的桥梁，连接着过去、现在和未来，为我们提供了独一无二的历史认知和体验。

（二）文化价值

重要文物反映了特定文化的独特特征，包括语言、宗教、思想、习俗等。它们是文化传承的载体，有助于保护和传承文化的基因。通过这些文物，我们能够感受到不同文化的魅力，增进文化多样性的认知，促进不同文明之间的交流与理解。重要文物承载着丰富的文化信息，具有深刻的文化价值。首先，文物通过其独特的语言和符号传达着特定文化的信息。古代的文字、图案、雕塑等艺术形式反映了当时的语言、宗教、价值观等方面的文化特征。这些文物成为文化传承的有力证据，有助于维护和传承文化的基因。其次，文物是文化的实物代表。通过文物，我们能够感受到不同文化在物质生活、审美取向、制度规范等方面的差异。这不仅有助于丰富文化的内涵，也促进了人们对于文化多样性的认知。重要文物还有助于加深文明之间的交流与理解。不同文化背景下的文物展览和研究，使人们能够更全面地了解彼此的文化传统，促进文明之间的互相尊重和合作。总的来说，文化价值使得重要文物成为文明传承的珍贵遗产，通过其独特的文化特征，连接着人类文化的长河，为文明的持续发展提供了宝贵的参考。

（三）艺术价值

重要文物中的艺术品，如绘画、雕塑、音乐等，展示了人类创造力和审美追求。通过欣赏这些文物，我们能够体验不同历史时期、不同文化背景下的艺术风貌，感受艺术家的情感和创意，拓展审美视野。重要文物中的艺术品，具有深远的艺术价值，超越了时间和空间的限制，成为永恒的艺术之美。首先，这些艺术品通过其独特的艺术风格成为文化的精髓之一。

绘画、雕塑、音乐等不同形式的艺术作品反映了不同时期、不同文化背景下的审美追求和艺术理念。它们为人们提供了欣赏美的方式，丰富了人类的审美体验。其次，艺术品是艺术家情感和创意的表达。通过艺术品，我们能够感受到艺术家对世界的独特视角、对情感的深刻体验，以及对创作的独特理解。这种情感和创意超越了时代的局限，仍然能够打动人心。艺术品还通过其表现手法展示了艺术家的技艺和创作才华。无论是色彩的运用、形式的构思，还是音符的编排，都反映了艺术家对艺术语言的独到理解和精湛技巧。总体而言，艺术价值使得这些文物不仅仅是历史的记录者，更是永恒的灵感源泉。通过欣赏这些艺术品，我们能够穿越时空，感受到人类创造力的卓越，丰富自己的艺术鉴赏和审美体验。

（四）教育与研究价值

重要文物在教育和研究领域发挥着深远的作用，为学者提供了丰富的研究材料，促进了学科的发展。首先，重要文物是学者们进行深入研究的重要对象。通过对文物的细致研究，学者可以探究古代社会、文化和艺术的方方面面。文物不仅是历史的记录者，更是研究者解读过去的窗口，为学科领域的不断拓展提供了新的视角。其次，文物通过展览和教育活动，为公众提供了学习历史、文化、艺术的平台。通过参观展览，人们能够亲身感受到历史的沧桑、文化的多样性，激发对知识的兴趣。这种教育价值有助于推动社会的知识传递和共享。重要文物还是文化研究的基石。通过对文物的研究，学者可以深入探讨不同文化的形成、发展和演变，从而促进文化的研究和跨文化的理解。总体而言，教育与研究价值使得重要文物成为知识的源泉，为学术研究和社会教育提供了丰富的资源。在整个历史、文化和艺术的大画布上，重要文物如同闪烁的明星，为人类的智慧、情感和创造力留下了永恒的痕迹，为未来的世代提供了无尽的启示。

第二节 文物保护的法律框架

一、国际上的文物保护法律与公约

文物保护在国际范围内得到了广泛关注和共识,为此制定了一系列法律和公约,以促进文物的保护和传承。

(一)联合国教科文组织(UNESCO)的文物保护公约

联合国教科文组织通过多项公约致力于推动文物保护的国际合作,其中最为显著的是《1970年古代文物非法进出口禁止公约》。

这一公约的主要目的在于防止古代文物非法流失,特别是通过非法贩运和交易导致文化财产丧失原址的情况。以下是该公约的关键内容和原则:

1. 非法进口和出口的禁止

公约规定成员国在境内禁止古代文物的非法进口。这意味着成员国应当建立和实施相关法律法规,禁止任何未经授权或未经合法手续的古代文物进入其境内。同样,公约规定成员国在境内禁止古代文物的非法出口。这意味着文物不能未经授权或未经合法手续就被运往其他国家。公约的目的在于防止文物通过非法渠道离开原址,以减少文物的流失和失窃。通过这一措施,公约鼓励成员国采取有效措施,确保文物在其本国境内合法存留。禁止非法进口和出口有助于维护文化遗产的完整性和原址的完整性。文物在其原始背景中的保存有助于更好地理解和研究文化历史。公约通过禁止非法进口和出口,强调了全球合作的重要性。成员国之间需要共同努力,防范文物的非法流失,实现文化遗产的全球保护。通过这一规定,公约在国际层面建立了一种共同的法律框架,为古代文物的保护提供了具体的法律依据和规范。

2.合作机制

公约鼓励成员国通过信息共享机制，分享关于非法贩运和流失文物的情报。这种信息共享有助于及时发现和追踪非法流失的文物，从而采取有效措施。成员国被鼓励在发现有关非法流失文物的线索时，进行合作调查。这种合作可以涉及跨境的联合调查团队，共同追踪文物的流向和贩运网络。公约明确规定了追索非法流失文物的权利。合作机制使得成员国可以相互协助，共同追索被贩运到其他国家的文物。这有助于将非法流失的文物追回原址。公约鼓励成员国开展培训活动，提高执法人员对文物贸易的认识和技能。此外，合作机制还涉及技术支持，确保各国能够采用最先进的技术手段进行文物保护。合作机制也鼓励成员国与国际组织、非政府组织等合作。这种多方参与的机制可以更全面地应对非法文物流失的挑战，发挥各方的专业优势。通过这一合作机制，公约强调了国际合作的必要性，将各国联合起来，共同保护文化遗产，防范非法流失的文物。

3.出口文物的证明

在文物出口时，成员国要求提供证明文物合法获取的证据。这可能包括有关文物来源、拥有者、出土地点等方面的文件和记录。证据的提供有助于确保文物的历史和来源是合法的。为了确保文物的合法性，成员国可能要求制定出口许可证制度。这意味着在文物出口之前，需要获得相关机构的批准，并提供合法性证据。这种制度可以加强对文物流动的监管。通过要求提供合法获取证据，公约旨在减少非法流失文物的风险。文物在出口前需要经过详细的审查，确保其历史合法，从而防止非法贩运。出口文物的证明要求也促使成员国加强国际合作。各国在出口文物的过程中需要相互协助，共同确保文物的合法性。这种合作有助于防范文物的非法贸易。为了更好地管理文物的合法性，一些国家建立了文物追溯系统，通过数字化技术记录文物的来源和流动。这种系统有助于提供更全面的证据，确保文物合法性。通过这一要求，公约强调了成员国在文物出口方面的责任，鼓励建立有效的管理和监管体系，确保文物的出口符合法律和道德标准。

4. 追索权

公约规定成员国有权追索在非法交易中流失的文物。这意味着一旦发现文物经非法手段流失，受损国家有权要求返还。追索权为成员国提供了法律依据，使其能够在国际上要求返还非法流失的文物。这有助于加强国家对文物流失的监管和保护。公约规定了具体的返还程序和条件。成员国可以依据公约的规定，通过国际合作机制或其他手段追索文物，确保文物回归原址。在追索过程中，成员国被鼓励进行友好协商。这有助于促成返还事宜，同时也强调了国际合作和相互理解的重要性。追索非法流失文物通常需要国际协作。公约通过确立追索权，鼓励成员国在文物返还的问题上积极合作，共同应对文物流失挑战。追索权的确立强调了文物保护的国家利益。成员国通过行使追索权，维护了自身文化遗产的完整性，防止文物被非法流失。通过追索权的设立，公约为成员国提供了一种有力的手段，使其能够追溯和争取非法流失文物，推动国家间在文物保护上的国际合作。

5. 教育和宣传

公约鼓励成员国通过教育活动，向公众传达文物保护的重要性。这有助于提高公众对文物价值的认识，增强社会对文物合法获取和保护的支持。教育和宣传活动可以重点介绍公约的相关法律规定和原则，使公众更清晰地了解文物的合法获取和非法流失的法律标准。这有助于形成社会共识，推动文物保护法规的遵守。教育活动可通过各种媒体和渠道，普及文物保护的基本知识。这包括文物的分类、鉴定、合法交易等方面的知识，使公众更了解文物保护的全过程。宣传活动可以强调合法文物交易的重要性，鼓励公众通过合法途径获取和拥有文物。这有助于减少非法贸易，推动合法文物市场的发展。教育和宣传活动有助于培养公众对文化遗产的保护意识，使人们认识到文物是国家和全人类的宝贵财富，应得到共同的保护。宣传活动可以强调国际协作的理念，使公众理解文物保护是一个全球性的责任。这有助于形成国际共识，促使各国共同努力应对文物流失问题。通过教育和宣传，公约旨在从根本上培养社会对文物保护的理解和支持，形成广泛的文物保护意识，推动社会各界共同参与文物保护工作。

通过这一公约，联合国教科文组织为各国提供了合作平台，共同努力防止古代文物的非法流失，保护世界文化遗产的完整性和多样性。

（二）国际古迹遗址理事会的指导

国际古迹遗址理事会（ICOMOS）是一个国际性的非政府组织，致力于保护和保存文化遗产。国际古迹遗址理事会通过制定一系列关于文物保护和遗产管理的指导方针，为各国提供了专业的建议和指导，促进了国际文物保护事业的发展。以下是国际古迹遗址理事会的指导对文物保护的贡献：

1. 标准和准则

国际古迹遗址理事会的标准和准则是在文物保护领域具有权威性和专业性的指导文件，涵盖了各个方面，包括文化景观、建筑、考古遗址等。以下是国际古迹遗址理事会发布的标准和准则的一些特点：一是这些标准和准则反映了国际古迹遗址理事会作为专业文物保护组织的高水平专业知识。它们以专业性为基础，为从业者提供了详细和系统的指导。二是这些标准和规则涵盖了文物保护的多个领域，包括但不限于文化景观、建筑、考古遗址、城市文化遗产等。三是这种全面性有助于确保各个方面的文物得到适当的保护。这些标准和准则是国际性的，适用于全球范围内的文物保护工作。它们超越了国界，为各国在文物保护方面提供了共同的框架和标准。作为参考文件，这些标准和准则为各国的文物保护工作提供了参考点。各国可以根据自身情况选择性地应用这些标准，以指导和改进其文物保护实践。四是国际古迹遗址理事会的标准和准则是不断更新和发展的。这反映了对于文物保护领域新发现、新技术以及新的社会和文化挑战的持续关注。通过不断更新，国际古迹遗址理事会保持了其标准的现代性和适应性。五是除了为从业者提供实际指导外，这些标准和准则还起到了教育的作用。它们有助于培养文物保护领域的专业人才，推动行业的发展。国际古迹遗址理事会的标准和准则为全球文物保护提供了一个共同的框架，推动了文物保护工作的专业化和国际合作。

2. 文化景观保护

国际古迹遗址理事会在文化景观保护方面提供了专业的指导方针，涵盖了景观的多个方面，包括研究、保护、修复和管理等。以下是国际古迹遗址理事会在文化景观保护方面的关键建议：一是国际古迹遗址理事会鼓励对文化景观进行深入的研究与评估。这包括了解景观的历史、文化意义、生态系统等方面，以全面了解景观的特征和价值。二是保护原则提供了文化景观保护的基本原则。这些原则涉及如何保护景观的完整性、真实性，以及如何平衡保护与可持续发展的关系。三是修复与复原提供了关于景观修复与复原的指导。这包括如何处理景观的损伤或变化，以及如何还原景观的历史特征。四是管理与维护强调了有效的景观管理与维护。这包括了制定合适的管理计划、社区参与、监测和维护等方面的建议。五是社区合作强调与社区的合作。文化景观通常与当地社区有着紧密的关系，因此，国际古迹遗址理事会鼓励与当地居民、利益相关者进行密切合作，以确保他们对景观的参与和理解。六是可持续性考虑强调了文化景观保护中的可持续性考虑。这包括了对景观生态系统的保护、社会经济可持续性的促进等方面的指导。七是文化多样性强调了对文化多样性的尊重。文化景观通常代表着多样的文化传统和历史，因此，保护工作应该尊重并促进这种多样性。国际古迹遗址理事会的文化景观保护指导方针为从业者、决策者和社区提供了实用的工具，以确保文化景观得到全面而有效的保护。

3. 建筑遗产

国际古迹遗址理事会在建筑遗产保护方面提供了一系列准则，旨在确保对历史建筑的保护工作符合专业标准。以下是国际古迹遗址理事会在建筑遗产保护方面的主要准则：一是国际古迹遗址理事会提供了关于修复和重建的原则，明确了在处理历史建筑时应遵循的基本准则。这包括尊重建筑的真实性、完整性，避免过度修复或变更等。二是建筑评估方法提供了对历史建筑进行评估的方法。这包括对建筑历史、建筑风格、建筑材料等方面的详细研究，以便做出正确的保护和修复决策。三是文化背景的考虑强调了在保护建筑遗产时考虑其文化背景的重要性。建筑通常是文化传统的一部分，因此，保护工作应该尊重并反映出这一文化背景。四是灾害风险管理提供了关于建筑遗产灾害风险管理的指导。这包括了防范措施、灾后恢复策略等方面的建议，以应对自然灾害和人为破坏等风险。鼓励与社区的合作。建筑遗产往往与当地社区密切相关，因此，国际古迹遗址理事会倡导与当地居民、利益相关者进行积极合作，使他们参与到保护决策中。五是可持续性强调了建筑遗产保护中的可持续性考虑。这包括对建筑材料的选择、能源效率的提高等方面的建议，以确保保护工作符合可持续发展的原则。六是新建与变革提供了关于如何在历史建筑周围进行新建和变革的指导。这旨在确保新建筑和变革不会对历史建筑产生负面影响。这些准则为专业人士和决策者提供了实用的框架，以确保对建筑遗产的保护和管理工作在专业和合理的基础上进行。

4.考古遗址保护

国际古迹遗址理事会关注考古遗址的保护，并为考古工作者提供了有关考古发掘、保护和展示的指导方针，以确保考古工作的科学性和文物的合理保存。以下是国际古迹遗址理事会在考古遗址保护方面的主要指导方针：一是考古发掘原则提供了关于如何进行科学而合理的考古发掘的原则。这包括了考古学家在发掘前的详尽研究、记录和文物保护方面的职责。二是文物保存强调了对考古遗址文物的合理保存。这包括了采用合适的保存方法，以确保文物的完整性和真实性。三是展示与教育提供了关于如何展示考古遗址的指导。展示应该是科学的、教育性的，以便向公众传达有关过去文明的信息。四是环境保护鼓励在考古遗址周围进行环境保护。这包括了对周边环境的保护，以确保考古遗址的自然和文化环境得到维护。五是社区参与强调了与社区的合作。社区对考古遗址可能具有重要的文化和历史意义，因此，国际古迹遗址理事会鼓励考古工作者与当地社区合作，促使社区参与考古保护工作。六是考古工作应该遵循国家和国际法律法规，确保工作的合法性和合规性。这些指导方针旨在确保考古工作的科学性、合理性，并在考古遗址的保护和展示方面取得最佳效果。

5.可持续性和社会参与

国际古迹遗址理事会强调了可持续性原则，并倡导社会参与和文物保护的整合。通过指导方针，国际古迹遗址理事会鼓励各国在文物保护中考虑社会、经济和环境的可持续性。以下是国际古迹遗址理事会在可持续性和社会参与方面的主要指导原则：一是国际古迹遗址理事会提倡在文物保护中考虑可持续性。这包括在保护和管理文化遗产时采取可持续发展的策略，以确保其长期的社会、经济和环境可持续性。国际古迹遗址理事会强调社会参与的重要性。二是国际古迹遗址理事会鼓励在文物保护决策中积极纳入当地社区、利益相关者和其他社会成员，以确保保护工作符合他们的需求和期望。文物保护不仅仅是文化遗产的保护，还应考虑到自然环境的可持续性，以促进文化和自然的和谐共存。三是考虑到文化遗产通常是旅游的重要组成部分，国际古迹遗址理事会鼓励采取措施确保文化旅游对文物的保护是可持续的，不会对其产生负面影响。四是当地社区通常拥有对文物和文化的传统知识，国际古迹遗址理事会鼓励尊重和保护这些知识，以维护文化的真实性和完整性。这些原则旨在确保文物保护与社会、经济和环境的可持续发展相一致，同时注重社会参与，使文物保护更具广泛的社会意义。

6.培训和教育

国际古迹遗址理事会通过培训和教育项目，致力于促进文物保护领域的专业发展。以下是国际古迹遗址理事会在培训和教育方面的主要举措和原则：一是国际古迹遗址理事会提供专业发展培训，覆盖文物保护的各个方面。这包括文物科学、考古学、建筑保护、文化景观管理等领域的培训，以满足从业者在专业知识和技能方面的需求。二是通过国际交流项目，国际古迹遗址理事会促进从业者之间的国际合作和经验分享。这有助于各国专业人士更好地了解不同文化背景下的文物保护实践，并取长补短。三是国际古迹遗址理事会支持学术研究，推动文物保护领域的前沿科研。四是通过资助研究项目和组织学术研讨会，国际古迹遗址理事会为学者提供了展示和交流研究成果的平台。五是国际古迹遗址理事会积极参与文物保护教育项目，与高等教育机构合作，提供文物保护专业课程。这有助于培养新一代文物保护专业人才，推动领域的可持续发展。六是国际古迹遗址理事会提供在线资源，包括学术论文、培训材料等，以方便从业者获取最新的文物保护信息和知识。通过这些培训和教育举措，国际古迹遗址理事会努力提升文物保护领域的专业水平，促使更多的从业者具备先进的知识和技能，为文物保护事业的不断进步贡献力量。国际古迹遗址理事会的指导为各国提供了宝贵的经验和专业建议，推动了文物保护领域的发展，促进了国际合作与交流。

（三）海牙公约

海牙公约是一系列有关国际武装冲突中文物保护的公约，包括《第四次日内瓦公约》和《附加议定书》。这些公约规定了在冲突中文物的保护措施，旨在减少文化遗产在战争中的损害。以下是海牙公约的主要内容和规定：

1. 保护文化财产

保护文化财产是海牙公约的首要目标之一。在战争和武装冲突中，文化财产包括但不限于博物馆、图书馆、科学研究机构、宗教建筑和历史纪念物等，往往成为容易受到破坏的目标。这些文化财产承载着国家、地区甚至全人类的历史、文化和艺术价值，其保护对于维护人类文明的连续性至关重要。海牙公约通过规定禁止袭击文物的原则，确保在战争中文物免受不必要的破坏。博物馆和图书馆所藏珍贵的艺术品、手稿、文献以及科学研究机构的实验设备等，都在这一原则的保护范围之内。宗教建筑，作为宗教和文化的象征，也受到特别的关注，以确保它们在冲突中不成为攻击目标。历史纪念物如古代建筑、纪念碑等也在海牙公约的保护范围内。

这些纪念物见证了国家和人民的历史，是文化遗产的重要组成部分。通过禁止袭击这些历史纪念物，公约致力于保存人类共同的历史记忆，防止其被战争摧毁。总的来说，保护文化财产的规定是海牙公约为维护全球文明遗产所做的努力的一部分，旨在确保战争不会对人类文化的多样性和丰富性造成不可逆的损害。

2. 禁止袭击文物

禁止袭击文物是海牙公约的核心原则之一。公约明确规定，在军事冲突中，文物不得成为军事袭击的目标。这项规定的目的是确保文化财产在战争中免受意外伤害和破坏。各方参战国有责任采取一切必要的措施，以确保文物不成为不正当目标。这包括但不限于：公约鼓励各方在冲突中使用标志，以明确文物的存在。这有助于避免误伤和误炸，确保参战方能够识别和避免攻击文物。参战方在进行军事训练和计划时，应采取措施以确保文物不受到损害。这包括避免在文物附近进行军事活动，以减少可能的意外损害。参战各方被鼓励通过通报机制相互告知文物的存在和位置。这种透明的交流有助于避免误伤，并提供了文物保护的额外层面。通过明确规定文物不得成为军事袭击的目标，海牙公约旨在保护全球文化遗产，防止战争对人类文明的影响蔓延到文物领域。这一原则强调了文物的独特性和不可替代性，呼吁各方共同努力，确保文化财产得到妥善保护。

3. 文物的标志

在海牙公约的框架下，鼓励各方在冲突中使用标志以明确文物的存在是一项重要的措施。这一举措的目的在于降低文物成为误伤目标的风险，促使军事行动更加谨慎和有针对性。文物的标志可以采取多种形式，例如：在文物周围设置标牌或标识，以清晰地表明该区域有文物存在。这些标识可以包括文字说明、图示或特殊标志，便于军队辨识。利用现代科技，可以使用电子通信手段向参战方传达文物的存在和位置信息。这可以通过卫星通信、网络传输等方式实现，提供及时的、精准的信息。在地面上进行标记，例如通过颜色、形状等方式标明文物的位置。这种标记在飞行任务中特别有用，帮助飞行员辨认文物区域。通过使用这些标志，参战各方可以更容易地确认文物的位置，并在军事行动中避免对其造成损害。这有助于建立一种文物保护的合作机制，使各方在冲突中更加尊重和保护文化遗产。

4. 占用文物

在海牙公约中，对于占领方在敌方领土占领时对文物的保护有明确规定。公约强调占用方有责任尽量保护文物，避免任何不必要的损害。这一规定体现了对文化遗产的尊重和保护，即使在战争条件下，文物也应得到妥善对待。具体而言，占用方在占领敌方领土时应遵循以下原则：一是占用方应采取一切必要的措施，以最大限度保护文物，确保其不受到损害。这包括采用合适的防护手段，以防止文物在占领期间受到破坏。二是占用方在执行军事任务时，应避免对文物造成不必要的损害。这包括避免在文物附近进行军事行动、使用破坏性武器等。三是如果占用方需要使用文物，例如将文物用作军事设施或基地，也应确保采取适当的措施，以尽量减少对文物的影响。通过这些规定，海牙公约旨在确保占用方在占领敌方领土时能够充分尊重和保护文物，避免其在冲突中受到不必要的破坏。这一原则旨在平衡战争的军事需求和对文化遗产的保护，以确保文物能够在战争中得到应有的关注和保护。

5. 禁止掠夺

海牙公约的一项重要规定是禁止在武装冲突中对敌方文物进行掠夺。这一措施旨在防止冲突中发生文化财产的非法获取和盗掘行为。具体而言，公约规定：公约特别强调了对博物馆、图书馆和档案馆的文物保护。这些机构中的文物往往包含了丰富的历史、文化和艺术信息，因此禁止对其进行掠夺，以确保这些珍贵的文化资源不被非法获取。参战各方被明确禁止从敌方领土非法获取文物，包括通过盗窃、抢劫或其他非法手段。这有助于维护文物的合法性和保护文化遗产的完整性。公约鼓励成员国采取措施，打击非法贩运和流失文物的行为。这包括通过国内立法和国际协作来遏制文物非法流通。通过这些规定，海牙公约强调了在武装冲突中保护文物免受非法获取和掠夺的重要性。这有助于确保文物能够在冲突中得到妥善保护，不受非法活动的侵害。

6. 返还战利品

在海牙公约中，有一项重要规定是各方在冲突结束后应当返还战争期间可能被带走的文物。这一规定体现了对文物的合法性和原属国家的尊重，旨在确保在冲突中被带走的文物能够回归其合法的归属地。具体而言，公约规定：参战各方在冲突结束后有责任返还在战争期间可能被带走的文物。这一义务旨在确保文物能够回到其原属地，回归原有的文化背景和历史环境。在冲突期间带走的文物应当妥善保管，并进行记录。这有助于确保文物在返还时能够得到正确的辨识和归还给合法的所有者。文物的返还涉及各方之间的合作和协商。参战各方应通过协商达成一致，确保文物的返还能够在尊重法律和文物归属权的基础上进行。通过这一规定，海牙公约旨在维护文物的合法性和原有的文化归属，避免文物在冲突中成为战利品而遭受非法带走和非法交易的风险。这一原则体现了对文化遗产的尊重和保护，以确保文物在冲突结束后能够得到妥善的处理和返还。

7. 教育和宣传

海牙公约强调了对文物保护的教育和宣传活动的重要性。这一方面是为了提高公众对文物保护的认识，增强对文化遗产的尊重；另一方面也有助于促使社会更广泛地参与和支持文物保护工作。具体而言，公约规定：各方被鼓励通过教育活动，包括学校教育、社区教育等，向公众传达文物保护的重要性。这有助于培养年轻一代对文化遗产的尊重和责任感，使其认识到文物是整个社会共同的财富。各方应采取宣传措施，通过媒体、社交平台等渠道，向广大公众传达文物保护的信息。宣传活动可以加深人们对文物保护的理解，引起公众对文化遗产的重视。通过教育和宣传，海牙公约旨在在社会层面形成对文物保护的共识，并促使更多的人参与到文物保护的行动中。这有助于建立起一个更为文明、尊重文化遗产的社会环境，为文物的长期保护提供了有力的支持。海牙公约的制定旨在减少文化遗产在战争中的破坏，保护人类共同的文化财富。各缔约国通过遵守这些规定，共同致力于文物的保护和传承。

（四）保护年世界文化和自然遗产公约

1972年通过的保护世界文化和自然遗产公约是一项具有重要意义的文物保护公约。它涵盖了文化和自然两个方面，旨在全球范围内保护具有独特价值的文化和自然遗产，推动国际合作，确保这些遗产为后代传承。

1. 文化遗产保护

文化遗产的保护是1972年世界文化和自然遗产公约的核心内容之一。以下是对文化遗产保护的一些主要方面的讨论：一是公约强调对具有文化价值的遗产的认定和保护。成员国需要确定其领土上具有独特文化价值的遗产，并制定相应的保护计划。二是公约要求成员国采取必要的措施，以预防文化遗产的破坏、损害或无谓变化。这可能包括设立专门机构、制定法规和标准、加强监管等手段。三是文化遗产的原址和完整性是其文化价值的关键。成员国需要采取措施，确保文化遗产不被移动或分割，并保持其原有的文化环境和整体性。如果文化遗产受到了破坏或损害，成员国应该采取适当的修复和保养措施，以还原其原有的文化面貌。四是公约倡导公众的参与和教育。成员国应该鼓励社会各界对文化遗产的保护发挥积极作用，同时通过教育活动提高公众对文化遗产的认识和重视程度。总体而言，文化遗产保护旨在确保世代传承的文化财富得到妥善维护，以便将其传递给未来的后代。这需要国际社会的共同努力，促使各国在文化遗产保护上取得协调一致的行动。

2. 自然遗产保护

对于自然遗产的保护，1972年世界文化和自然遗产公约提出了一系列的指导原则，成员国应采取措施确保其领土内的自然遗产得到有效保护，防止遭受损害。公约要求成员国采取措施，确保自然遗产所在的生态系统得到有效的保护。这可能涉及建立自然保护区、划定生态敏感区域、采取可持续的自然资源管理等。公约强调对自然遗产中独特物种的保护。成员国需要采取措施保护濒危物种、提供合适的栖息地、防止非法捕猎和盗猎等。为了确保自然遗产的原生状态，成员国需要采取措施防止污染和破坏。这可能包括加强环保法规、控制工业排放、管理旅游活动等。随着气候变化的影响增加，公约鼓励成员国采取适应性措施，确保自然遗产能够适应气候变化的影响。为了更好地了解和保护自然遗产，成员国需要进行科学研究和监测。这有助于制定有效的保护策略和及时应对潜在的威胁。通过这些措施，世界各国共同努力，以确保自然遗产得到妥善保护，为未来的世代保留自然的瑰宝。

3. 国际合作

国际合作在文化和自然遗产保护方面扮演着至关重要的角色。成员国之间可以分享各自在文化和自然遗产保护方面的成功经验和最佳实践。这有助于各国更好地理解可行的保护方法，并从其他国家的经验中汲取启示。国际合作可以涉及技术层面，包括共同开展科学研究、利用先进技术手段进行监测和保护，以及合作开发创新的保护方法。合作国家可以共享资源，包括财政支持、专业人才、技术设备等。这有助于解决一些国家面临的资源匮乏问题，提高保护工作的效果。在自然灾害、战争等紧急情况下，国际合作可以提供及时的支持和协助。共同应对紧急情况，最大限度地减少文物的损失。合作可以涉及教育和培训项目，帮助发展中国家提升文物保护领域的专业水平，推动人才培养和技术交流。通过国际合作，各国之间的文化交流得以促进。这有助于增进相互理解，加深对其他文化的尊重和欣赏。综合而言，国际合作为全球文化和自然遗产的保护提供了广阔的合作平台，通过共同努力，更好地实现全人类对这些珍贵遗产的共同责任。

4. 世界遗产委员会

世界遗产委员会作为世界文化和自然遗产公约的执行机构，承担了多项重要职责，其中包括：委员会负责审议成员国提名的潜在世界遗产。这个过程包括详细的评估和专业的审查,确保被提名的遗产符合公约的标准。已被列入世界遗产名录的地区,委员会监督能确保它们的保护状态得到维持,并采取必要的措施来纠正任何潜在的问题。委员会向成员国提供技术和财政支持,以帮助它们更好地管理和保护其世界遗产。这可以包括培训项目、技术合作和资金援助。在紧急情况下,如自然灾害或武装冲突,委员会负责采取应急措施,协助受影响的地区保护其遗产。委员会通过教育和宣传活动,促进公众对世界遗产保护的认识,并强调全球共同责任。委员会负责做出关于世界遗产的重要决策,包括是否将某一地区列为世界遗产、是否采取特定的保护措施等。通过这些职责,世界遗产委员会发挥着重要的作用,确保世界上独特的文化和自然遗产得到妥善管理和保护,以便传承给后代。

5. 教育和宣传

教育和宣传在文化和自然遗产的保护中扮演着关键的角色。通过有效的教育和宣传活动,公众的认识水平得以提高,促使人们更积极地参与文化和自然遗产的保护。教育和宣传活动有助于提高公众对文化和自然遗产的意识。通过分享关于遗产价值、历史和重要性的信息,人们更容易理解为什么这些遗产需要得到保护。通过向公众传达保护文化和自然遗产的重要性,教育和宣传可以激发人们采取积极的行动,参与保护工作,防止遗产遭受损害。对文化和自然遗产的正确宣传有助于促进可持续旅游。游客在了解遗产的背后故事和价值后,更有可能以负责任的方式参观和享受这些遗产。通过教育和宣传,人们可以建立对文化和自然遗产的认同感。这种认同感有助于形成一种文化和自然遗产的共同责任感,推动社会更好地保护这些遗产。教育活动可以传承与文化和自然遗产相关的知识。这包括传统技艺、历史故事、自然生态系统等方面的知识,确保这些珍贵的信息能够代代相传。通过教育,年轻一代的人们能够了解并珍视文化和自然遗产。他们可能会成为未来的保护者和领导者,将保护遗产的责任传承下去。因此,教育和宣传不仅是提高公众对文化和自然遗产认知的工具,还是激发社会参与、推动可持续保护的重要手段。世界文化和自然遗产公约的制定是为了确保人类共同拥有的独特遗产得到妥善保护，同时也促使各国共同努力，实现全球文物保护的目标。

这些国际法律与公约构成了全球文物保护的法律框架，为各国提供了共同的原则和标准，推动了文化遗产的保护与传承。

二、国内文物保护法规体系

在国内，文物保护法规体系建立在多个法规文件的基础上，以确保文物得到妥善保护、合理管理。以下是国内文物保护法规体系的主要组成部分：

(一) 文物保护法

作为核心法规，《中华人民共和国文物保护法》是国内文物保护法规的基石。该法规明确了对文物的保护范围、保护原则、文物管理机构的职责等，为文物的全面保护提供了法律依据。

1. 保护范围

文物保护法规定的文物保护范围十分广泛，主要包括以下方面：一是古代建筑涵盖了具有历史价值的古代建筑，这些建筑可能代表了不同历史时期的建筑风格和技术。二是古代遗址包括古代文化、历史、人类活动的遗址，通过对这些遗址的保护，可以还原古代社会的面貌。三是古代石刻涉及雕刻在石头上的古代文化表现，如碑刻、石碑等，这些石刻通常具有历史或宗教的意义。四是绘画、书法、雕塑涵盖了具有艺术价值的绘画、书法和雕塑作品，这些作品反映了不同时期的艺术风格和文化内涵。五是工艺美术品包括传统手工艺品，如陶瓷、玉器等，这些工艺品不仅具有实用性，还承载着文化传统。这一广泛的保护范围确保了对不同类型文物的全面保护，使得国家能够保留丰富多样的历史和文化遗产，为后代传承提供了有力的支持。

2. 文物的管理机构

文物保护法规定了明确的文物管理机构，主要包括：国务院文物行政部门负责全国性的文物管理工作，具体职责包括领导和组织文物工作，制定文物保护政策、法规和规章，审批重大文物保护工程，管理国家级文物。在地方范围内负责文物的管理工作，包括制定本地区的文物保护规划、组织开展文物调查、登记和编制文物目录，审批本地区的文物保护单位。这样的管理机构设置确保了文物管理工作在中央和地方有明确的组织体系，从而更好地保护了各级各类文物。同时，文物保护法还规定了文物工作人员的职责和权利，为文物管理提供了制度保障。

3. 文物的保护

文物保护法规定了国家、省、自治区文物保护单位的设立程序和条件。这些单位在文物保护工作中扮演着重要角色，得到了特殊的法律保障。为了保护文物，文物鉴定是一项重要的工作。法规明确了对文物的鉴定程序，通过专业的鉴定，确保文物的真实性和保护的必要性。在文物受到破坏或者面临危险时，进行抢救性发掘是一种常见的保护手段。文物保护法为抢救性发掘提供了法律基础，确保在必要时可以采取紧急行动。这些规定使文物保护工作更有章法，确保了文物的全面、科学、系统的保护。

4. 文物交易

文物市场是文物交易的场所，对其进行有效的管理可以减少非法文物的流通。法规明确了文物市场的管理责任，包括对市场的登记、监督、检查等方面的规定。文物交易必须符合一定的条件，确保文物的合法性和真实性。法规规定了文物交易的条件，包括需要具备的证明材料、手续等，以确保文物的来源合法可追溯。这些规定有助于规范文物市场，提高文物交易的透明度，防范非法文物交易，从而更好地保护文物的合法权益。

5. 文物出境

文物的出境管理是文物保护中的重要环节，也是防范文物流失的关键之一。文物保护法规定了文物的出境管理，主要包括以下方面：对于国家一级文物和其他重要文物的出境，需要经过相关文物管理部门的审批程序。这一程序确保了文物的出境是经过合法程序的，并能够追溯文物的去向。文物出境需要取得出口许可证，这是出境文物的合法证明。出口许可证的颁发通常需要文物管理部门的审核，并对文物的种类、数量、价值等进行详细的记录。对于外国文物的进口，同样需要遵循一定的规定。文物保护法规定了进口文物的管理程序，包括进口许可证的取得等。通过这些管理措施，文物的出境受到有效的监管，有助于防范非法流失和确保文物的安全。

6.文物保护基金

文物保护基金的设立是为了为文物的保护、修复、考古等活动提供资金支持，确保文物的可持续保护和管理。这一措施有助于强化文物保护工作的经济基础，提高文物保护的专业水平。文物保护基金通常会通过募捐、捐赠、政府拨款等多种途径筹集资金，用于以下方面：资助文物修复工程，包括对古代建筑、艺术品等的修复和保护，确保其保存完好。资助考古项目，支持对古代遗址的发掘和研究，促进对历史的深入了解。向文物保护单位提供资金支持，用于提升文物保护单位的保护水平和管理能力。用于开展文物保护相关的培训活动，提高从业者的专业水平，推动文物保护的普及和宣传。通过设立文物保护基金，可以更好地保障文物保护工作的可持续发展，使文物得到更好的管理和保护。

(二) 文物保护条例

《中华人民共和国文物保护条例》是对文物保护法的具体细化和落实，提供了更为详细的操作性规定。以下是该法规的一些主要内容：

1.文物的分类与保护

进一步规定了文物的分类，包括文物的级别和类别，并对各类文物的保护提出了具体要求。

2. 文物的调查与评估

规定了文物调查和评估的程序和标准，确保对文物的认定和价值评估更加科学和准确。

3. 文物的流通与交易

对文物的流通和交易进行了更为详细的管理，规范了文物市场的运作和文物交易的程序。

4. 文物的修复与复原

提出了文物修复和复原的技术要求和程序，确保修复工作符合专业标准。

5. 文物的出境与进口

进一步规定了文物的出境和进口的程序和条件，保障文物的合法流通和交流。

6. 文物的保护单位

对文物保护单位的设立、管理和职责进行了具体规定，加强了对文物的专业保护。

7. 文物的抢救性发掘

规定了文物抢救性发掘的程序和要求，保护文物在灾害和工程建设中的及时发现和保护。

8. 文物的法律责任

对违反文物保护法律法规的行为提出了相应的法律责任和处罚。

《文物保护条例》的颁布实施，为文物的全面保护提供了更为具体的法律依据，有助于加强对文物保护工作的规范和监管。

（三）文物鉴定管理办法

《文物鉴定管理办法》的颁布是为了规范文物鉴定工作，确保文物的鉴定过程科学、准确、公正。以下是该管理办法的一些主要内容：

1. 鉴定范围

规定了文物鉴定的范围，明确了需要进行鉴定的文物种类，包括各类文物和文物的附属品。

2. 鉴定机构

规定了文物鉴定的机构，明确了由文物行政部门指定的鉴定机构，保证鉴定工作的专业性。

3. 鉴定程序

规定了文物鉴定的程序，包括鉴定申请、资料提交、鉴定评审等环节，确保鉴定工作有序进行。

4. 鉴定标准

制定了文物鉴定的标准，对不同类型的文物提出了具体的鉴定要求，保证了鉴定工作的科学性和准确性。

5. 鉴定费用

规定了文物鉴定的收费标准，明确了鉴定费用的支付程序和标准，保障鉴定机构的合法权益。

6. 鉴定结论

规定了文物鉴定结论的形式和内容，确保鉴定结果的清晰明了，为后续管理和保护提供依据。

通过《文物鉴定管理办法》的实施，文物鉴定工作得到了更为明确的法规支持，有助于提高文物鉴定的专业水平，确保文物的真实价值能够得到准确评估。

（四）文物保护工程管理办法

为了规范文物保护工程，国家发布了《文物保护工程管理办法》。该办法明确了文物保护工程的策划、实施、监督等方面的管理规定。

（五）博物馆管理条例

《博物馆管理条例》规范了博物馆的建设、管理、运营等方面的事项，为博物馆文物的保护提供了具体法规。

(六) 文物保护单位管理规定

《文物保护工程管理办法》的颁布旨在规范文物保护工程的各个环节，确保文物得到科学、有效的保护。以下是该管理办法的一些主要内容：《文物保护工程管理办法》规定了文物保护工程的策划程序，包括项目的立项、可行性研究、工程方案设计等，确保工程策划符合文物保护的需要。《文物保护工程管理办法》明确了文物保护工程的实施程序，包括招投标、施工管理、技术监督等，保障工程的高质量完成。《文物保护工程管理办法》规定了文物保护工程的监督机制，确保监督的独立性和科学性，防范工程中的违规行为。《文物保护工程管理办法》明确了文物保护工程的经费管理程序，包括经费的申请、审批、监督等，确保经费使用的透明和规范。《文物保护工程管理办法》规定了文物保护工程的验收程序，明确验收的标准和程序，确保工程的质量和效果符合预期。《文物保护工程管理办法》规范了文物保护工程的档案管理，确保对工程全过程的记录和资料的妥善保管。通过《文物保护工程管理办法》的实施，文物保护工程得以更为规范和科学的进行，有助于提高工程的质量和效果，确保文物得到有效的保护和传承。

(七) 文物市场管理办法

《文物市场管理办法》的发布旨在规范文物市场，确保文物的交易活动合法、有序进行。以下是该管理办法的一些主要内容：《文物市场管理办法》规定了文物市场的准入条件，包括市场从业人员的资格、场所的设施条件等，以确保市场的合法合规运营。《文物市场管理办法》明确了文物市场交易的程序，包括交易登记、鉴定、合同签订等，保障交易的透明和合法性。《文物市场管理办法》规定了对文物市场的监管措施，包括定期检查、信息公开、违法违规行为的处罚等，以加强对市场的监管力度。《文物市场管理办法》强调了对文物来源的审查，要求市场从业人员对文物的来源进行审查，杜绝非法文物的流通。《文物市场管理办法》鼓励文物市场进行信息公开，提高市场的透明度，方便社会监督。《文物市场管理办法》规范了文物交易档案的管理，要求市场从业人员妥善保管文物交易的相关资料。通过《文物市场管理办法》的实施，文物市场得以更加规范和有序的运行，确保文物的交易活动合法、合规，有助于保护文物的合法权益和传承。这些法规构成了国内文物保护法规体系的主体部分，涵盖了文物的各个方面，从鉴定、管理到市场交易等环节，为文物的合理保护和管理提供了有力支持。

三、文物保护法律执行与监督机制

（一）执行机构与职责

在文物保护法律执行与监督体系中，执行机构的设立和明确职责是关键的一环。国务院文物行政部门作为核心机构，承担着全国文物工作的领导和管理责任，而地方人民政府文物管理部门负责本地区的组织、管理和监督文物工作。这两个层面的机构设置和职责划分，确保了文物保护工作的全面推进。

1.国务院文物行政部门

（1）领导和协调：作为核心机构，国务院文物行政部门负责领导和协调全国范围内的文物工作。其职责包括制定和解释文物保护法规，指导和督促各级文物管理部门的工作。

（2）保护单位管理：国务院文物行政部门负责认定并管理全国性的文物保护单位，确保这些单位得到妥善的保护和管理。

（3）国际合作：促进国际文物保护合作，与其他国家、国际组织合作，共同应对文物保护面临的跨国性问题。

2.地方人民政府文物管理部门

（1）本地区文物工作组织：地方人民政府文物管理部门负责组织、协调和推动本地区的文物工作。他们是执行国家文物保护政策的具体执行主体。

（2）文物保护计划：制定并实施本地区的文物保护计划，确保文物的全面、系统的保护。

（3）监督与执法：对文物市场、文物保护单位和文物交易进行监督，开展执法工作，处理违法行为。

（4）文物发掘与保护：组织和管理文物的抢救性发掘工作，保障文物在建设项目中的安全。

（5）文物捐赠与接收：管理文物的捐赠与接收，确保文物合法性和适切性。

在这一层面上，明确了国家级和地方级的文物管理机构的职责，为文物保护提供了坚实的组织和管理基础。

（二）执法人员培训与监督

为了保障文物法律执行的专业性和公正性，需要建立健全的执法人员培训与监督机制。这包括对执法人员的资格要求和选拔标准的设定，以及培训体系的建立。同时，通过绩效评估和监督机制，对执法人员进行激励或惩戒，确保其履行职责的质量和效果。

1.执法人员培训

（1）资格标准：制定明确的执法人员资格标准，包括专业背景、经验等要求，确保其具备相关的文物保护知识和技能。

（2）培训体系：建立系统的培训体系，涵盖文物法律法规、文物鉴定、执法技能等方面的培训课程。培训内容应与文物保护工作的实际需求紧密结合。

（3）实践培训：强调实践培训，包括参与文物抢救性发掘、文物保护单位的管理等实际操作，提高执法人员的实操能力。

2.执法人员监督

（1）绩效评估：建立执法人员的绩效评估机制，通过考核文物保护成效、案件处理效率等指标，对执法人员的表现进行评估。

（2）监察机构设立：设立独立的监察机构，负责对执法人员的行为进行监督。监察机构应有权调查执法人员的不当行为，并提出建议或采取纠正措施。

（3）投诉渠道：设立文物保护执法的投诉渠道，接收公众对执法人员不当行为的投诉，并进行调查处理。

通过培训和监督机制，确保执法人员具备专业素养、履行职责的公正性和效率，提升整个文物保护法律执行体系的可靠性。

（三）法律执行流程

文物保护法律执行的流程至关重要，其中文物的发现与报告、文物的认定与登记、文物保护单位的设立与管理是核心环节。明确的发现报告程序、认定标准和程序，以及对保护单位的管理与维护规定，有助于确保文物保护工作的有序推进。

1. 文物的发现与报告

（1）发现程序：制定文物的发现程序，包括文物的认定标准和发现的报告流程。

（2）报告要求：规定文物的发现需及时向相关文物管理机构报告，并提供详细的发现信息。

2. 文物的认定与登记

（1）认定标准：制定明确的文物认定标准，确保对文物的认定具有客观性和科学性。

（2）登记程序：设立文物登记程序，对认定的文物进行详细记录，建立文物档案。

3. 文物保护单位的设立与管理

（1）设立条件：规定文物保护单位的设立条件，确保设立的单位具有足够的文物保护能力。

（2）管理规定：制定文物保护单位的管理规定，包括对文物的定期检查、维护和修复工作等。

4. 文物违法行为的处理

（1）处罚措施：确定文物违法行为的处罚措施，包括罚款、行政拘留等，以起到威慑作用。

（2）司法追责：对于严重的文物违法行为，明确司法追责的程序和标准。

通过明确文物的发现与报告、认定与登记、保护单位管理等环节的法律执行流程，确保文物保护工作的有序推进，提高法律执行的效率和科学性。

（四）执法手段与处罚

执法手段与处罚是文物保护法律执行的手段，也是对违法行为的制约和惩戒。在这个层面上，需要设立科学的文物违法行为认定程序，选择合适的执法手段，并规定明确的处罚和惩戒机制。这有助于保障法律执行的公正性和效力。

设定明确的文物违法行为认定标准，确保对违法行为的认定具有科学性和客观性。可以通过专业鉴定机构对文物进行评估，确保对文物违法行为的认定具有权威性。对于一些轻微的文物违法行为，可以采取警告与劝阻的手段，教育相关人员遵守法规。针对一般性的文物违法行为，设定罚款制度，经济处罚作为违法者的惩罚手段。对于严重的文物违法行为，可以采取行政拘留等更为严厉的手段。设定明确的法定处罚，确保文物违法行为受到应有的法律制约。规定执法程序，包括听证、申辩等程序，保障违法者的合法权益。明确司法途径，对于一些严重的文物违法行为，通过司法途径进行追责。通过科学的文物违法行为认定程序、合适的执法手段选择明确的处罚和惩戒机制，确保对文物违法行为的有效制约和惩戒，提高法律执行的公正性和效果。

（五）监督与评估

监督与评估是文物保护法律执行的最后一道屏障。建立独立的监察机构，对执法过程和结果进行监督，可以确保文物保护工作符合法律规定。同时，定期进行评估，检查工作的合理性和效果，为文物保护法的不断完善提供依据。

1. 监察机构设立

（1）独立性：确保监察机构的独立性，避免受到其他部门干扰，真实有效地履行监督职责。

（2）专业性：确保监察机构具备专业鉴定和评估文物保护工作的能力，确保监督的专业性。

2. 监督过程

（1）随机检查：采取随机抽查的方式，对文物保护工作进行不定期监督，增加监督的随机性和客观性。

（2）投诉处理：接收和处理来自社会和相关机构的投诉，及时调查处理问题，确保对文物保护工作的公正监督。

3. 评估机制

（1）定期评估：设立定期评估机制，对文物保护工作进行全面、系统的评估，发现问题及时提出改进建议。

（2）绩效评估：通过设定文物保护的绩效指标，对相关部门和人员的工作绩效进行评估，激励积极表现，纠正不足。

4. 透明度和公开

（1）信息公开：定期公开文物保护工作的监督与评估结果，增加社会监督的透明度，提高公众对文物保护工作的信任度。

（2）报告发布：编制并发布文物保护工作的年度报告，详细反映工作的进展、问题和改进计划。

通过建立健全的监察机构，实行规范的监督与评估过程，确保文物保护法的全面贯彻执行，为文物保护事业的不断完善提供有效保障。

通过这五个层面的论述，文物保护法律执行与监督机制形成一个完整的体系，保障文物保护法的顺利实施。

第三节 灾害防范与文物保护

一、灾害对文物的威胁与影响

灾害对文物的威胁与影响是文物保护面临的严峻问题，涉及自然灾害和人为灾害两个方面。下面将分别从这两个角度展开。

（一）自然灾害

1. 地震

（1）破坏结构：地震引起的地面振动可能导致文物保护单位建筑物的结构破坏。这包括墙体倒塌、支撑结构失效等，对整体建筑的完整性构成威胁。地震震动可能导致土壤液化，使文物保护单位的基础沉降或倾斜，从而影响建筑物的稳定性。地震产生的振动可能导致建筑结构产生裂缝和变形，这不仅影响建筑的外观美观，也可能加速结构的破坏。地震可能导致文物陈列和展览空间的破坏，使得文物无法得到适当展示，甚至有摔落或损坏的风险。

（2）震动损伤：地震引起的剧烈震动可能导致文物或陈列品脱离原有的支撑或搁架，从而摔落或受损。特别是对于较小或较轻的文物，更容易因为地震而发生脱落。文物和陈列品可能因为地震震动而发生位置的移动。这不仅可能导致展览布局的混乱，还可能使得文物与其他物品发生碰撞，引起损坏。

第一章　文物保护概述

2. 洪水

（1）湿度影响：纸质文物容易吸湿，高湿度环境下，纸张会变得柔软，容易变形，同时也为霉菌的滋生提供了条件，导致纸张腐朽。高湿度环境下，绘画中的颜料可能溶解，导致颜色流失，严重时可能损坏绘画的完整性。木质文物对湿度非常敏感，过高的湿度可能导致木材膨胀，而在湿度回落时收缩，反复的膨胀和收缩可能引起木质文物的龟裂。

（2）浸泡破坏：文物如果长时间浸泡在水中，特别是在泥沙混杂的水中，可能会导致金属部分的腐蚀，木质文物的腐朽，陶瓷和石器的表面受损。水中可能含有各种化学物质，这些物质可能对文物的材料产生不可逆的化学变化，导致颜色变化、表面腐蚀等问题。浸泡和泥沙沉积可能导致文物原始位置的丧失，降低文物的考古和历史价值。

3. 风灾

（1）风暴破坏：强风可能导致建筑物外墙、屋顶等部分的结构损坏，从而危及文物保护单位的整体稳定性。如果文物放置在露天场所，例如花园或庭院中，强风可能导致文物本身的结构受损，尤其是较大、较高的文物更容易受到影响。风暴可能导致文物的移位或倾倒，对文物造成直接损坏。

（2）吹散文物：强风可能将轻便的文物吹散，造成文物散失。

4. 火灾

（1）火势蔓延：火势蔓延会对文物保护单位内外的建筑结构造成直接影响，可能导致墙壁崩塌、屋顶坍塌等，加剧火势蔓延的速度和范围。文物在火灾中可能因为高温、明火或烟雾而受到破坏，尤其是纸质文物、绘画、木质文物等更容易受到火灾的影响。在火势蔓延的过程中，防火设施可能因为过度破坏而失效，例如灭火器无法正常使用、自动喷水系统受损等。火灾蔓延可能受到风力、建筑结构布局等因素的影响，火势可能快速蔓延到文物保护单位的其他区域。

（2）烟雾影响：烟雾中含有大量的有害气体和颗粒物，这些物质可能与文物表面的材料发生化学反应,导致腐蚀。特别是金属文物,容易受到烟雾中腐蚀性成分的影响。烟雾中的微小颗粒物可能在文物表面沉积,形成一层污垢,影响文物的观赏价值和保存状态。这对于绘画、雕塑等表面易受损的文物尤为关键。烟雾带有浓重的燃烧气味,这可能渗透到文物内部,对文物的原有气味和香气产生影响。对于一些对气味敏感的文物,这也是一个潜在的问题。烟雾携带高温气体,可能对文物的温度产生影响,尤其是对于温度敏感的文物,需要特别关注。

(二)人为灾害

(1)战争与盗窃。战争环境下,文物保护单位可能成为冲突的受害者,建筑物结构受损,文物遭到破坏和抢劫。这导致文物的流失和破坏,损失是难以挽回的。在战争中,文物作为战利品可能被运往其他国家,导致流失国家失去了自己文化的一部分,也使这些文物脱离原有的历史背景。盗窃犯可能趁乱进行盗掘,将文物非法运往市场。这使文物丧失了原有的历史和文化价值,因为它们被脱离了原本的背景和语境。

(2)破坏性文化活动。激进分子或极端主义者可能出于政治、宗教或意识形态原因,故意破坏文物以抹去或改写历史。这种破坏行为导致文物不可逆的损失,丧失了其原有的历史和文化价值。一些非法文化活动,比如非法挖掘考古遗址,可能导致文物的损失。盗掘者为了获取文物而破坏考古遗址,这使得文物失去了原有的文脉和历史背景,同时破坏了考古学的科学价值。

(3)不当管理与维护:一些文物保护单位可能因为管理不善或经费不足,无法采取有效的保护措施,使文物长期暴露在自然环境中,受到风雨、阳光等自然因素的侵害。若在文物保护单位进行修复工作时,缺乏专业知识和技术,可能导致不适当的修复方法,进而对文物造成更严重的损害。错误的修复可能改变文物的原貌,损害其历史和艺术价值。

二、灾害防范的策略与方法

文物灾害防范是确保文物安全的重要工作,需要采取一系列策略与方法。以下是一些常见的文物灾害防范措施:

(一)文物防火措施

定期进行火灾隐患排查,确保文物保护单位内部的电气设备、线路等安全。配备灭火器材和自动灭火系统,确保在火灾初期能够迅速将其扑灭。制定防火预案,进行防火演练,提高工作人员对火灾的应急响应能力。

文物防火措施是确保文物安全的重要环节,以下是关于定期进行火灾隐患排查、配备灭火器材和自动灭火系统、制定防火预案的一些详细说明:

1. 定期进行火灾隐患排查

每隔一定时间,对文物保护单位进行全面的火灾隐患排查。这包括检查电气设备的安全性、排查潜在的火源和易燃物品。对于存在隐患的区域,制定整改计划并及时进行整改,确保可能引发火灾的问题得到解决。

2. 配备灭火器材和自动灭火系统

在文物保护单位的关键区域和易燃区域,配备各类灭火器材,包括灭火器、灭火器具和其他灭火设备。在一些特殊场所,考虑安装自动灭火系统,以便在火灾初期能够自动启动,有效扑灭火源。

3. 制定防火预案

制定详细的防火预案,明确各种突发情况下的应急处理流程。预案内容应包括火灾报警、人员疏散、文物保护工作等方面的具体措施。确保文物保护单位的工作人员熟知防火预案,并进行定期的模拟演练,提高应急响应的效率和准确性。通过这些文物防火措施的综合实施,能够最大限度地降低火灾对文物的威胁,保障文物的安全与完整性。

（二）抗震设施建设

针对地震多发地区的文物保护单位，进行抗震设施的建设，包括加固建筑物、设置防震支座等。对文物进行定期检测，确保其能够抵御地震带来的损害。抗震设施建设是文物灾害防范的重要一环，以下是一些具体的策略和方法：

1. 建筑物加固

对位于地震多发地区的文物保护单位，进行建筑物的加固工程。这包括使用专业的材料和技术，提高建筑物的抗震能力。加固的重点应放在文物保护单位的主要建筑和陈列场所，确保在地震发生时，建筑物能够更好地保护内部文物。

2. 设置防震支座

在文物展览馆、博物馆等场所，可以考虑设置防震支座。这些支座能够在地震时吸收震动，减小对文物的冲击力，有效降低损害程度。防震支座的选用应根据文物的种类和重要性进行定制，确保其能够在地震中发挥最大的效果。

3. 定期检测和维护

对已经建设抗震设施的文物保护单位，进行定期的抗震设施检测和维护。确保这些设施在需要时能够正常运作。对于新的文物保护单位，建设抗震设施后，进行全面的测试和模拟地震演练，以验证设施的实际效果。通过这些抗震设施的建设和维护，文物保护单位能够更好地应对地震可能带来的威胁，确保文物的长期安全。

（三）防水措施

对文物保护单位的建筑进行防水处理，确保在暴雨等极端天气情况下不受水害。提高文物保护单位的排水系统，防范洪涝等自然灾害。防水措施是文物灾害防范中的重要环节，以下是一些具体的策略和方法：

1. 建筑防水处理

对文物保护单位的建筑进行防水处理，采用防水涂料、材料或其他专业的防水技术，确保建筑的外墙和屋顶不易渗水。定期检查建筑结构，修补破损的防水层，防止雨水渗透到建筑内部，造成文物的损害。

2. 排水系统的提升

升级文物保护单位的排水系统，包括雨水排水沟、排水管道等设施。确保在暴雨等极端天气情况下，建筑周围的水能够迅速排除，避免水涝导致文物受损。设置雨水集中排水点，将雨水引导到合适的区域，防止雨水在建筑周围积聚。

3. 抗洪设施的建设

针对文物保护单位可能面临的洪涝威胁，建设抗洪设施，包括防洪堤、水闸等。这些设施能够在洪水来临时提供有效的防护。在设计和建设抗洪设施时，需充分考虑文物保护单位的特殊性，确保设施的建设不会对文物造成额外的损害。

4. 水质监测与控制

对文物保护单位周围水体进行定期监测，了解水质情况。建立水质监测系统，及时掌握水质变化，采取相应的控制措施，防止有害物质对文物的侵害。通过这些防水措施的实施，文物保护单位能够更好地应对极端天气条件下可能发生的水害，保障文物的安全。

（四）环境监测与控制

设置环境监测设备，实时监测温湿度、光照等环境因素，及时发现异常并采取调整措施。控制室内光照强度，采取遮光、调节光照等手段，减缓文物因光照引起的老化和褪色。环境监测与控制是文物灾害防范的关键步骤，以下是一些具体的策略和方法：

1. 环境监测设备的设置

安装专业的环境监测设备，包括温湿度传感器、光照度检测器等。这些设备能够实时监测文物保护单位内的环境因素，提供准确的数据支持。

2. 温湿度的实时监测

对文物存放区域进行温湿度的实时监测。通过监测数据，及时发现温湿度异常波动，采取控制措施，例如调整空调温度、加湿器或抽湿器的使用，确保文物处于适宜的环境条件中。

3. 光照度的控制

设置自动遮光装置或使用调光设备，控制室内的光照度。防止过强的光线直接照射在文物表面，减缓文物的老化和褪色过程。

4. 防尘措施的采取

定期清理文物存放区域，防止尘埃的积累。尘埃可能对文物表面产生腐蚀或附着有害物质，采取防尘措施有助于维护文物的表面状态。

5. 防震设备的使用

在地震多发区域，可以考虑使用防震设备，如地震隔离系统。这有助于减缓地震产生的振动，保护文物免受损害。

6. 安全储存与展示设计

优化文物存储和展示的设计，采用安全的陈列柜、展示架等设备，确保文物在展览和存储过程中不受外界环境的过度干扰。

通过这些环境监测与控制措施的实施，文物保护单位能够更好地维护文物的保存状况，降低灾害对文物的不良影响。

（五）定期检测与维护

定期检测与维护是文物保护的基本步骤，以下是一些具体的策略和方法：

1. 定期检测计划的制定

制定定期文物检测计划，包括对文物存放区域、展览陈列、文物表面等方面的检测。明确检测的频率和方法，确保全面覆盖文物保护范围。

2. 文物状态的记录与分析

对文物的状态进行详细的记录，包括外观、表面特征、颜色等方面。采用摄影和文档记录的方式，建立文物档案，以便追踪文物的变化和发现问题。

3. 维护队伍的培训

设立专业的文物保护队伍，确保队伍成员具备专业的文物保护知识和技能。定期进行培训，使其了解新的文物保护技术和方法。

4. 定期的文物表面清洁

定期进行文物表面的清洁工作，采用轻柔的清洁工具和方法，防止对文物表面造成损伤。清理过程中要注意防尘措施，避免尘埃对文物的侵害。

5. 防虫、防霉处理

定期进行文物存放区域的防虫、防霉处理。采用安全的防虫剂和防霉剂，确保文物免受昆虫和霉菌的侵害。

6. 紧急抢救演练

定期组织文物保护队伍进行紧急抢救演练。演练过程中模拟各种突发情况，提高队伍的应急响应能力。

7. 维护记录的更新

不断更新文物维护记录，及时记录文物的变化和维护情况。这有助于形成文物的全面历史档案，为文物保护提供更多的参考信息。

通过这些定期检测与维护措施的实施，文物保护单位能够及时发现问题、采取措施，保障文物的长期保存。

（六）安全储藏

安全储藏是文物保护工作中非常重要的一环。以下是关于安全储藏的几个方面：为特别贵重、易受损的文物设立专门的储藏室是一种有效的保护手段。这些储藏室通常具有特殊的环境控制设施，如温湿度控制系统、防火系统等，以确保文物处于适宜的保存环境中。制定详细的文物储藏方案是确保文物安全的重要步骤。该方案应包括文物的分类、编号、存放位置、定期检查维护等信息，以便对文物进行有效的管理和监控。确保储藏室的环境符合文物保存的要求，包括适宜的温度、湿度、光照等条件。这有助于防止文物因环境因素而受损，例如腐蚀、霉变等。采取必要的安全措施，如监控系统、防火系统、防盗系统等，以确保储藏室的安全。定期进行安全演练，提高工作人员的安全意识，应对潜在的紧急情况。使用专门设计的文物装具和支架，确保文物得到适当的支持和保护。这有助于减少文物自身的重力对其造成的损害，同时避免文物之间的碰撞。建立定期检查和维护制度，对文物进行定期的检查和维护，及时发现潜在问题并采取措施加以修复。通过这些安全储藏的手段，文物管理机构可以更好地确保文物的安全保存，延长其寿命，使其能够传承给后代。

（七）灾后抢救

文物的抢救工作在灾害发生后尤为关键。制定科学合理的文物抢救预案可以在紧急情况下提供指导，保障文物能得到及时保护和抢救。培训专业队伍也是至关重要的一环，他们需要具备在灾害发生后迅速行动的能力，有效减少文物受损。这些抢救工作不仅是对文化遗产的保护，也是对历史记忆的珍视和维护。

这些策略与方法需要根据不同的文物类型、地理环境、气候等因素进行综合考虑，制定出适合实际情况的文物灾害防范措施。

三、灾后文物救护与修复

灾后文物救护与修复是在自然灾害或人为破坏后对文物进行紧急救护和修复的重要工作。以下是一些相关的策略与方法：

（一）紧急救护队伍的组建

紧急救护队伍的组建确保在文物灾害发生时能够迅速而有序地采取行

动。以下是组建紧急救护队伍的关键步骤：

1. 专业知识和技能

确保队伍成员具备文物保护与修复的专业知识和技能。这可能包括考古学、文物保护、修复技术等方面的培训和经验。

2. 紧急救护流程培训

提供紧急救护流程培训，确保队伍成员熟悉在紧急情况下应采取的步骤。培训内容包括快速评估损害程度、采取初步保护措施、移动文物等。

3. 队伍协调和沟通

建立良好的协调和沟通机制，确保队伍成员之间能够有效协同工作。这可能包括定期的演练和训练，以提高团队的整体响应能力。

4. 紧急救护设备准备

确保队伍配备必要的紧急救护设备，包括文物搬运工具、防护装备、急救箱等。这些设备能够在紧急情况下提供必要的支持。

5. 合作与协作

与其他相关机构建立合作关系，如消防部门、救援队伍等。在灾害发生时，能够迅速协同合作，共同应对紧急情况。

6. 信息传递系统

建立紧急情况下的信息传递系统，确保信息能够及时、准确地传达给相关人员。这包括灾害发生时的通信设备和流程。

通过以上措施，紧急救护队伍能够在文物灾害中迅速行动，最大限度地减少文物的损失。

（二）紧急救护预案的制定

制定详细的紧急救护预案，包括灾害发生后的紧急救护流程、人员分工、所需设备等，确保各项工作有序进行。

1. 风险评估

进行全面的风险评估，确定可能发生的各类文物灾害，这包括地震、火灾、洪水等。了解不同灾害对文物的威胁，为预案的制定提供基础。

2. 流程规划

制定详细的紧急救护流程，确保每个步骤都清晰可行。包括灾害发生后的通知程序、人员调度、文物损害评估、初步保护、紧急修复等环节。

3. 人员分工

明确每个团队成员在紧急救护中的职责和任务。建立起一个有组织的团队，以便在灾害发生时能够迅速行动。

4. 装备准备

列出所需的紧急救护装备和工具清单。确保在灾害发生后能够立即获取所需设备，包括文物搬运工具、防护设备、紧急修复工具等。

5. 培训与演练

定期进行紧急救护演练，以确保团队成员熟悉预案中的流程和操作。通过模拟灾害情境，提高团队的应急响应能力。

6. 合作伙伴与资源

与其他文物保护机构、消防部门、救援队伍等建立紧密联系。确定合作伙伴，确保在需要时能够获得额外的支持和资源。

7. 更新与修订

定期审查和更新紧急救护预案。随着文物保护工作和灾害应对技术的发展，预案需要保持与时俱进，确保其有效性。

通过制定细致的紧急救护预案，文物保护单位能够在灾害发生时有序、迅速地采取行动，最大限度地减少文物的损失。

（三）文物伤情评估

在灾害发生后，迅速进行文物伤情评估。对受损文物进行分类、记录，判断损伤程度，制定不同文物的修复方案。

1. 分类与记录

将受损文物进行分类，包括建筑、艺术品、档案等不同类型。为每个文物建立详细的记录，包括原始状态、损伤情况、受损部位等信息。

2. 损伤程度评估

对每个文物的损伤程度进行评估。采用标准的损伤等级或评分系统，以便更清晰地了解文物的受损情况。这可以帮助确定修复的紧急性和优先级。

3. 专业评估团队

组建专业的文物伤情评估团队，团队成员应具备文物保护与修复的专业知识。他们可以通过实地考察和科学测量，更准确地评估文物的损伤。

4. 修复方案制定

基于伤情评估的结果，制定详细的修复方案。对于不同类型的文物，可能需要采用不同的修复技术和材料。确保修复方案合理可行，最大限度地保留文物原貌。

5. 优先级制定

根据文物的价值、受损程度等因素，制定修复的优先级。确保在资源有限的情况下，首先对受损最严重、价值最高的文物进行修复。

6. 文物保护单位协作

与文物保护单位合作，获取更多文物的背景信息和详细资料。这有助于更全面地了解文物的历史价值和特点，为修复提供更科学的依据。

7. 修复方案公开透明

将修复方案向公众和相关利益方公开透明。通过与社会沟通，获得更多的支持和建议，确保修复工作的合法性和公正性。

通过科学、系统的伤情评估，文物保护单位能够更好地制定修复计划，有针对性地进行修复工作，最大限度地减少文物的进一步损失。

（四）临时存储与运输

在灾后文物救护与修复阶段，确保文物的临时存储与运输是至关重要的。以下是一些建议：

1. 建立临时存储场所

设立专门的临时文物存储场所，确保其具备良好的环境条件，如适宜的温湿度、通风等。采用专业的文物存储架和容器，防止文物之间的碰撞和损害。

2. 分类与标识

对文物进行分类，确保相似类型的文物放置在一起。使用标识系统清晰标记每个文物或文物组，以便在后续的运输和修复中更方便管理。

3. 安全运输设备

采用专业的文物运输设备，如防震支架、缓冲材料等，确保在运输过程中文物不受到二次损害。为运输过程中的文物提供稳定性和保护。

4. 专业运输团队

组建专业的文物运输团队，团队成员应熟悉文物的特殊需求和运输要求。在运输过程中采取谨慎的操作，避免震动和碰撞。

5. 运输路径规划

在进行文物运输前，规划合理的运输路径。避免危险区域和不稳定的地质条件，确保运输过程平稳安全。

6. 定期检查与记录

在文物运输过程中进行定期检查，记录文物的状态和运输过程中的任何异常情况。确保文物的安全状态得到实时监控。

7. 保险与责任

在运输前购买适当的文物保险，以应对不可预见的意外情况。明确运输团队的责任和义务，确保文物在运输过程中得到妥善对待。

8. 公众参与与沟通

通过公众参与和沟通，向社会传递文物的救护和修复信息。在文物运输过程中与公众分享进展，增强社会的关注和支持。

通过建立专业的存储和运输体系，确保文物在修复前得到有效的保护，为后续的修复工作奠定基础。

（五）抢险救灾设备的准备

文物保护单位应准备抢险救灾的专业设备，包括抢险救灾工具、文物支撑架、防护设备等，确保在紧急情况下能够迅速投入救护工作。

1. 文物支撑和固定工具

抢险过程中，文物可能存在倾斜、摇晃等情况，需要文物支撑和固定工具。这包括支架、支撑杆、绳索等，用于稳定文物并防止进一步的损害。

2. 防护设备

救灾工作可能涉及有害物质或恶劣环境，为救援人员提供适当的防护设备是必要的。这包括防护服、口罩、手套等。

3. 搬运和吊装设备

为了移动较大或较重的文物，需要搬运和吊装设备。这可能包括手动或电动的搬运工具，以及吊车、吊索等。

4. 文物包装和保护材料

提前准备文物包装和保护材料，以防止文物在抢险过程中受到二次损害。这可能包括泡沫板、气泡膜、防水罩等。

5. 照明设备

在紧急情况下，可能需要提供照明设备，确保抢险和救灾工作能够在黑暗或恶劣光线条件下进行。

6. 紧急修复工具

一些简单的紧急修复工具可能在抢险救灾中派上用场，例如胶水、胶带、简易修复材料等。

7. 通信设备

保障良好的通信设备，确保抢险救灾人员之间能够及时沟通，并与指挥中心保持联系。

8. 紧急救援计划和工具箱

制定详细的紧急救援计划，包括各种设备的使用方法和应急流程。为每组救援人员准备紧急救援工具箱,确保能够快速响应。

以上设备和工具的选择应根据文物的类型、大小和保存环境等因素进行定制,确保在紧急情况下能够有针对性地进行抢险救灾工作。

(六)修复工作的专业队伍

针对不同类型的文物,组建专业的修复队伍。修复队伍成员应具备相应的修复技能,能够针对性地进行文物修复工作。在建立专业的修复队伍时,需要考虑以下几个方面:

1. 专业技能

修复队伍成员应具备相关的专业技能,包括文物材料的认知、修复技术的掌握,以及相关的科学知识。不同类型的文物可能需要不同的修复技能,因此队伍应具备多样化的专业能力。

2. 经验丰富

修复队伍的成员最好具有丰富的修复经验,尤其是在紧急抢险和灾后修复方面。这有助于更有效地应对各种复杂情况,提高修复工作的成功率。

3. 团队协作

修复工作通常需要团队协作,因为涉及不同方面的专业知识。队伍成员应能够协作无间,高效配合,以确保修复工作的顺利进行。

4. 新技术应用

随着科技的发展,新的修复技术和工具不断涌现。修复队伍应保持对新技术的敏感性,学习并应用新的修复方法,以提高修复效果。

5. 文物分类修复

针对不同类型的文物,修复队伍应具备分类修复的能力。例如,对于陶瓷、纸质文物、绘画等不同材质的文物,修复方法和工具可能有所不同。

6. 修复工具和设备

提前准备好专业的修复工具和设备,以确保修复队伍在实际修复工作中有所准备。这可能包括显微镜、文物修复用胶水、修复工具等。

7.持续学习和培训

由于文物修复领域的不断发展，修复队伍应保持持续学习的态度，定期参与培训和学术交流，以保持专业水平。

通过建立专业的修复队伍，文物保护单位能够更好地应对灾害和紧急情况，实施科学、有效的修复工作，最大限度地减少文物的损失。

（七）文物修复方案的制定

根据文物的具体情况，制定科学合理的修复方案。方案应考虑到文物的材质、年代、风格等因素，以最大限度保留文物的原始特征。在制定文物修复方案时，需要考虑以下几个关键因素：

1.文物材质和性质

不同的文物材质对修复的要求不同。例如，陶瓷、纸质文物、金属文物等材质需要采用不同的修复方法。了解文物的具体材质和性质是方案制定的基础。

2.损伤程度评估

在制定修复方案之前，需要对文物的损伤程度进行全面评估。了解哪些部分需要修复、损伤的程度如何，有助于有针对性地制定修复计划。

3.文物的历史价值

考虑文物的历史价值和文化意义，制定修复方案时应尽量保留文物的原始特征。在修复过程中避免过度介入，保持文物的历史痕迹和原汁原味。

4.修复方法和工艺

根据文物的具体情况选择合适的修复方法和工艺。这可能包括填补缺失部分、修复破损边缘、清理表面等不同步骤。每一步都需要科学合理，确保修复后的文物稳定且不受二次损害。

5.可逆性原则

在文物修复中，遵循可逆性原则是非常重要的。即使进行修复，也应该保持一定的可逆性，以便未来有更先进的修复技术时能够进行重新修复而不对文物造成永久性改变。

6. 修复过程的监测与记录

在修复过程中，进行监测与记录是必要的。这包括对每个步骤的详细记录、损伤的影像记录、修复时所用材料的记录等。这些记录有助于追踪修复的效果，并在未来提供参考。

7. 团队协作

文物修复是一个综合性的工作，可能需要多个专业领域的人员协作。在制定修复方案时，确保修复团队的成员之间有良好的沟通与协作，确保方案的执行顺利进行。

8. 风险评估与预防

在制定修复方案时，要考虑到潜在的风险，并制定相应的预防措施。例如，防止在修复过程中对文物产生二次损害，避免使用对文物有害的材料等。

通过充分考虑这些因素，制定科学合理的修复方案，文物修复工作可以更加有效地实施，最大限度地保护和保存文物。

（八）材料的选择与采用

在选择和采用修复材料时，需要根据文物的特性和修复的具体情况进行慎重考虑。以下是一些在文物修复中常见的修复材料以及选择时需要考虑的因素：

1. 填充材料

用于填充文物的缺失部分，常见的填充材料包括石膏、聚酯树脂、环氧树脂等。要考虑填充材料的可塑性、与文物原材料的相容性、颜色的匹配度等。

2. 黏合剂

用于黏合文物的破碎部分，如骨瓷胶、动植物胶等。考虑黏合剂的透明度、黏结强度、对文物原材料的影响等。

3. 颜色调整材料

用于调整修复部分的颜色，如颜料、染料等。选择与文物原色相匹配的颜色，并确保颜料的稳定性。

4. 防护涂层

用于保护修复部分，防止进一步损伤，如清漆、蜡等。考虑防护涂层的透明度、附着性、抗老化性能等。

5. 抗菌剂和防腐剂

用于防止文物修复部分发生腐烂或受到微生物侵害。根据文物的材质和环境条件选择适当的防腐剂。

6. 可逆性考虑

考虑使用可逆性的修复材料，以便未来有更先进的修复技术时能够进行重新修复而不对文物造成永久性改变。在使用任何修复材料之前，进行材料测试是至关重要的。通过小规模测试，评估材料的适应性和效果，以确保在大面积应用之前不会对文物产生负面影响。

在选择和采用修复材料时，应该结合文物的具体情况，量身定制修复方案，并严格遵循文物修复的伦理原则和科学标准，以确保修复后的文物既具有稳定性，又尽可能保留其原始面貌。

（九）修复结果的监测

监测修复后文物的效果是文物保护工作中的一个重要环节。以下是进行修复结果监测时需要考虑的一些关键方面：

1. 外观观察

对修复后的文物外观进行仔细观察，检查修复部分与原有部分的颜色、纹理等是否协调一致，确保修复后的文物外观自然、无明显痕迹。

2. 结构稳定性

检查修复部分与原有部分的结合是否紧密，确保文物的结构稳定性。这涉及黏合剂的选择和使用，以及填充材料的质地和牢固性等。

3. 光照效果

观察文物在不同光照条件下的效果，检查修复部分是否反射光线，是否影响文物整体的视觉效果。这需要考虑使用颜色调整材料的稳定性和透明度。

4. 环境适应性

考虑文物所处环境的温湿度等因素，监测修复部分是否对环境变化产生不适应的情况。修复材料的选择应符合文物所在环境的特点。

5. 可逆性检验

对使用了可逆性材料的文物，检验这些材料是否能够在需要时被轻松移除，以便进行重新修复或其他修复操作。

6. 时间监测

对修复后文物进行长期的监测，观察修复效果是否随时间推移而发生变化。这有助于及时发现潜在问题并采取适当的修复或保护措施。

7. 记录和文献整理

定期记录文物的修复情况，包括修复的步骤、使用的材料、效果评估等。建立文献档案，有助于未来对文物的管理和研究。

通过系统的监测和记录，可以全面了解修复效果，及时发现问题并采取纠正措施，确保修复后的文物在长期保存中能够得到有效的保护。

（十）修复成果的展示与教育

展示修复后的文物成果是文物保护工作的重要环节。以下是在展示文物修复成果时需要考虑的一些关键方面：

1. 展览策划

策划有针对性的文物修复展览，根据修复的主题、历史背景等进行合理的展陈设计。确保展览具有教育性、吸引力和参与性。

2. 信息呈现

制作清晰的信息板或文字说明，介绍文物修复的过程、方法和技术。

向观众解释修复的目的，突出修复工作的专业性和科学性。

3. 视觉效果

通过合适的照明、展陈布局和展品摆放，突出修复后文物的外观和细节。让观众能够近距离观察修复效果，感受修复工作的精细和专业。

4. 互动性和参与性

利用互动展品、触摸展品等手段，增加观众的参与感。可以设置一些互动体验区域，让观众亲身感受文物修复的过程。

5. 教育活动

举办与文物修复相关的讲座、研讨会或工作坊，邀请专业修复人员分享修复经验和技术。通过教育活动提高公众对文物修复的理解和认知。

6. 多媒体展示

利用多媒体技术，如视频、虚拟现实（VR）等，展示文物修复的全过程。通过生动的展示方式吸引观众，使其更好地理解修复的复杂性和精妙性。

7. 社交媒体宣传

利用社交媒体平台进行宣传，分享修复成果、修复过程的照片和视频等。增加公众对文物修复工作的关注度。

8. 教育资料制作

准备有关文物修复的教育资料，如手册、小册子等，向学校、图书馆等教育机构提供，促进文物修复的教育普及。

通过灾后文物救护与修复工作，能够最大限度地挽救文物，保护其文化价值，同时向社会传递文物保护的重要性。

第四节　新技术在文物保护中的应用

一、光谱技术与文物材料分析

光谱技术在文物材料分析中发挥着重要的作用。以下是关于光谱技术与文物材料分析的一些主要内容：

（一）紫外－可见－近红外光谱

紫外－可见－近红外光谱（UV-Vis-NIR）是一种非常有用的光谱技术，尤其在文物分析中具有广泛的应用。以下是关于这种光谱范围的一些主要特点和应用：在紫外－可见－近红外光谱范围内，不同类型的分子和化合物会表现出特定的吸收特征。通过测量样品在不同波长下的吸收，可以得到吸收谱，从而识别和鉴定文物中的成分。对于文物中的染料和颜料，紫外－可见－近红外光谱是一种常用的手段。各种染料和颜料在特定波长下表现出独特的吸收峰，使得可以确定文物中使用的颜色和材料。有机物质，如古代绘画、纺织品中的有机颜料、染料等，也可以通过紫外－可见－近红外光谱进行分析。这有助于了解文物的材料类型和制作工艺。在近红外范围，紫外－可见－近红外光谱可用于分析文物中的半导体和金属。这对于金属文物的研究和半导体材料的检测很有帮助。通过使用光谱成像技术，可以获取文物表面的高分辨率光谱图像。这种图像既包含了颜色信息，又提供了光谱分析的数据，为文物状况的细致研究提供了更多维度。总体而言，紫外－可见－近红外光谱是一项强大的工具，可用于文物的材料分析、颜色分析、状况评估以及制作技艺的研究。在文物保护领域，这种光谱技术的应用有助于更全面、深入地了解文物的历史和特性。

（二）傅里叶变换红外光谱

傅里叶变换红外光谱（FTIR）是一种广泛应用于文物分析的强大技术，其在文物保护和研究中有着重要的作用。以下是关于傅里叶变换红外光谱在文物分析中的主要特点和应用：傅里叶变换红外光谱对于有机物质的分析非常敏感。在文物中，油画、纺织品、木材等含有大量有机成分的材料可以通过傅里叶变换红外光谱技术进行分析。这有助于确定使用的颜料、染料，以及了解有机材料的分解和降解情况。傅里叶变换红外光谱不仅可以分析有机物质，还对无机物质具有一定的适用性。对于文物中的陶瓷、玻璃等材料，傅里叶变换红外光谱可以提供关于无机成分的信息，例如矿物的种类和结构。傅里叶变换红外光谱在文物研究中广泛用于颜料和染料的鉴定。不同的颜料和染料在傅里叶变换红外光谱中表现出独特的峰值，这有助于确定文物中使用的颜色和材料。通过监测文物中有机成分的傅里叶变换红外光谱，可以了解文物的降解情况。这对于制定文物保护和修复策略至关重要。在某些文物中，可能存在多种复合材料。傅里叶变换红外光谱可以帮助研究人员分辨和理解这些复合材料的组成，有助于更好地保护文物。总体而言，傅里叶变换红外光谱技术在文物分析中的应用为研究人员提供了深入了解文物材料的手段，为文物的保护、修复和研究提供了重要的科学支持。

（三）拉曼光谱

拉曼光谱（Raman spectra）是一项在文物分析中非常有用的技术，具有非破坏性和高灵敏度的特点。以下是拉曼光谱在文物分析中的主要应用和特点：拉曼光谱技术是非破坏性的，可以在不损害文物的情况下获取材料的信息。这使得它在文物保护和研究中具有重要意义，尤其是对于珍贵或易受损的文物。相较于一些需要复杂样品准备的分析技术，拉曼光谱不需要样品的特殊处理。这简化了文物分析的流程，减少了对文物的额外干扰。拉曼光谱对于颜料和染料的鉴定非常敏感。文物中使用的不同颜料和染料会表现出特有的拉曼光谱特征,因此可以通过这种技术来确定文物的着色材料。对于文物中的石膏、矿物和矿石,拉曼光谱可以提供关于它们的组成和结构的信息。这对于研究文物的材料来源和制作工艺具有重要意义。拉曼光谱在金属和合金的分析上也表现出色。它可以帮助确定金属的类型、合金的成分,以及可能的腐蚀产物。总体而言,拉曼光谱技术通过提供高分辨率、非破坏性的分析,为文物研究人员提供了一种强大的工具,用于深入了解文物材料的性质和特征。

(四) X 射线荧光光谱

X 射线荧光光谱(XRF)是一种广泛应用于文物分析的技术,具有以下主要应用和特点:X 射线荧光光谱技术具有快速的分析速度,几乎可以即时获得样品的元素组成信息。这使得它在大规模文物调查和博物馆中的应用非常方便。与一些传统的元素分析方法相比,X 射线荧光光谱是一种非破坏性的技术。这意味着在分析文物时无须取样,不会对文物造成损害,非常适用于对珍贵文物的保护。X 射线荧光光谱可以同时分析多种元素,包括金属元素和非金属元素。对于金属文物、颜料、陶瓷等材料,X 射线荧光光谱的多元素分析特性能发挥巨大作用。在金属文物的保护和研究中,X 射线荧光光谱可以用于确定金属合金的成分,帮助鉴定不同金属的使用和混合。对于文物中的绘画和装饰,X 射线荧光光谱可以用于检测颜料中的金属元素,从而确定颜料的成分和来源。这对于艺术品保护和研究非常有价值。X 射线荧光光谱还可用于环境监测,例如检测土壤中的元素含量。这在考古遗址的研究中具有重要意义。总体而言,X 射线荧光光谱是一种灵活、高效且非破坏性的文物分析技术,为文物研究和保护提供了重要的元素成分信息。

(五) 质谱

质谱技术(MS)是一种在文物分析中应用广泛的技术,它具有以下特点和应用:质谱技术主要用于有机物质的分析,包括涂层、染料、树脂等。

对于文物中的有机材料，特别是绘画、纺织品等含有复杂有机成分的文物，质谱能够提供高灵敏度和高分辨率的分析。质谱技术可以用于分子鉴定，确定文物中有机物的化学成分。这对于了解文物的制作工艺、年代和来源非常重要。通过质谱技术，可以进行化学反应的实时分析，了解文物中发生的化学变化。这有助于研究文物的腐蚀、降解等过程。质谱具有高灵敏度，即便在文物样本中含量较少的情况下，也能够检测到特定有机物质的存在。类似于其他光谱技术，质谱也可以以非破坏性的方式对文物进行分析，无须取样。在文物分析中，常用的质谱仪器之一是时间飞行质谱，它具有高分辨率和宽的质量范围，适用于复杂样品的分析。总体而言，质谱技术在文物分析中发挥着重要作用，特别是对于有机物质的高灵敏度分析，为文物保护和研究提供了有力的工具。

(六) 核磁共振光谱

核磁共振光谱（NMR）技术是一种在文物分析中应用于有机物质研究的强大工具，以下是其特点和应用：核磁共振光谱技术能够提供关于有机分子的详细结构信息，包括原子的相对位置和化学环境。这对于文物中有机物质的鉴定和解析非常有帮助。与其他光谱技术一样，核磁共振光谱技术是一种无损分析技术，可以在不破坏文物样本的前提下获取信息。这对于珍贵文物的保护至关重要。核磁共振光谱技术对于分析包括木材、纤维和其他生物材料在内的文物有机成分非常适用。例如，在研究绘画中使用的天然树脂时，核磁共振光谱技术可以提供有关树脂种类和结构的信息。核磁共振光谱技术不仅可以在液态中应用，还可以在固态中应用。对于文物中的液体或固体有机物质的研究，这两种形式的核磁共振光谱技术都是有用的。与其他分析技术（如质谱、红外光谱等）相结合，核磁共振光谱技术可以提供更全面的分析结果。通过多种技术的综合应用，可以更全面地了解文物中有机物的性质。总的来说，核磁共振光谱技术在文物保护和研究中为对有机物质进行深入分析提供了有效手段，为理解文物的材料构成和工艺提供了重要的信息。

（七）激光诱导击穿光谱

激光诱导击穿光谱（LIBS）技术在文物分析中有一些独特的特点和应用：激光诱导击穿光谱技术具有快速分析的特点，可以在几秒钟内完成对文物样品中元素成分的测定。这对于大量样本的快速筛查和分析非常有利。激光诱导击穿光谱技术无须对文物样品进行复杂的预处理，这减少了对样品的破坏，并能够在保护文物完整性的同时获取元素信息。激光诱导击穿光谱技术可以提供对文物中多种元素的分辨率，从而帮助确定文物的组成和制作材料。由于是激光诱导的光谱技术，激光诱导击穿光谱技术是一种非接触性分析方法，避免了对文物的物理干扰。激光诱导击穿光谱技术广泛应用于分析金属文物、陶瓷、玻璃等材料中的元素成分。它在考古学、艺术品鉴定和文物保护领域具有潜在应用。由于快速响应的特性，激光诱导击穿光谱技术可以用于实时监测文物的表面元素变化，例如在环境暴露或修复过程中。激光诱导击穿光谱技术不仅可以用于单一元素的分析，还可以实现多元素的同时检测，为对文物材料的全面了解提供便利。总体而言，激光诱导击穿光谱技术在文物分析中具有高效、灵敏、非破坏性的特点，为文物保护和研究提供了一种有力的工具。

（八）可见光光谱图像学

可见光光谱图像学（VSI）在文物分析和保护中具有一些显著的特点和应用：可见光光谱图像学结合了数字成像技术，能够提供对文物表面的高分辨率图像，捕捉到细微的绘画细节和颜色变化。通过可见光光谱图像学，可以还原文物表面的真实颜色，有助于准确理解绘画作品的原始外观。这对于艺术品的修复和展览设计非常重要。可见光光谱图像学不仅提供图像，还获取文物表面在可见光范围内的反射光谱信息。这有助于分析颜料的种类和状态。由于是基于可见光的成像和光谱技术，可见光光谱图像学是一种非破坏性的分析方法，可以保护文物的完整性。可见光光谱图像学在艺术品研究中发挥着重要作用，通过对颜色、绘画技法等方面的分析，有助于了解艺术家的创作过程和风格。对于绘画作品的修复和保护，可见光光谱图像学提供的图像和颜色信息为修复工作者提供了指导，确保修复的准确性和艺术品的保护。可见光光谱图像学生成的高质量图像和光谱数据可以用于建立数字档案，方便文物保护人员和研究者进行长期的记录和研究。综合来看，可见光光谱图像学为文物的色彩还原、绘画分析和艺术品修复提供了一种全面而强大的工具。这些光谱技术的应用，使得文物保护者能够更全面、深入地了解文物的材料成分、状况和历史。它们为文物的修复、保护和研究提供了强大的工具。

二、三维扫描与数字化复原

三维扫描与数字化复原是文物保护领域中先进的技术手段，它们为文物的保存、研究和展示提供了创新的途径。

（一）三维扫描技术

三维扫描技术能够以高精度获取文物表面的几何信息，包括微小的细节。这为文物的保存和修复提供了准确的基础数据。通过扫描，可以生成文物的数字化三维模型。这个模型可以在数字环境中被保存、分析和共享，为文物的远程研究和展示提供了便利。三维扫描生成的数字模型可以作为文物的数字档案，用于长期保存和管理。这有助于减轻对实际文物的频繁操作，降低损坏的风险。在文物修复和保护过程中，三维扫描提供了精准的基准。修复人员可以利用数字模型进行虚拟修复和模拟操作，避免对实物的过度干预。三维扫描的数字模型可以用于虚拟展览和教育，使更多的人能够远程访问和学习文物，促进文化的传承和普及。总体来说，三维扫描技术在文物保护中为文物的数字化、保存和修复提供了先进的工具和方法。

（二）数字化复原技术

数字化复原技术通过计算机图形学和数学建模，能够在数字环境中对文物进行虚拟还原。这使得文物的原始状态可以在数字模型中得以还原，为文物的保护和研究提供了重要的参考。利用数字化复原技术，可以模拟文物的损伤状态，包括裂纹、缺失等。这有助于文物保护人员了解文物的损害程度，为修复和保护工作提供科学依据。在数字环境中进行修复预演，即通过模拟修复过程，测试修复方案的可行性。这可以减少对实际文物的干预，提高修复工作的效率，同时降低修复过程中的风险。数字化复原技术可以用于验证修复方案的有效性。修复人员可以在数字模型上进行多次尝试，找到最合适的修复方案，确保文物的修复工作更为精准和成功。利用数字化复原技术，可以创建虚拟展览，使观众能够在数字环境中欣赏文物的原始状态。这为文物的数字化传播和文化普及提供了新的方式。数字化复原技术为科学研究提供了便利。研究人员可以通过数字模型深入分析文物的结构和材质，推动相关学科的发展。数字化复原技术通过数字环境的模拟和虚拟还原，为文物的保护、修复和传播提供了创新的手段和方法。

这两项技术的结合，使得文物的数字化管理和虚拟复原成为可能。通过数字手段，文物的信息得以长期保存，同时在虚拟环境中进行复原和展示，不仅方便了文物保护的工作，也拓展了文物的传播与教育渠道。

三、人工智能在文物鉴定与保护中的应用

（一）图像识别与鉴定

当人工智能技术融入文物图像识别与鉴定领域时，首先需要通过深度学习模型进行训练。这个模型可以通过大量的文物图像数据学习文物的特征，包括但不限于形状、纹理、颜色等。通过这个过程，系统能够建立起

对不同文物特征的敏感性，从而实现更准确的识别。对于文物风格的识别，深度学习模型可以分析图像中的艺术元素、构图方式等因素，从而辨别出不同历史时期或文化背景下的风格特征。这对于确定文物的年代、地域以及可能的制作者都具有重要意义。至于损伤的识别，人工智能系统可以学会辨认各种类型的损伤，无论是表面裂纹、颜料剥落还是其他形式的损伤。这种技术的应用使得文物保护人员能够更快速、更全面地了解文物的状况，从而采取相应的保护和修复措施。总体而言，人工智能在文物图像识别与鉴定方面的应用，为保护文化遗产提供了强大的工具。通过提高鉴定速度和减轻专业人员的负担，这项技术为更有效地保护和传承文物做出了积极的贡献。

（二）文物损伤分析

利用人工智能算法进行文物损伤分析的优势在于其自动化、高效性和全面性。人工智能算法能够自动识别文物表面的裂纹、缺失等损伤问题，省去了手动检查的时间和劳动成本。算法能够在短时间内处理大量文物图像数据，提高了损伤分析的效率。这对于大规模文物保护工作是非常重要的。通过算法生成的损伤报告，保护人员可以获得更全面的信息，包括文物的各个损伤细节。这有助于更好地理解文物的实际状况。经过充分训练的算法能够准确地识别各种类型的损伤，包括微小的裂纹和局部缺失。这有助于提供准确的修复和保护建议。采用实时图像处理，算法能够提供即时的损伤分析结果，使得保护人员能够及时采取行动，减缓或避免进一步的损害。人工智能算法可以实现对文物的全天候监测，不受时间和环境的限制，保障文物的及时保护。虽然这种技术具有很多优势，但在实际应用中仍需谨慎考虑算法的训练数据、伦理问题以及与传统保护方法的结合等因素，以确保其在文物保护工作中的有效性和可行性。

(三) 文物档案管理

文物档案管理的智能化应用确实为文物保护工作带来了许多便利，让我们看看其中的几个方面：利用自然语言处理技术，系统能够智能化地整理文物相关的文献、历史记录等信息。这消除了烦琐的手动整理过程，提高了整理速度和准确性。智能档案管理系统使得对文物信息的检索更为便捷。用户可以通过关键词、时间范围等方式快速找到所需信息，提高了档案检索的效率。系统能够自动更新文物档案中的信息。如果有新的研究成果、发现或文献出版，系统可以及时将这些信息纳入档案，确保档案的时效性。利用人工智能的关联分析能力，系统可以发现文物之间的关联关系，帮助研究人员更好地理解文物的历史、文化背景等方面。智能档案管理系统可以提高文物信息的安全性，通过权限管理系统限制对敏感信息的访问。同时，自动备份和可靠的数据存储确保档案数据的安全性。在需要生成文物档案报告时，系统可以自动生成详细而准确的报告，减轻了保护人员的工作负担。智能档案管理系统可以与其他文物保护系统集成，实现信息的共享和协同工作，提升整个文物保护体系的效能。尽管人工智能在文物档案管理中的应用上具有显著的优势，但在采用这些技术时，还需要注意数据隐私和伦理问题，确保文物档案的管理过程合乎规范和标准。

(四) 风险预测与防范

风险预测与防范是文物保护领域中应用人工智能的关键方面。通过大数据分析，人工智能系统可以实时监测文物所处环境的各种因素，包括温度、湿度、光照等。这有助于发现潜在的环境风险，例如湿度过高可能导致纸质文物腐朽。基于历史数据和气象信息，人工智能可以预测可能发生的自然灾害，如地震、洪水等。提前预警有助于采取紧急保护措施，减少文物损害。在博物馆等公共场所，人工智能系统可以分析访客的行为，预测潜在的风险。例如，通过监测访客的活动，系统可以预测是否有可能发生碰撞或其他意外。在数字化时代，文物保护也面临着网络威胁。人工智能系统可以监测网络活动，及时发现并防范潜在的网络攻击，保护文物的数字档案和在线展览。人工智能系统可以分析设备的运行数据，预测设备的故障或维护需求。这有助于及时修复保护设备，确保其正常运行，防范文物因设备故障而受到的风险。利用图像识别技术，人工智能可以监控文物保护区域的安全情况。系统可以识别异常行为或潜在威胁，及时采取措施，确保文物的安全。人工智能系统通过不断学习和更新，可以不断改进风险模型，提高预测的准确性和可靠性。总体而言，风险预测与防范的人工智能应用使文物保护工作更加智能化和前瞻性，有助于在保护过程中更好地应对潜在的威胁。

（五）修复方案推荐

在文物修复方案推荐的应用中，人工智能可以通过以下方式提供智能化建议：人工智能系统可以学习大量的文物修复案例，包括不同类型的文物和不同的损伤情况。通过对这些案例的深入学习，系统能够理解各种文物修复的方法和技术。当修复人员上传文物的照片或描述文物的损伤时，人工智能系统可以通过图像识别和自然语言处理技术快速识别问题。系统能够分析文物的损伤类型、程度和位置。基于学习到的文物修复知识，人工智能系统可以检索知识库，找到与当前文物损伤相类似的案例。这有助于系统理解如何处理特定类型的文物损伤。基于已学习的知识和检索到的案例，系统可以生成修复方案。这可能包括推荐使用的修复材料、步骤、工具等。系统能够考虑不同的修复选择，并为修复人员提供多个可行的方案。在修复人员执行修复任务时，系统可以提供实时反馈。通过图像识别，系统可以分析修复过程中的变化，确保修复工作按照推荐方案进行。通过记录修复过程和结果，系统可以积累更多的经验。这有助于不断完善系统的修复建议，使其更加准确和实用。人工智能系统是持续学习的，通过不断接收新的文物修复案例，系统能够不断提高其修复方案推荐的准确性和适用性。通过以上方式，人工智能系统可以为文物修复提供更加智能、个性化的建议，提高修复的效率和质量。这为文物修复工作带来了更科学、前瞻的支持。

（六）文物保护监测

在文物保护监测的应用中，人工智能结合传感器和物联网技术，可以提供实时的文物环境监测和保护方案：部署在文物附近的传感器可以监测环境因素，如温度、湿度、光照等。这些传感器能够实时采集数据，并通过物联网传输至人工智能系统。人工智能系统通过分析传感器采集的数据，识别环境中的变化趋势和异常情况。例如，系统可以检测到湿度突然升高、温度波动异常等情况。当系统检测到可能影响文物保护的环境异常时，可以通过实时报警通知相关人员。这有助于采取紧急措施，防止文物受到不良影响。人工智能系统可以通过远程监控文物环境，无须人工实地巡检。这提高了监测的效率，尤其是对于分布在较大区域的文物保护单位。人工智能系统可以根据环境监测结果自动调节文物周围的环境条件。例如，通过控制加湿器或空调系统，系统可以维持适宜的湿度和温度。人工智能系统可以分析历史数据，识别文物环境中的周期性变化或潜在的长期趋势。这有助于更好地理解文物所处环境的特点。基于历史和实时数据，系统可以进行预测性维护。预测性维护可以帮助规划文物保护的长期策略，减少未来可能的损害。通过整合人工智能、传感器和物联网技术，文物保护监测系统能够更全面、及时地保护文物免受环境影响，提高文物的长期保存和展示效果。

（七）虚拟修复展示

在文物保护中，结合虚拟现实技术的虚拟修复展示可以提供全新的体验和教育方式：利用虚拟现实技术，观众可以沉浸在一个数字环境中，仿佛置身于实际的文物修复现场。这种沉浸式体验使观众能够更深入地理解文物修复的过程和细节。虚拟修复展示可以设计为交互性的体验，观众可以通过手势、控制器等方式参与到修复过程中。这种互动性增强了观众的参与感和学习效果。虚拟现实可以用于展示文物在不同时间点的状态，实时演示修复前后的对比。观众可以看到文物的原貌和修复后的效果，更好地理解文物的演变过程。在虚拟修复展示中，可以加入解说和说明，介绍不同的修复技术和工具的使用方法。这有助于普及文物修复知识，提高观众对修复工作的认识。利用虚拟现实的特性，观众可以以多个角度自由观察文物，深入了解文物的结构和细节。这为观众提供了更丰富的观察体验。虚拟修复展示不仅是一种展览形式，还是一种教育工具。通过数字化的方式向公众传达文物保护的重要性，激发对文物修复的兴趣。虚拟修复展示的过程可以记录并保存为数字档案，成为文物修复的历史记录。这有助于建立数字化的文物档案库，方便后续的研究和展示。虚拟修复展示结合了虚拟现实技术和文物修复的实际需求，为观众提供了更具参与性和沉浸感的文物保护体验。通过引入人工智能技术，文物鉴定与保护的效率和准确性得到提升，为文物的长期保存和传承提供了新的可能性。

四、新材料在文物修复中的创新应用

新材料在文物修复中的创新应用为保护和修复文物提供了更多的选择，以下是一些新材料在文物修复中的创新应用。

（一）纳米材料

纳米材料在文物修复中的应用确实是一项创新。通过利用纳米颗粒的独特性质，可以实现以下方面的文物保护和修复：一是纳米材料可以形成一层保护性的薄膜，覆盖在文物表面。这种薄膜可以防止空气中的湿度、污染物等对文物的侵害，减缓文物的老化和腐蚀过程。二是利用纳米材料的高表面活性，可以制备纳米清洁剂，用于文物表面的清洁。纳米清洁剂能够更彻底地去除表面的污垢，同时对文物原有材质的影响较小。三是纳米材料可以作为填充材料，用于文物表面的缺失部分修复。由于纳米颗粒的细小尺寸，它们可以填充微小的裂缝和孔洞，提高文物的整体完整性。四是纳米材料还可以具有抗污染的特性，阻止外部环境中的污染物附着在文物表面。这有助于文物长期保持清洁状态，减少污染对其的损害。五是利用纳米材料的光学性质，可以进行光学修复，调整文物表面的光学效果。这对于修复受到光照影响而导致颜色褪色的文物尤为重要。需要注意的是，尽管纳米材料在文物修复中有许多潜在应用，但其使用也需要谨慎，确保对文物原有材质和结构没有负面影响。因此，在应用纳米材料时，需要进行充分的实验和评估，确保其对文物的长期保护效果。

（二）复合材料

复合材料在文物修复中的应用确实是一种创新而有力的手段。它可以发挥以下作用：复合材料可用于填充文物表面的缺失或损伤部分。由于复合材料通常由多种组分组成，可以调整其成分比例和性质，以适应不同类型的文物材料。部分文物可能由于年代久远或外部损伤而失去一些结构强度。复合材料可以设计成具有高强度和轻质的特性，用于加强文物的结构，提供额外的支撑。一些复合材料具有自修复的特性，即在受到损伤后能够自行修复。这对于文物的长期保护和维护非常有益，可以减缓文物的老化过程。复合材料可以调整其外观和性质，以模拟文物原有的材料。这在修复过程中可以确保修复部分与原件相匹配，避免明显的差异。一些复合材料具有抗腐蚀、抗污染的性质，可以降低环境对文物的侵害。这对于文物在恶劣环境中展示或存放具有保护意义。使用复合材料需要精确的工程设计和实施，以确保其在文物修复中的有效性并且对原件无负面影响。因此，在应用复合材料时，需要仔细研究文物的材料特性和修复需求，选择合适的复合材料，并经过严格的测试和评估。

(三) 生物材料

生物材料在文物修复中的应用确实是一个令人兴奋的领域。这些材料通常具有生物相容性和可降解性等特点,适合用于对文物进行温和修复和保护。生物胶是一种可降解的黏合剂,可以用于黏合文物的破碎部分。与传统的合成胶相比,生物胶对文物的影响更小,可以在时间推移中自然降解,减少对文物的长期干扰。生物陶瓷是一种具有高度生物相容性的陶瓷材料,可以用于文物的缺失部分的修复。它的成分可以调整以匹配不同类型的文物材料,而且在降解过程中不会对环境造成污染。生物膜可以用于文物表面的保护。这种薄膜通常由生物可降解材料构成,能够提供对文物的轻微覆盖,保护文物免受环境因素的影响。一些微生物可以分解文物表面的有机污染物,具有生物修复的潜力。通过引入适当的微生物群,可以促进文物表面的自然清洁和修复。生物基纳米材料具有纳米尺度的特性,可以用于文物的高分辨率修复。这些材料在修复过程中更为精细,对文物的影响更小。使用生物材料需要深入了解文物的材料特性、环境因素和修复需求,确保所选用的生物材料不仅对文物本身无害,而且在修复和降解过程中不会引入新的问题。这需要在文物保护和修复领域的专业知识和生物材料科学领域的交叉研究。

(四) 可降解材料

可降解材料的运用在文物修复中体现了对可持续性和文物长期保存的考虑。这些材料的主要特点是其在一定条件下能够逐渐分解为无害的物质,减少了对文物的潜在危害。以下是一些可降解材料在文物修复中的应用:这类材料可以用于文物的支撑结构或临时性修复。例如,可降解聚乳酸(PLA)是一种从植物源提取的生物可降解塑料,可以在支撑文物的同时,经过一段时间逐渐分解。由淀粉制成的材料是一种可降解的选项,可以用于文物的包装和支撑。这些材料对环境友好,同时为文物提供了短期的保护。使用符合生物可降解标准的纸张或纤维素制品可以作为文物包装或修复的临时性材料。这样的材料在一定湿度和温度条件下能够逐渐降解。一些以植物为基础的材料，如木质纤维等，可以在一定条件下自然分解。这样的材料在文物修复中可以用于模拟文物原始材料的特性。一些天然胶类物质，如橡皮胶，可以在一定时间内提供强力的黏合效果，随后逐渐分解，避免了对文物的永久性影响。可降解材料的使用需要谨慎考虑文物的特性、修复需求和环境条件。在选择和应用这些材料时，需要综合考虑它们的稳定性、降解速度以及对文物本身的影响。

（五）光敏材料

光敏材料在文物保护中的应用主要集中在对光照环境的控制和文物的修复方面。以下是光敏材料在这两方面的应用：光敏材料可以用于照明系统中，通过感应环境光照强度自动调整照明亮度。这有助于减少文物长时间暴露在强光下的风险，防止光照引起的老化、褪色等问题。一些光敏材料具有特定的光谱选择性，可以用于制造照明过滤器。这些过滤器可以调整照明光的颜色温度，减少对文物的有害影响。光敏材料在文物修复中可以用于制造光敏胶或黏合剂。这些材料对紫外光或可见光具有响应性，可以在修复过程中进行精准的控制，例如，只在需要的区域启动光敏反应。光敏材料还可以用于文物的虚拟复原展示。通过结合数字技术和光敏材料，可以创造出在特定光照条件下呈现出不同状态的文物效果，使观众更好地理解文物的历史状态。在使用光敏材料时，需要根据文物的特性和修复需求选择合适的材料，并确保其在长期使用中不会对文物产生负面影响。

（六）3D打印材料

3D打印材料在文物修复领域的应用主要体现在以下几个方面：使用3D打印技术可以制作文物的高精度复制品，这对于展览、教育和研究具有重要意义。通过3D打印，可以在不触碰原件的情况下展示文物的外观和细节，同时减少对原件造成破坏的风险。对于文物中的部件或缺失的部分，可以使用3D打印技术制造替代品。这种方法可以保留文物的完整性，同时为修复提供精确的匹配。3D打印还可以用于制作文物的模型，这对于研究和学术交流非常有帮助。研究人员可以通过模型更好地理解文物的结构和构造。在文物修复过程中，有时需要添加支撑结构来保持文物的稳定性。使用3D打印可以定制合适的支撑结构，确保其与文物的形状和需求相匹配。制造专门的修复工具是3D打印的另一个应用。这些工具可以根据文物的形状和材质进行定制，提高修复的精度和效率。在应用3D打印材料时，需要根据文物的具体情况选择合适的打印材料，以确保复制品或替代部件的质量和稳定性。此外，也需要考虑材料的耐久性和对文物原件的潜在影响。

（七）光子材料

光子材料是一类具有特殊光学性质的材料，其特点在于能够通过调整光的传播、反射和吸收等特性来实现一些独特的光学效果。在文物修复中，光子材料的应用可以涵盖以下方面：光子材料具有调整光的特性，可以用于修复文物表面的光学特性。通过使用特定类型的光子材料，修复人员可以调整文物表面的反射和折射，改变其外观和颜色，实现光学上的修复效果。光子材料在调节光线穿透和传播方面具有优越性。在文物保护中，可以利用这一特性来调节文物所处环境的光照条件，防止过度暴露和光照引起的损害。光子材料可以形成一种保护性的薄膜，用于文物表面的保护。这种薄膜可以防止污染、腐蚀和其他有害因素对文物表面的侵害，同时保持文物的原始外观。光子材料的应用还可以实现非破坏性修复。通过光学调整和光学效果的改变，可以在不触碰文物表面的情况下实现修复的目的，降低对文物的干扰。需要注意的是，光子材料的选择和应用需要根据具体的文物类型、材质和修复需求来确定。此外，对于光子材料的长期影响和稳定性也需要进行充分的评估和研究。

（八）水凝胶

水凝胶是一种具有出色吸湿性能的材料，其在文物保护中的应用主要体现在湿度调控和防潮方面。以下是水凝胶在文物修复中的创新应用：一是水凝胶的主要特性之一是强大的吸湿能力。在文物储藏或展览环境中，湿度的控制对于文物的保护至关重要。通过在文物周围放置水凝胶，可以吸收过多的湿气，保持相对恒定的湿度水平，防止文物因湿度波动而受损。二是水凝胶可以形成一层保护性的水分膜，防止文物受到潮气的侵害。尤其对于湿敏性的文物，水凝胶的应用可以有效减缓或阻止潮气对文物的腐蚀和损害。高湿度环境容易导致文物受到霉菌的影响，而水凝胶的吸湿作用可以减少湿度，从而抑制霉菌的生长。这对于文物的长期保存和展览至关重要。三是水凝胶的使用是一种非侵入性的文物保护方法，不需要直接接触文物表面。这有助于避免因直接接触而引起的潜在损害，使得文物更为安全。四是水凝胶通常是由环保材料制成，对环境无害。这符合文物保护的可持续发展原则，确保保护手段本身不对环境造成负面影响。在实际应用中，水凝胶的选择应考虑文物的特性、环境条件和使用期限等因素，以确保最佳的保护效果。

这些新材料的创新应用为文物修复提供了更多的选择，有助于更好地保护和保存珍贵的文化遗产。

第二章 博物馆展览策略

第一节 展览策略的概念

博物馆展览策略是指在规划、设计和呈现博物馆展览时制定的一系列战略性决策,以达到特定的展览目标和提供深度、吸引人的参观体验。展览策略的制定涉及多个方面,其中一些关键概念包括:

一、展览目标明确性

确保展览目标的明确性是展览策略中至关重要的一步。明确展览的目标和宗旨有助于为整个展览过程提供方向,确保展览内容和设计与所期望的效果一致。以下是关于展览目标明确性的一些建议:

(一)教育目标

如果展览的主要目标是教育,那么需要明确教育的范围和深度。确定展览的教育目标,包括要传达的具体知识、技能或思考方式,以及受众的教育水平。在制定教育目标时,考虑以下几个方面可以帮助确保目标的明确性和可操作性:

1. 知识传递

知识传递是展览中至关重要的一个方面。在确定知识传递的具体知识领域时，可以考虑以下几个步骤：确定展览的主题或主题领域。这可能取决于博物馆的特定收藏属于某一历史时期、科学主题或艺术流派等。主题的选择应与博物馆的整体使命和观众群体的兴趣相一致。针对选定的主题，确定展览的核心信息。这些核心信息可能包括关键事件、概念、人物等。确保这些信息是展览中要传达的基本知识点。将核心信息组织成一个连贯的故事线。展览可以通过故事的方式呈现知识，使观众更容易理解和记忆。考虑时间轴、主题线索等方式，将知识点有机地连接起来。考虑通过互动元素增强知识传递。这可以包括观众参与的展示、多媒体互动、模型、实验等。互动元素能够激发观众的兴趣，使知识更具体、生动。如果主题允许，可以从不同的角度呈现知识。这有助于满足不同观众的兴趣和学习方式。例如，历史事件可以从社会、文化、个体生活等多个角度进行讲述。根据观众的教育水平和先前知识，设定信息的层次。展览可以包含基础知识和深入知识，以适应不同层次的观众。

例如，如果一个博物馆的展览主题是某个历史时期的艺术风格，知识传递的步骤可能是：选择特定的历史时期和相关的艺术风格。确定该时期的关键艺术特征、代表性艺术家和作品等。将这些信息组织成一个时间线，展示艺术风格的演变和影响。设计互动元素，如观众可以通过触摸屏浏览艺术品、听取音频解说等。展示不同艺术家的作品，从不同的文化、历史背景解读艺术风格。信息层次包括基础信息，如艺术家的生平，以及更深入的信息，如艺术风格的技术特点。这样的方法有助于展览中的知识传递更加有层次、有趣，吸引观众的关注和参与。

2. 技能培养

培养观众特定技能是一个具有挑战性但也充满创意的目标。以下是在展览中培养观众技能的一些建议：一是确定展览中期望观众培养的具体技能。这可能涉及观察、分析、批判性思维、创造力等方面的技能。确保这些技能与展览主题和内容密切相关。二是利用互动元素设计展览，使观众能够在参与中培养特定技能。例如，如果目标是培养观察艺术品的技能，可以设置观察细节的互动站，引导观众发现绘画中的细微之处。三是在展览中提供必要的工具和指导，以帮助观众获得技能。这可以包括观察艺术品的放大镜、解说手册、互动应用等。确保观众能够轻松融入学习过程。四是安排专门的培训活动或工作坊，帮助观众更深入地理解和掌握特定技能。这可以是导览讲座、实践工作坊等形式。五是设置反馈机制，让观众能够了解他们在培养技能过程中的进展。这可以通过互动站点的反馈、参与者证书等方式来实现。

例如，如果展览的目标是培养观众对历史研究的方法，步骤可能如下：一是明确目标技能，比如，批判性思维、历史文献分析、提出研究问题等。二是设置展示历史文献的互动站，引导观众分析文献、提出问题。三是提供互动板书、模拟研究档案等。四是在互动站点提供指导手册，介绍历史研究的基本方法和步骤。五是确保观众能够理解并运用这些工具。六是安排历史研究方法的专题讲座，邀请专家分享研究经验，并与观众互动。七是设置反馈板，观众可以在展览结束时提出他们的研究问题或分享他们的观点。八是展览结束时，提供参与者证书，表彰他们的努力和学习成果。通过这样的展览设计，观众将有机会在展览中培养特定的历史研究技能，使整个学习过程更具深度和参与感。

3.思考方式

设计展览时确立观众采用的思考方式是比较关键的，因为这直接影响到展览的互动性和教育性。以下是一些建议，有助于确定并引导观众采用特定的思考方式：一是确定主要的目标观众群体。不同的观众可能具有不同的思考方式和兴趣，因此展览设计需要考虑到这些差异。二是考虑展览的主题和目的。某些主题可能更适合批判性思维，而其他主题可能鼓励创造性思考。确保展览的设计与主题相一致。三是设计引导性的问题，激发观众的思考。这些问题可以放置在展览的不同部分，引导观众思考特定的方面。四是交互元素包括交互性元素，例如触摸屏、虚拟现实或实物展示，以鼓励观众亲身体验并从中学习。这可以激发跨学科思考。五是提供创造性的活动，鼓励观众参与。这可以包括艺术创作、实验性的互动体验等，促使观众采用创造性思维方式。六是利用故事叙述，以引导观众思考。故事能够激发情感共鸣，帮助观众更深入地理解和思考展览内容。七是引入实际案例或个人经历，以提供具体的例子，帮助观众将抽象的概念转化为实际的思考。八是提供展览的导览或指南，引导观众按照特定的思考方式探索展览。这有助于确保他们能够从展览中获得最大的教育收益。九是考虑观众在展览中的思考时间和空间，为观众提供足够的时间来深入思考展览内容，并设计合适的空间以促使思考。十是设计评估机制或收集观众反馈的方式。这有助于展览策划者了解观众的思考方式，并进行展览体验的改进。十一是通过明确期望观众采用的思考方式，并相应地设计展览元素，可以创造出更具教育性和吸引力的展览体验。这有助于观众更深入地参与和思考展览内容。

4. 受众教育水平

考虑观众的教育水平和先前知识是设计教育性展览的关键因素。以下是一些建议，有助于确保教育目标与观众的背景相匹配：在设计展览之前，进行调查以了解受众的教育水平、专业领域和先前知识。这有助于确定观众的基础水平和兴趣。考虑到观众可能具有不同的教育背景，确保展览内容既能满足初学者的需求，又能够提供深入的信息供高级观众学习。使用简洁清晰的语言，避免过度使用专业术语。选择易于理解的表达方式，以适应各种教育水平的观众。在展览开始时引入基础知识，为初学者提供必要的背景信息，使他们能够更好地理解展览主题。将信息分层次呈现，以逐步深入主题。这种分层次的方式有助于观众逐步理解，并满足不同教育水平的需求。为那些具有较高教育水平或专业背景的观众提供深入的、进阶的信息。这可以通过额外的阅读材料、深度互动或专家讲座来实现。利用交互式元素，如触摸屏、模型或实验，以帮助观众通过实践来学习。这有助于吸引不同教育水平的观众。设计与展览主题相关的教育活动，以增加观众的互动和学习体验。这可以是小组讨论、工作坊或实地考察。提供额外的教育资源，如手册、信息手册或在线资源，以供观众在参观后继续学习。收集观众的反馈，通过评估了解展览对不同教育水平观众的影响，并根据反馈调整教育策略。通过考虑观众的教育水平和先前知识，展览可以更好地满足观众的需求，提高教育效果，并创造更有意义的学习体验。

5. 测量和评估

测量和评估是展览设计中至关重要的一步，它有助于验证观众是否达到了教育目标。在设计展览之初，明确教育目标，并确保它们是具体、可测量的。这有助于确定评估的焦点。根据教育目标选择合适的评估方法。可能的方法包括问卷调查、观察、考试、小组讨论等。如果使用问卷调查，确保设计问题能够有效地评估观众的学习成果。问题应与教育目标直接相关。定期进行观察，了解观众在展览中的参与程度和学习行为。观察可以提供实时的反馈。对于某些教育目标，设计适当难度的考试或测验，以衡量观众的知识水平。确保考试与展览内容一致。通过组织分组讨论或提供机会进行反馈，了解观众对展览内容的理解和观点。收集观众的直接反馈，可以通过展览结束时的反馈表、观众评论板或在线调查等方式。在展览结束后，考虑跟踪观众的后续学习情况，了解他们是否在展览后进一步深化了对主题的学习。结合定量和定性数据进行评估。定量数据提供统计支持，而定性数据提供深层次的理解和观众的个人体验。根据评估结果，调整展览的教育策略和设计，以提高教育效果。对于一些教育目标，考虑追踪观众的长期学习影响，以了解展览对他们的持久影响。通过建立明确的评估框架，展览设计者可以更好地了解观众的学习效果，并不断改进展览内容和教育策略。这有助于确保展览实现预期的教育效果。

举例来说，如果一座博物馆的展览旨在向观众传输关于某一历史时期的知识，教育目标可能是："通过展览，使观众了解并能够描述××时期的历史事件、社会结构和文化特征。"这个目标清晰地指明了展览的内容范围

(××时期的历史事件、社会结构和文化特征),并阐明了期望观众能够达到的水平(了解并能够描述)。这有助于展览的策划和设计,确保展览的各个元素都与教育目标一致。

(二)文化传承目标

文化传承目标是展览设计中的一个关键方面。明确关注的文化元素和传达的文化信息有助于设计更有深度和意义的展览。

1. 文化元素选择

选择文化元素是文化传承展览设计的首要任务。确切地定义关注的文化元素有助于确定展览的焦点和内容。在确定文化元素之前,进行充分的研究调查。了解目标文化的历史、传统、重要事件等,以找到合适的文化元素。如果可能,与相关社群直接沟通。了解他们认为最具代表性和重要性的文化元素,以确保展览符合观众期望。如果文化非常多元,考虑展示多样性的文化元素,以涵盖更广泛的观众群体。根据研究和社群反馈,明确展览的主题,确保文化元素的选择与主题一致。考虑选择具有象征意义和重要符号的文化元素。这有助于引导观众更深入地理解文化的内涵。考虑选择与文化历史有深厚联系的元素。这有助于传达文化的延续性和变化。如果适用,考虑选择与传统艺术、舞蹈、音乐等相关的元素。这能够通过艺术性的呈现方式吸引观众。如果文化与传统工艺有关,考虑选择代表性的传统工艺,展示技艺和文化传承的精髓。对于涉及宗教的文化,可以考虑选择与宗教习俗和仪式相关的元素,以深化观众对文化的理解。考虑选择与语言和文字有关的元素,如重要的文学作品、文字艺术等。利用多媒体元素,以生动形象的方式呈现选择的文化元素,增加观众的参与感和体验感。提供互动式体验,让观众亲身参与和体验文化元素,从而更深入地理解和欣赏。通过仔细选择文化元素,展览设计者可以更好地传达文化的丰富内涵,引导观众深入了解和体验传承的文化。

2. 文化特征强调

强调文化特征是展览策略中的重要方面，它有助于提升观众对展览内容的理解和欣赏。在展览中，通过独特性的展示方式突出所关注文化的特征。可以采用特殊的展陈设计、布局或装饰，使观众感受到这一文化的独特魅力。将所关注文化与其他文化进行对比，通过对话的方式展示它们之间的异同。这有助于观众更全面地了解各文化之间的关系和互动。通过故事叙述展示文化的历史、传统和发展过程。通过生动的故事，观众可以更深入地了解文化的内涵和演变。利用多媒体技术，例如视频、音频等，展示文化特征。通过影像和声音的呈现，观众可以更直观地感受文化的独特之处。设计互动展项，让观众亲身参与其中，体验文化的独特魅力。可以通过工艺品制作、传统技艺展示等方式，增强观众的参与感。安排专题讲座、座谈会或文化活动，邀请专家学者分享文化的独特之处。这有助于在展览之外提供更深入的文化背景。设计一些需要观众参与的展览项目，让他们通过亲身经历了解文化特征。例如，制作文化手工艺品、参与传统舞蹈等。提供专业的导览和解说服务，解读文化的深层次内涵。导览员可以向观众讲解文物的历史、背后的故事等，使观众更好地理解文化的独特性。通过以上策略，展览可以更生动地呈现文化的特征，使观众在参观中获得更深层次的体验和认知。

3. 多媒体呈现

多媒体呈现是一种强大的展览策略，它能够以生动形象的方式呈现文化元素，增强观众的参与感和体验感。以下是多媒体呈现的一些具体做法：制作专业的文化介绍视频，展示文化的历史、传统、生活方式等。观众可以通过观看视频更直观地了解文化元素。设计音频解说服务，为观众提供对文物、文化元素的深度解读。观众可以通过耳机或导览设备聆听解说，增加信息的传达深度。利用虚拟现实技术，为观众打造沉浸式的文化体验。他们可以通过VR（虚拟现实）设备参与虚拟文化场景，仿佛置身于文化的现场。设置触摸屏或交互式屏幕，让观众通过手势或点击获取更多信息。这种互动方式使观众能够按照自己的兴趣深入了解文化元素。利用实景演绎手法，通过模拟或还原文化场景，让观众亲身感受文化的氛围。这可以通过搭建场景、使用道具等方式实现。利用数字技术展示文物的三维模型，观众可以通过屏幕上的旋转和缩放更全面地欣赏文物的细节。在展览中安排文化音乐会、舞蹈演出等活动，通过音乐和舞蹈向观众展示文化的艺术表达形式。利用数字技术展示当代艺术家创作的数字艺术品，突显文化的现代表达方式。通过这些多媒体元素的融入，观众可以以更互动和娱乐的方式参与展览，使他们对文化元素有更深层次的认知和体验。

4. 互动式体验

互动式体验是展览中非常有趣且有效的一种策略，它可以让观众近距离接触文化元素，加深他们的理解和体验。以下是一些互动式体验的具体做法：安排专业的工艺师傅或教师，为观众提供传统手工艺制作的工作坊。观众可以亲手制作传统工艺品，了解制作过程并带回自己的手工作品。安排专业舞蹈演员进行表演，并邀请观众参与。观众可以学习一些简单的传统舞蹈动作，与表演者一同参与舞蹈。安排美食展区，提供传统的文化美食供观众品尝。也可以设置厨艺示范或美食制作互动活动。设计一些文化主题的游戏或竞赛，让观众在娱乐中学习。这可以是文化知识竞赛、传统游戏等。利用虚拟现实或增强现实（AR）技术，为观众提供虚拟的文化体验。他们可以在虚拟环境中参与各种活动，如虚拟旅游、虚拟手工制作等。安排音乐家演奏传统乐器或进行合唱表演，并邀请观众一同参与。这可以是教授简单的乐器演奏技巧，或一同合唱传统歌曲。通过这些互动式体验，观众能够更深入地融入文化元素，增加展览的趣味性和参与感，使他们在参观过程中获得更为丰富的文化体验。

5. 故事叙述

故事叙述是一个强大的工具，能够引导观众进入文化元素的深层次理解和情感体验。以下是一些关于如何运用故事叙述来展示文化元素的建议：选择那些能够代表文化元素核心价值和特色的故事。这可能是一个关于传统习俗的故事、一个关于重要历史事件的故事，或者一个关于传统手艺传承的故事。将文化元素通过人物化的方式呈现出来，让观众能够通过人物的视角更好地理解文化的内涵。这可以是一个具有代表性的人物，也可以是一个传统角色的故事。利用情感元素构建故事，让观众在故事中产生共鸣。这可以是关于爱、奋斗、家庭等方面的情感，使观众更深刻地感受到文化元素的内在情感。如果文化元素涉及传承和演变，可以通过跨越不同时期的故事，展示文化元素在不同时代的传承和变迁，使观众更好地理解其历史演变。利用展览空间的互动性，设计交互性故事，让观众能够参与其中，亲身感受文化元素的故事情节。这可以通过展示互动装置、虚拟现实体验等方式实现。如果文化元素有多个层面和角度，可以通过不同的故事线展示。这有助于观众全面理解文化元素的复杂性和多样性。通过巧妙运用故事叙述，展览可以更生动地呈现文化元素，让观众在故事中沉浸，达到更深层次的文化体验。

6.展示方式选择

首先，展览柜是一种传统而有效的展示方式，能够提供良好的物理保护，并通过有序的布局突出文化元素的重要性。其透明的特性让观众近距离欣赏文物，创造出沉浸式的观展体验。其次，壁画作为一种立体艺术形式，可以在有限的空间内展现丰富的文化内涵。通过巧妙的设计和绘制，壁画能够生动地呈现文化场景、传统故事或象征符号，使观众在欣赏的同时深刻感受文化的艺术表达。而虚拟展厅则提供了一种数字化的展示方式，通过技术手段将文化元素呈现在虚拟空间中。观众可以通过电子设备随时随地参与展览，实现全球范围内的文化传播。虚拟展厅的互动性和创新性为文化元素注入了新的活力，同时也满足了现代社会对数字体验的需求。无论选择何种展示方式，都应当注重设计的独特性和观众体验。通过巧妙的布局和表现手法，展示方式能够最大限度地凸显文化的独特魅力，使观众在参观过程中融入文化的深厚内涵。

7.参与社群

社群参与是确保展览成功的重要一环。首先，建立社交媒体平台，如

Facebook（脸谱网）、Instagram（图片分享社交应用）等，以吸引更广泛的观众。通过发布有趣的文化内容、展览幕后花絮和互动问题，吸引社群成员的关注和参与。定期组织线上论坛、讨论会或Webinar（网络研讨会），邀请社群成员分享他们对文化传承的看法和期望。这种互动形式能够直接听取社群的声音，了解他们的需求，从而调整展览策划和内容。此外，建立展览的专属社群，让喜爱该文化的人们在一个平台上聚集。他们可以分享自己的观点、经验，甚至提出展览改进的建议。这种社群参与不仅增强了观众的参与感，也为展览提供了持续的反馈渠道。与当地社群团体合作，共同策划相关活动。这样的合作能够深入到社群的日常生活中，使展览不仅是一个临时性的事件，更是与社群共同参与的文化项目。通过积极参与社群，展览将更好地契合观众的期望，获得更广泛的认同，实现文化传承的深入推广。

8. 教育性导览

教育性导览是展览中不可或缺的一环，它能够帮助观众更深入地了解文化元素，增加他们的文化知识和认知水平。以下是一些建议：首先，设计多层次的导览信息。从基础知识开始，逐步深入，以适应不同观众的需求。对于对该文化不太了解的人，提供简明扼要的基础介绍；对于深入了解的人，提供更深层次、详细的，关于历史、背景和文化内涵的资料。其次，利用多媒体技术。结合语音导览、视频、虚拟现实等技术手段，使导览更生动有趣。通过图文并茂的展示，观众可以更直观地理解文化元素的演变和重要时刻。同时，设计互动环节。在导览中融入互动问题、小测验或观众参与的互动环节，使学习过程更具参与感。这不仅提高了教育性导览的吸引力，还激发了观众的主动学习兴趣。为了确保导览的有效性，可以在展览场馆内设置专门的学习区域，提供更多深入学习的资源，如相关书籍、文献资料、学术文章等。观众可以在展览结束后深入学习，进一步加深对文化元素的理解。通过有针对性的教育性导览，观众不仅在参观展览的过程中获得愉悦，更能够带走深刻的文化学识。

9.反馈机制

观众反馈机制是展览成功的重要组成部分,通过收集观众的意见和建议,展览可以更灵活地满足他们的期望。以下是一些设计反馈机制的建议:首先,设置反馈点和意见箱。在展览场馆的不同区域放置反馈点,提供纸质或电子形式的意见箱,让观众随时随地分享他们的看法。这种低门槛的反馈方式能够收集到更多的观众意见。其次,利用数字渠道。创建展览的官方网站或社交媒体页面,设立在线调查或留言板,让观众可以通过网络平台方便地表达他们的观点。数字渠道的优势在于即时性和全球范围的覆盖。同时,定期组织观众反馈活动。可以在展览结束后举办观众座谈会、线上讨论会或调查问卷,邀请观众分享他们的感受和建议。这种实时的互动形式可以深入挖掘观众的需求和期望。最后,积极回应反馈。收集到的反馈不仅要及时整理分析,还要采取实际行动。在展览进行期间,可以通过调整展示内容、改进导览方式等方式进行即时改进。并在后续展览策划中,将观众的反馈作为宝贵的经验教训,进一步提升展览质量。通过建立健全的观众反馈机制,展览能够更加贴近观众需求,不断提升自身水平,实现文化传承的更好推广。通过明确文化传承目标,展览设计者可以更好地引导观众了解、尊重和传承文化遗产。这有助于促进文化的传承和保护。

(三)娱乐性目标

在注重娱乐性的展览中,确立清晰的娱乐目标至关重要。以下是一些指导性建议:首先,明确娱乐的性质。确定展览的主题和内容后,考虑如何使这些文化元素更具娱乐性。可以通过创意设计、互动展示、娱乐表演等手段,使展览不仅传递文化信息,更提供愉悦和轻松的观展体验。其次,确定娱乐程度。考虑观众的喜好和期望,确定展览的娱乐程度。有些展览可能更注重轻松愉快的氛围,而另一些则可能更注重引人深思的娱乐性。确保娱乐性与文化传承的目标相平衡,使观众在娱乐中也能获得文化的启发。同时,整合多种娱乐元素。结合音乐、艺术表演、互动游戏等多种娱乐元素，创造出多层次、多感官的观展体验。这样能够吸引不同兴趣和年龄层次的观众，提升展览的吸引力。最后，利用科技手段提升娱乐性。利用虚拟现实、增强现实等技术，为观众提供更丰富的互动体验。这不仅可以增加展览的趣味性，还能让观众参与到文化元素的呈现中。总的来说，明确娱乐性目标是展览成功的关键之一。通过精心设计和合理整合各种娱乐元素，展览将更好地满足观众的期望，提供愉悦和难忘的文化体验。

（四）观众参与目标

为了增强观众的参与感，我们可以设定一系列具体的观众参与目标，使他们成为展览的活跃参与者。在展览中设置多个互动展示区，观众可以通过触摸屏、投影互动或其他技术手段参与。例如，在艺术时期展示区，观众可以通过虚拟画布创作自己的艺术品，体验艺术创作的过程。利用虚拟现实技术，为观众提供身临其境的文化体验。比如，设计一个虚拟古代城市漫游的体验，让观众感受不同文化时期的城市风貌，从而增加参与感。安排定期的工作坊和演讲活动，邀请专家和艺术家分享他们的见解和技艺。观众可以参与手工艺制作、学习特定时期的舞蹈或音乐，与专业人士进行互动，深入了解文化的方方面面。利用智能导览系统或展览应用，提供个性化的互动式导览。观众可以根据自己的兴趣选择特定的主题线路，与展品互动，了解更多相关信息。设立一个创意分享墙，观众可以在上面留下自己对展览的感想、心情或创意灵感。这种互动形式不仅能够让观众表达自己的看法，还可以促使他们思考并与他人分享。鼓励观众通过社交媒体分享展览的照片、观点和体验。设立特定的展览标签，与观众建立在线互动社区，使他们能够在数字空间中继续参与和交流。通过设立这些观众参与目标，我们将展览打造成一个互动、参与式的空间，使观众不仅仅是被动的观看者，更是文化体验的共同创作者。这样的设计不仅提升了展览的吸引力，还促使观众更深度地融入文化的丰富内涵中。

（五）社会影响目标

确立社会影响目标是展览设计的关键一步，以下是一些建议：设计展览内容时，选择与当代社会热点或关切问题相关的主题。通过艺术、文学和音乐等文化表达形式，引起观众对社会问题的关注，激发社会讨论。若展览关联到某一社会议题，可以通过合作伙伴关系或特别活动，推动社会变革。例如，与社会组织合作，展示关于社会正义、环境保护等议题的艺术品，激发观众对变革的行动愿望。在展览中强调积极的价值观，鼓励观众思考并采取积极的行动。通过文化表达形式传递包容、平等、创新等价值观，激发观众在日常生活中践行这些价值观。通过展览突出文化多样性，弘扬不同文化的价值和贡献。这有助于促进社会对多元文化的理解和尊重，减少偏见和歧视。通过展览内容和互动活动，激发观众的创新思维。这不仅有助于培养观众的创造力，还可能激发他们在工作和社会中的创新行为。如果展览涉及环境或可持续发展的主题，可以通过展示创意解决方案、可持续设计等方式，引导观众思考自身对环境的影响，并激发其可持续发展的意识。设计吸引年轻一代的展览元素，通过各种互动和数字化体验，引导年轻观众对社会议题的思考，并激发他们对社会变革的参与欲望。通过设立这些社会影响目标，展览将不仅仅是文化呈现的场所，更是一个能够引导社会思考和行动的平台。这样的设计有助于将文化与社会联系起来，创造出具有深远影响的展览体验。在明确这些目标的过程中，博物馆展览策略需要深入了解目标受众的需求和期望。同时，确保目标是具体、可测量的，以便在展览结束后进行评估。这有助于展览的成功实现，并为展览的其他方面提供指导。

二、受众导向

在展览策略中，重要的概念之一是对受众的深入了解。这包括对不同年龄、文化背景和兴趣的观众群体的研究。展览策略应该根据受众的需求和期望进行定制，以提供更具吸引力和有针对性的展览。

(一) 年龄层面的定制

1. 儿童与家庭

在为儿童与家庭设计的展览中，我们着重打造一个充满活力和教育意义的空间。通过专门设置的儿童互动区域，我们努力创造一个吸引年轻观众的环境。这个互动区域不仅注重视觉上的吸引，还注重触觉和听觉的体验。我们可以设计生动有趣的游戏，以多种形式呈现历史和文化的知识。这些游戏可能包括拼图、寻宝游戏或是趣味性的小实验，让儿童通过玩耍中学到知识。手工艺作为互动的一部分也是非常重要的。我们可以设置手工艺制作区域，提供各种各样的材料和工具，让儿童亲自动手制作与展览相关的艺术品或手工品。这不仅提高了他们的创造力和动手能力，还让他们在参与的过程中更好地理解文化的丰富内涵。故事时间是展览中营造温馨氛围的另一个重要环节。定期安排专业讲故事者为儿童讲述有趣的历史故事，以轻松愉快的方式传递文化知识。这种形式不仅能够激发孩子们的好奇心，还能够促使家庭成员一同参与，形成美好的亲子时光。整个互动区域的设计旨在营造一种家庭共享的氛围，使整个家庭都能够参与其中，共同度过愉快的时光。通过这样的设计，我们期望能够激发儿童对文化的兴趣，让他们在玩耍中学到知识，形成积极的学习体验。

2. 青少年

在为青少年设计的展览中，我们充分利用数字技术和互动元素，致力于创造引人入胜的内容，满足他们的兴趣和互动需求。引入虚拟现实技术，提供沉浸式的文化体验。青少年可以通过虚拟现实设备，如头戴式显示器，亲身体验历史时期的场景，仿佛置身其中。利用虚拟现实进行角色扮演，使青少年能够在虚拟世界中亲身感受历史人物的生活和经历。在展览中设置社交媒体分享区域，鼓励青少年拍照、录制视频，并分享到各种社交媒体平台。为此，可以设置展览特定的标签或互动活动，促使他们参与分享和互动。设计与社交媒体相关的互动游戏，鼓励青少年与朋友一同参与，增强展览的社交性。安排定期的青少年互动活动，例如主题讨论、小组游戏或者文化竞赛。这样的活动既可以增加他们对文化的理解，又能够促使彼此之间的交流。利用展览中的互动元素，设计多人参与的游戏或挑战，鼓励青少年组队合作，提高互动性。

制作数字化学习资料，例如互动式电子手册、应用程序或在线课程，使青少年能够在展览外延伸学习。这些资料可以包括深度信息、视频解说和互动测试等。利用数字技术呈现历史时期的文学作品、音乐和艺术，使青少年能够通过触摸屏或平板设备深入了解文化的多样性。通过这些数字化和互动的设计，我们致力于打造一个符合青少年兴趣和需求的展览环境，激发他们对文化历史的兴趣，同时提供与同龄人互动的机会，使整个展览体验更加丰富和有趣。

（二）文化背景的尊重
1. 多元文化展示

在展览的设计中，多元文化的展示是至关重要的，我们致力于确保展览呈现丰富的文化元素，以尊重并吸引来自不同文化背景的观众。通过艺术、音乐、传统手工艺品等方式展示文化的多样性，我们将打造一个包容、丰富的文化体验。艺术作品将是展览中的一大亮点，我们将汇聚来自不同文化背景的艺术家的作品，展示多种艺术风格和表达方式。观众将能够在展览中欣赏到各种形式的绘画、雕塑、摄影等艺术，从而更好地理解和体验不同文化的独特魅力。音乐作为一种全球性的文化语言，将成为展览中的一项重要元素。我们将邀请拥有不同文化背景的音乐家进行演出，呈现传统和现代音乐的精彩融合。通过音乐的表达，观众能够感受到文化的多样性和独特性。传统手工艺品的展示将为观众提供亲身感受文化传统的机会。我们将在展览中设立专门的展区，展示来自世界各地的传统手工艺品，如陶艺、刺绣、编织等。观众不仅能够欣赏到这些艺术品的精湛工艺，还可以去手工艺制作的工作坊，亲自体验传统工艺的乐趣。通过这样的设计，我们希望展览不仅仅是文化的陈列，更是一个融合世界各地文化的交流平台。观众将在这个多元文化的环境中感受到包容与尊重，进而深入了解和欣赏不同文化的独特之处。

2.多语言支持

多语言支持是确保展览对不同语言背景的观众更具吸引力的关键要素之一。通过提供多语言导览和资料，展览能够打破语言障碍，使观众更轻松地理解和参与。导览手册的多语言版本可以为观众提供更深入的信息，帮助他们更全面地体验展览内容。在展览现场设置多语言解说设备或信息屏幕也是一种有效的方式，让参观者能够以他们最熟悉的语言获得相关信息。这种全方位的多语言支持不仅提升了观众的参与感，还创造了一个更加包容和多元化的展览环境，为来自不同文化背景的人们提供了更好的展览体验。

（三）兴趣和爱好的照顾

1.特定主题的深入探讨

为展览的特定兴趣群体设立专门的展区或活动是提升吸引力的绝佳方式。通过深入探讨特定主题，比如为音乐爱好者设置音乐历史专题区域，可以创造一个更具深度和专业性的体验。观众能够沉浸在他们热爱的领域中，深化对主题的理解。专题区域可以包括展示历史文物、艺术品，甚至是交互式体验，为观众提供更为全面和深刻的学习机会。这种针对特定兴趣的深度探讨不仅能够吸引更多相关领域的观众，也能够提升整体展览的品质和影响力。

2.参与式体验

为展览增加参与式体验是个极好的点子。通过设计工作坊、表演艺术和实际操作的机会，你能够创造一个更加互动和动态的展览环境。观众不再是被动地观看，而是能够亲身参与到展览中来，从而更深刻地体验主题。去工作坊是实践和学习的机会，表演艺术则为观众提供了沉浸式的感官体验。实际操作的机会让观众能够动手尝试，加深对主题的理解。这样的参与性体验不仅提升了展览的趣味性，也激发了观众的好奇心和学习兴趣。展览不再只是展示，而是成为一个与观众互动的学习平台。

（四）受众反馈的集成

1. 反馈机制

引入反馈机制是确保展览持续优化的明智之举。通过调查、数字互动和社交媒体等方式，你可以直接从观众那里获取宝贵的意见和建议。调查可以提供详细的定量数据，数字互动则能够实时捕捉观众的反馈情绪，而社交媒体则为观众提供了分享和表达意见的平台。这种反馈机制不仅让观众感到被听到，也为展览策划者提供了及时的信息，帮助他们更好地了解观众的需求和期望。通过不断地调整和改进展览，你可以保持观众的兴趣，确保他们对展览有着积极的体验和印象。这样的互动性能够为展览打造一个更加适应和迎合观众喜好的环境。

2. 社交媒体互动

社交媒体互动是展览中极具活力和创新性的一环。通过在社交媒体平台上开展实时互动，你可以与观众建立更紧密的联系。在线投票和互动话题是引导观众参与的有趣方式，能够激发他们的兴趣和参与感。社交媒体的力量在于其实时性和广泛传播性。观众可以通过分享他们的展览体验、参与投票或讨论话题，直接参与到展览的社群中来。这样的互动不仅能够提供及时的反馈，也为展览创造了一种数字化的社交体验。通过善用社交媒体，你可以扩大展览的影响力，吸引更多人参与，并在展览期间建立起一个充满活力的社交网络。

通过深入了解不同受众群体的需求，我们可以更有针对性地设计展览，提供更个性化和吸引人的体验。这样的受众导向策略将确保展览对广泛观众产生深远的影响。

三、主题和叙事

（一）主题的重要性

1. 吸引力

吸引力确实是主题选择中至关重要的方面。一个引人入胜的主题就像是展览的门面，需要在观众眼前闪耀。其吸引力可以通过以下要素来实现：选择一个独特而别致的主题能够让展览在众多其他文化活动中脱颖而出。观众更愿意投入时间和精力去了解那些与众不同、新颖有趣的主题。主题的相关性是与观众的兴趣和当下社会话题相契合的关键。一个与观众生活、文化或时事相关的主题会更容易引起他们的共鸣，使得展览更具吸引力。时效性也是吸引观众的关键因素之一。选择与当前热点或特殊事件相关的主题，能够引起观众的关注，并使展览在社交媒体上更容易传播开来。一个引人入胜的主题应该能够唤起观众的好奇心，激发他们参与进来，而不仅仅是被动地观看。在主题中添加一些惊喜元素，能够让观众感到好奇和期待。这可以是一些未曾预料到的展览元素，或是与主题相契合的令人惊艳的创意设计。总之，吸引力不仅仅是关注度的问题，更是观众与展览建立连接的契机。通过一个吸引人的主题，展览将更有可能吸引广泛的观众，确保他们对展览产生浓厚的兴趣。

2. 跨足多元观众

考虑到多元观众的兴趣和背景是保障展览成功的重要方面。一个具有通用性的主题能够促使更广泛的观众群体参与，创造更为多样化和包容性的展览体验。以下是实现这一目标的一些建议：选择一个主题时，确保它具有跨足不同文化和背景的灵活性。这样的主题能够吸引来自不同地区和文化的观众，使得展览成为一个文化交流的平台。将主题与多个领域相关联，以涵盖不同兴趣和专业领域。这样，无论是艺术爱好者、科技迷还是历史学家，都能在展览中找到引起兴趣的元素。在展览中引入互动元素和个性化的内容，使观众能够根据自己的兴趣自由选择参与的部分。这样的灵活性能够满足不同观众的需求，使每个人都能够找到自己感兴趣的内容。考虑到不同语言背景的观众，提供多语言支持是非常重要的。展览资料、导览和解说设备应该涵盖多种语言，确保每个观众都能够理解和参与。设计展览时考虑多感官体验，以吸引更广泛的观众。音频、视觉、触觉等不同的感官元素能够让观众以更多样的方式与展览互动。通过考虑这些因素，一个主题就能够更好地横跨不同兴趣和背景，使展览成为一个更具包容性和丰富性的文化体验。这样的展览吸引了更广泛的观众，创造了一个更加多元和独特的参与体验。

3.建立展览身份

建立展览身份是确保展览在众多文化活动中有独特地位的关键步骤。主题在这一过程中扮演着标志性的角色，具体体现在以下几个方面：选择一个独特的主题能够使展览在观众心中建立起与众不同的形象。这种独特性可以使展览在竞争激烈的文化环境中脱颖而出，吸引更多的关注。主题是展览的艺术基调。通过选择能够激发观众审美感受的主题，展览能够在观众心中留下深刻而积极的艺术印象。主题应该贯穿整个展览，形成一个一致的身份标识。这种一致性可以让观众更容易记住展览，形成对展览的清晰印象。主题也应该反映展览的核心价值和目标。通过主题，观众能够更好地理解展览的意义和使命，从而更深度地参与其中。通过与主题相关的互动元素，观众能够更深入地参与展览，形成对展览的身份标识更为亲近和独特的印象。主题也是展览的品牌。通过建立一个具有辨识度和情感联系的主题，展览可以在观众心中形成一个独特的品牌，提高展览的知名度和信任度。通过这些方面的考虑，主题不仅仅是展览的导向，更是展览的身份标识，是展览与众不同的象征。这样的独特身份有助于吸引观众，提升展览的品牌价值和文化影响力。

(二）叙事结构的作用

1. 信息传递

信息传递是展览的核心目标之一，而叙事结构在这一过程中扮演着关键的角色。通过有序和合理的叙事安排，展览能够更有效地传递信息，使观众更容易理解和吸收展览的核心概念。以下是叙事结构在信息传递方面的作用：叙事结构为展览提供了逻辑性和流畅性。一个有层次的结构能够使展览内容按照一定的逻辑次序呈现，使观众更容易跟随展览的思路，从而更好地理解信息。以故事的形式呈现信息是一种更具吸引力的方式。通过将信息融入一个生动的故事中，观众能够更深入地参与其中，形成对展览内容更为深刻的认知。叙事结构有助于引导观众的注意力。通过有目的地引导观众关注展览的重点信息，叙事能够确保观众在有限的时间内获取到展览的核心概念。通过叙事，展览能够在观众心中唤起情感共鸣。观众更容易通过情感体验来理解信息，并在展览中产生更为深刻的体验和记忆。叙事结构可以促进多媒体元素的有机融合。通过将图像、音频、视频等多媒体元素巧妙地融入叙事中，展览能够以更生动、直观的方式传达信息，提升观众的参与感。通过互动和参与性的元素，叙事结构能够让观众成为展览故事的一部分。这样的参与感使得信息更易于被观众接受和理解。总的来说，叙事结构在信息传递中的作用是不可忽视的。一个有层次、引人入胜的叙事结构能够极大地提升观众对展览信息的理解度和参与度。

2. 情感共鸣

情感共鸣是展览中营造深刻体验的关键元素之一，而有层次的叙事结构能够极大地促进这种情感连接。以下是叙事结构在引起观众情感共鸣方面的作用：通过有层次的叙事结构，观众更容易将自己投入到展览的故事中。这种投入感使得观众不仅是被动的观看者，更是故事的一部分，从而更容易产生情感共鸣。有层次的叙事结构能够通过情节的发展引导观众经历不同的情感阶段。从悬念的建立到情感高潮的达到，观众会在展览中经历情感的起伏，从而使整个体验更加丰富和感染人心。如果展览中有人物角色或代表性的故事线，有层次的叙事结构能够更好地塑造这些角色，使观众与之产生共鸣。观众能够更深刻地理解人物的情感经历，与之产生情感共鸣。通过情感的渗透，有层次的叙事结构有助于更好地表达展览的主题。情感共鸣使得观众对主题的理解不仅仅是知性上的，更是情感上的共鸣和体验。有情感共鸣的展览更容易在观众心中留下深刻的印象。情感经历往往能够激发观众更长久的记忆，使得他们对展览内容更为深刻地铭记。有层次的叙事结构还能够促进观众之间的社交共鸣。通过共享情感体验，观众更容易在展览中建立联系，形成一个共同体验的社群。在展览中，情感共鸣不仅仅是信息传递的手段，更是产生深刻展览体验的桥梁。有层次的叙事结构为观众提供了更为感性、引人入胜的体验，使他们更容易与展览内容建立情感联系。

3. 连贯性

连贯性在展览中是至关重要的，它使观众能够更自然地融入整体体验，而叙事结构是创造和维持这种连贯性的关键。以下是叙事结构在展览中赋予连贯性的作用：有层次的叙事结构通过逻辑连接展览内容，使得展览中的各个元素之间有一定的关联性。这种逻辑性使观众能够更容易地理解展览的主题和信息传递。通过巧妙的叙事结构，展览能够实现场景之间的平稳过渡。这有助于避免观众在参观过程中感到突兀或失去方向感，使整个展览流程更为连贯。一个有层次的叙事结构能够帮助观众更好地理解和衔接信息。展览中的各个部分通过叙事形成一个有机整体，观众能够更容易地跟上展览的思路，理解信息的演变。叙事结构能够为观众提供一致的体验。通过在整个叙事中保持一致的风格和情感氛围，展览能够给观众提供更为统一、流畅的感觉，使整个体验更加一致性。叙事结构为展览创造一个主线。观众能够通过这个主线来引导他们的参观，从而形成一个有层次、有引导性的展览体验。有层次的叙事结构将观众置于体验的中心。观众能够更为自然地被引导，而不是感到迷失或无所适从，增强他们的参与感和满意度。通过这些方式，叙事结构为展览提供了一种有机的、自然的连贯性，使观众能够更加深入地参与到展览的整体体验中。展览因此呈现出更为统一和连贯的面貌，提高了观众对展览的理解和满意度。

（三）主题和叙事的协同作用

1. 主题引导叙事

主题引导叙事是确保展览传达一致信息和情感的重要环节。主题是展览的灵魂，而叙事结构则是呈现这一灵魂的框架。以下是主题引导叙事的一些关键点：确保主题在叙事中是明确的，能够清晰地指导展览的整体方向。观众应该能够在叙事中感受到主题的存在，而不至于感到混淆或迷失。主题应该贯穿整个叙事结构，而不仅仅是表面上的一部分。每个展览元素都应该与主题相呼应，使整个叙事流程更为一体化。主题不仅可以在展览的主线中表现，还可以通过展开的子主题或与之相关的情感元素得以深化，使得叙事更为富有层次感。主题应该在情感体验中得到生动表达。观众通过叙事感受主题，而这种感受往往是通过情感体验和故事中人物的情感展示来实现的。在叙事结构中，主题应该有所演进和发展。这种演进能够让观众感受到主题的深度和复杂性，从而形成更为深刻的认知和情感共鸣。主题引导叙事也需要考虑观众的参与性。观众通过叙事参与到主题中来，而不是被动地接收信息。这种参与性使得主题在观众心中更为深刻。确定主题的传递途径是关键。通过对话、图像、互动等方式，确保主题以多样化的形式贯穿叙事结构，从而更好地吸引观众的兴趣。通过将主题与叙事结构巧妙结合，展览能够呈现出更有深度和引导性的体验。主题引导叙事的有效性在于使观众更好地理解和体验主题，使他们更深度地参与到展览的故事中。

2. 叙事丰富主题

叙事结构的丰富性对于增色主题至关重要，它能够使主题更具吸引力和生动性，激发观众的好奇心和深度思考。以下是叙事结构丰富主题的一些关键要点：通过引入创意元素，如独特的故事情节、角色设定或非传统的叙述方式，能够使主题更为生动有趣。观众更容易被吸引，并在叙事中发现新奇之处。叙事结构的丰富性可以通过多感官体验来体现。结合视觉、听觉、触觉等感官元素，使主题通过观众的多种感官来传达，从而更全面地激发他们的兴趣和思考。通过深刻的情感表达，叙事结构能够建立情感共鸣，使观众更深度地体验主题。观众对于情感体验更容易产生深刻印象，从而更容易被主题所打动。在叙事中融入多元文化元素，可以使主题更加多彩丰富。这种文化的融合不仅能够吸引不同文化背景的观众，也使主题呈现更为多元和有趣的面貌。考虑观众的参与性，通过互动、决策等方式，让观众成为叙事的一部分。观众参与的元素能够使主题更加贴近他们的生活和体验，增加主题的亲和力。在叙事中加入一些异想天开或独特的元素，能够激发观众的创造力和思考。这些元素能够使主题更为引人入胜，让观众在叙事中产生更多的联想和想象。通过深度塑造故事中的角色，使其更具个性和情感。观众能够更好地理解角色，从而更好地理解主题，同时也更容易在角色的经历中产生共鸣。通过这些方式，叙事结构的丰富性能够为主题注入新的活力和深度，使展览更具吸引力和思考性。观众能够在丰富的叙事中更深刻地理解主题，形成更为丰富和深刻的展览体验。

综合考虑主题和叙事，展览策略需要以这两者之间的密切联系为基础，以打造一个引人入胜、具有深度和连贯性的展览体验。

四、参与性和互动性

参与性和互动性是展览策略中至关重要的因素，能够提升观众的参与感和体验。以下是一些方法，展示如何引入观众的参与和互动：

（一）交互式展示

交互式展示是一种强大的展览设计工具，能够让观众更深度地参与到展览中。以下是关于如何设计和实现交互式展示的一些建议：集成触摸屏技术，让观众可以通过触摸屏幕来浏览和选择展览内容。这种方式使得参观者能够按照自己的兴趣和节奏浏览信息，提高个性化的展览体验。使用交互式投影技术，将展览内容投射到一个交互式表面上。观众可以通过手势或其他交互手段与投影内容进行互动，营造出更为生动和引人入胜的氛围。在展览中引入多媒体元素，如音频、视频、动画等，通过观众的互动来激活这些元素。例如，观众触摸特定区域时，可以播放相关的音频或视频，提供更丰富的信息呈现方式。设计交互式展示时，考虑观众的定制体验。例如，提供个性化的选项或设置，让观众能够根据自己的兴趣和需求调整展示内容，使其更符合个体差异。为观众提供实时反馈机制，让他们知道他们的互动产生了什么效果。例如，触摸一个区域后，展示屏显示相关信息或图像，使观众能够直观地感受到他们的参与。通过交互式展示实现虚拟导览，让观众能够自主选择参观路线和关注点。这种虚拟导览方式使得观众能够更灵活地探索展览，提高他们的主动性。在展示中加入互动游戏元素，通过游戏化的方式吸引观众。例如，设计小游戏或谜题，观众可以通过互动解谜来深入了解展览主题。考虑支持多用户同时互动的功能，使团体或家庭能够一同参与展览。这种互动形式可以增强观众之间的社交性，提升整体的展览体验。通过巧妙设计和整合交互式展示，展览能够更好地满足观众的需求，提供更为个性化和参与度高的展览体验。观众在互动中能够更深刻地理解和体验展览主题。

（二）虚拟现实技术

1. 基础技术

正是这些基础技术的完美融合，赋予虚拟现实技术以生命力。头戴式显示器作为观众的窗口，打开通往数字世界的大门。这个设备不仅仅是简单的显示屏，更是观众进入虚拟环境的入口，提供高质量的图像和身临其境的感觉。在这个数字化的三维环境中，创意和想象力得到了充分释放。

无论是展现未来科技的奇幻景象，还是还原历史事件的真实场景，都能在虚拟现实的舞台上得以呈现。这种数字环境的灵活性为展览设计师提供了广阔的创作空间，让展览不再受到物理空间的限制。同时，传感器和摄像头的作用是捕捉用户的一举一动，以及周围环境的细微变化。这种实时的数据反馈使得虚拟体验能够更加贴近观众的行为和需求。当观众在虚拟世界中转动头部时，系统能够感知到并相应调整展示内容，创造出更加自然和流畅的虚拟体验。这些技术元素的协同作用，让虚拟现实不再是一个遥不可及的概念，而是一个可以通过设备和传感器实现的切实可行的技术。基于这些基础技术，展览设计者可以构建出引人入胜、身临其境的虚拟现实体验，为观众带来前所未有的沉浸感和互动性。

2. 沉浸式展览设计

在沉浸式展览设计中，虚拟现实技术成为设计者的魔法工具，打破了传统展览的束缚，为观众提供了全新的感官体验。首先，展品不再是静止的物体，而是融入了虚拟环境中，呈现出更加生动和有趣的形态。观众可以通过虚拟现实眼镜看到展品在虚拟世界中以动态的方式展示，或者以全新的角度呈现。这种沉浸式的展示方式使观众更容易被吸引，激发了他们对展品的兴趣。其次，互动元素的加入使展览更具参与感。观众可以通过手势、控制器或其他输入方式与虚拟环境进行互动，改变展览中的元素或触发特定事件。这种实时的互动性让观众成为展览的一部分，而不仅仅是旁观者，从而提升了他们的参与度和投入感。多媒体效果的运用也是沉浸式展览设计的关键因素。音效、视觉效果甚至触觉反馈都可以被整合到虚拟体验中，营造出更加逼真的环境。观众能够听到环境中的声音，感受到光影的变化，甚至通过触摸设备感知到虚拟物体的质感，从而达到更全面的感官沉浸。设计者通过充分发挥虚拟空间的灵活性，可以在展览中创造出无法在现实中实现的奇妙场景，使观众仿佛置身于一个超越现实的艺术世界。这种沉浸式展览设计不仅提升了观众的艺术体验，也推动了展览行业向更具创新性和互动性的方向发展。

3. 教育与体验融合

虚拟现实技术在展览中的应用为教育和体验的融合提供了强大的平台。通过这项技术，观众得以沉浸式地参与展览，极大地丰富了其教育体验。首先，虚拟现实为观众提供了亲身感受的机会，使他们仿佛穿越时空。举例而言，一个历史展览通过虚拟现实可以将观众带入过去的历史场景，让他们目睹重要事件，感受当时的氛围。这种沉浸式体验不仅令教育过程更为生动，同时也加深了观众对历史事件的理解和记忆。其次，虚拟现实技术还可以模拟科学实验，使观众在虚拟环境中参与科学探索。这种互动性的体验激发了学习的兴趣，观众能够亲自操作虚拟实验器材，观察实验过程，从而更好地理解科学原理。这种实践性的学习方式不仅提升了教育的效果，还激发了观众对科学的好奇心。总的来说，教育与体验的融合通过虚拟现实技术在展览中的运用，使得观众不仅仅是接受信息，更是能够积极参与、深度沉浸于展览主题中。这种全新的展览体验模式不仅提高了教育的效果，也使展览更具吸引力，进一步推动了知识的传播与交流。

4. 社交与全球互联

虚拟现实展览的社交与全球互联特性彻底颠覆了传统展览的范式。首先，观众不再受限于地理位置，可以通过互联网轻松参与展览，无论身处何地都能享受相似的展览体验。这一特点使得展览更具包容性，不再局限于特定地区的观众，同时也为展览提供了更广泛的传播渠道。社交互动方面，虚拟现实展览通过各种互动元素和社交功能，使观众能够在虚拟空间中与其他观众互动。无论是与朋友分享展览心得，还是与陌生人讨论展览主题，社交元素为展览增添了更为丰富的层次。观众之间的交流不再受制于实际空间的限制，而是通过虚拟平台得以实现，促进了更广泛的知识分享和文化交流。全球互联的特性也为展览带来了更广泛的影响力。展览可以跨越国界，触及不同文化背景的观众，促使全球范围内的多样观点和想法的碰撞。这种全球互联的展览形式有助于推动跨文化理解和交流，为世界各地的观众提供了更多元的视角和经验。总体而言，虚拟现实展览通过社交与全球互联的特性，打破了时空限制，使得展览不再受限于特定地点和群体。这一新型展览模式不仅提升了展览的参与度和影响力，也为全球观众创造了更开放、互动的学习和交流空间。

综合这些层次，虚拟现实技术不仅仅是展览的一种装饰，更是一个全新的展览范式，为观众带来深度沉浸、互动性强、教育性和社交性兼具的展览体验。

（三）互动工作坊

首先，互动工作坊为观众提供了实践和创作的机会，从而激发他们的创造力。通过参与各种创作活动或实践项目，观众能够将抽象的展览主题转化为具体的个人经验。这种亲身参与的方式不仅使观众更加深入地理解展览内容，同时也激发了他们的想象力和创造潜能。互动工作坊成为一个展现个体创意和表达的平台，使观众不再是接受信息，而是积极参与到知识的构建中。其次，互动工作坊提供了学习的机会，通过实践中的互动，观众能够更加深入地理解和掌握展览主题。例如，在科学主题的展览中，互动工作坊可以包括科学实验或模拟实验，让观众亲自动手，从而更好地理解科学原理。这种实践性的学习方式不仅提高了教育的效果，还为观众创造了与展览主题亲密连接的学习体验。最后，互动工作坊提供了观众之间互动的平台，促进了社交和共同学习。在工作坊中，观众可以分享彼此的创意和经验，共同探讨展览主题。这种互动不仅丰富了观众的展览体验，还促进了社群感和学习共同体的形成。观众在互动中建立的联系有助于拓展展览的影响力，使展览不仅仅是一个信息传递的场所，更是一个共同学习和创意交流的社区。综合而言，互动工作坊通过提供实践和创作的机会，提升了观众的参与度和学习效果。这种形式不仅使观众更深度地融入展览主题中，还促进了社交和共同学习，为展览带来了更为丰富和多维的体验。

（四）数字互动

首先，数字互动通过展示屏上的投票、评论等方式，为观众提供了即时分享想法的平台。通过参与数字互动，观众能够在展览现场即刻表达对展品或主题的看法。这种实时的反馈机制不仅增加了观众参与感，同时也为展览策划者提供了及时的反馈信息，有助于更好地理解观众需求和兴趣。其次，数字互动提供了投票功能，使观众能够参与决策和展览内容的呈现方式。例如，一个艺术展览可以通过数字投票让观众选择他们最喜欢的作品或主题，从而实现观众参与展览策划的程度。这种参与式的决策过程不仅增加了观众的投入感，还使展览更贴近观众的兴趣，提升了展览的个性化和针对性。最后，数字互动通过在线互动平台和社交媒体的整合，使观众能够在展览之外继续交流和分享展览体验。观众可以通过展览提供的在线平台，或者在社交媒体上使用特定的展览标签，与其他观众交流和分享印象。这种展览之后的延伸互动不仅促进了社交，还扩大了展览的影响范围，使更多人能够从数字平台上获得展览的精华内容。

总的来说，数字互动通过即时反馈、投票和在线社交等方式，强化了观众与展览之间的连接。这种形式不仅增加了观众的参与感，还提供了展览策划者更多的信息和参考，使展览更贴近观众需求，同时也促进了观众之间的互动和展览在社交媒体上的传播。

（五）参与性表演

首先，参与性表演为观众提供了更为身临其境的展览体验。通过邀请观众加入表演或演出，他们不再是观看，而是积极参与其中。这种亲身参与使观众更深刻地感受展览主题，创造出一种令人难忘的情感体验。例如，在历史展览中，参与性表演可以让观众扮演特定角色，仿佛置身于历史场景之中，从而更加生动地理解历史事件。其次，参与性表演激发了观众的创造力和表演欲望。通过参与表演，观众得以发挥自己的想象力，表达个人的创意和情感。这种参与性的创作过程不仅使展览更加丰富多彩，也为观众提供了展示自己才华的平台。观众通过参与表演，不仅是展览的消费者，更是展览内容的创作者之一。最后，参与性表演促进了观众之间的互动和社交。在表演过程中，观众可能需要合作或互动，从而促进了观众之间的交流与合作。这种社交互动不仅在展览现场营造了友好的氛围，也在观众中建立了一种共同体验的感觉。这种互动不仅在现场产生影响，也可能延续到展览结束后，促成观众之间的长久联系。总体而言，参与性表演通过让观众成为活跃的参与者，不仅丰富了展览体验，还激发了观众的创造力和社交欲望。这种形式使观众与展览内容更为亲密地互动，为他们创造了独特而深刻的艺术和文化体验。

（六）个性化体验

首先，个性化的导览为观众提供了根据自己兴趣进行展览探索的机会。通过利用科技手段，如展览应用程序或导览设备，观众可以根据自己的兴趣领域选择特定的展品、主题或时间段进行导览。这种个性化的体验使观众能够更深入地了解他们感兴趣的内容，提高了他们的满意度和参与度。其次，个性化的展览路线充分考虑了观众的多样性需求。不同观众可能对展览主题有不同的兴趣和关注点。通过提供多样化的展览路线选择，观众可以根据自己的需求和时间安排，量身定制展览的参观路径。这种个性化的安排使观众感到被尊重和关注，提升了他们对展览的整体满意度。最后，个性化体验还可以通过交互式元素来增强。例如，观众可以通过展览应用程序参与互动式游戏或问答，根据个人的回答或选择获取定制化的展览推荐。这种交互式的个性化体验不仅增加了观众的参与感，同时也使展览更具趣味性和吸引力。

总的来说，个性化体验通过导览和展览路线的个性化选择，以及交互式元素的引入，使观众能够更灵活、更深度地参与展览。这种定制化的体验满足了观众的个性化需求，提高了他们的满意度和参与度，从而创造出更为有吸引力的展览体验。

（七）手工艺工作坊

首先，手工艺工作坊为观众提供了实际参与的机会。通过动手制作与展览主题相关的手工艺品，观众能够更直接地体验展览所呈现的文化或艺术元素。这种实际参与不仅让观众感到更加亲近展览内容，同时也激发了他们的创造力和手工艺技能。其次，手工艺工作坊深化了观众对展览主题的理解。通过亲自制作手工艺品，观众将更深入地了解与展览相关的技艺、传统或文化背景。这种亲身体验不仅使展览更为具体和有趣，同时也使观众对展览主题有了更深层次的认知和感受。最后，手工艺工作坊为观众提供了社交和互动的平台。在制作手工艺品的过程中，观众有机会与他人合作、交流，并分享彼此的创意和技巧。这种社交互动不仅营造了友好的氛围，还为观众创造了共同体验的机会，促进了展览现场的社群感。综上所述，手工艺工作坊通过提供实际参与、深化理解和社交互动的机会，为观众创造了丰富多彩的展览体验。这种形式不仅使观众更积极地融入展览主题，还培养了他们的创造性思维和团队合作精神，为展览增添了一层更为深刻的互动体验。

通过引入这些参与性和互动性的元素，展览能够更好地激发观众的兴趣、创造出独特的体验，并增加他们与展览之间的互动性。观众不再只是被动的观看者，而是展览的参与者和创造者。

五、评估和反馈

展览策略应包括对展览效果的评估和收集观众反馈的机制。这有助于了解展览的成功之处和改进的空间，以不断提升博物馆展览的质量。

（一）制定明确的评估目标和指标

在展览策划的初期，制定明确的评估目标和指标是确保展览成功的关键一步。以下是关于这个过程的更详细的论述：首先，明确的展览目标是指定展览所期望达到的具体成果和效果。这可能涉及多个方面，包括参与度、知识传递效果、观众满意度等。参与度指标可能包括观众数量、互动参与率等，知识传递效果可以通过观众对展览内容的理解和反馈来衡量，而观众满意度则关注观众对整体展览体验的满意程度。其次，具体的指标是在实现这些目标时量化和测量的标准。例如，如果参与度是一个目标，那么具体的指标可能包括展览期间的参观人数、互动装置的使用次数等。为了评估知识传递效果，可以设定具体的问题或测验观众对展览内容的理解程度。观众满意度可以通过定制的满意度调查问卷来衡量，涉及展览的各个方面，如内容、导览服务、互动性等。制定这些明确的目标和指标的过程需要在展览团队中进行充分的讨论和协商。相关利益方，包括策展人员、教育团队和市场营销团队等，都应该在这个过程中参与，以确保制定的目标不仅符合展览的整体愿景，还能够全面反映各个方面的期望。这一步骤为后续的评估提供了明确的方向和标准。在展览结束后，评估团队可以通过对比实际结果与设定的目标和指标，深入了解展览的实际效果，并为改进提供有针对性的建议。这种循环的过程有助于博物馆更好地满足观众需求，提高展览的质量和影响力。

（二）采用多维度的评估方法

采用多维度的评估方法是确保对展览效果全面理解的关键一环。首先，定量数据的分析是一种关键的评估方法。这可能包括参观人数、观众的互动次数、参与互动活动的人数等。这些数据提供了对展览吸引力和参与度的直观认识。通过定量数据的比较，可以确定哪些方面取得了成功，哪些方面可能需要进一步改进。其次，定性数据的收集是评估过程中同样重要的一部分。这可以通过观众的书面反馈、口头评论、访谈等方式获得。定性数据能够提供观众更深层次的感受和意见，帮助解读他们在展览中的情感体验和思考。这种维度的数据有助于识别观众对展览内容的理解程度以及他们的个人互动体验。综合定量和定性数据，形成综合性的评估视角是十分重要的。这种多维度的分析方法能够为博物馆提供一个更全面、更深入的了解展览的效果。例如，如果定量数据显示互动装置的使用率很高，但定性数据中提到观众对互动的体验并不理想，那么博物馆可能需要重新评估这些互动元素的设计和执行。最后，采用多维度的评估方法需要博物馆的展览评估团队具备跨学科的专业知识。这可能涉及数据科学家、教育专家、市场研究人员等，以确保评估团队能够全面理解并综合各个方面的数据。团队的跨学科合作有助于确保评估的全面性和客观性。通过综合定量和定性数据的多维度评估方法，博物馆可以更全面地了解展览的成功之处和改进的空间，为提升博物馆展览的质量提供有力的支持。

（三）设立观众反馈机制

设立观众反馈机制是确保评估过程能够全面、深入进行的重要步骤。以下是对建立这一机制的更详细层次的论述：首先，设立观众问卷是一种常见而有效的观众反馈手段。问卷可以覆盖多个方面，包括展览内容的吸引力、互动性、导览服务、设施便利性等。通过问卷，博物馆可以定量地收集观众的意见和评价，为后续的评估提供具体数据支持。其次，开设反馈邮箱是一种直接而私密的反馈途径。观众可以通过邮件向博物馆提供他们的体验和建议，而这种形式相对于问卷更加开放和自由。通过反馈邮箱收集的信息可能更加详细和个性化，帮助博物馆更好地理解观众的个体差异和特殊需求。同时，利用社交媒体平台也是一个重要的观众反馈渠道。博物馆可以在展览结束后设立特定的展览标签，鼓励观众在社交媒体上分享他们的展览体验。这种社交媒体反馈不仅为博物馆提供了公开的观众意见，还有助于展览的传播和品牌影响力的提升。此外，博物馆可以通过临场访谈等方式，直接与观众进行深入交流。这种面对面的反馈方式有助于获取更加详细和具体的意见，同时也可以在观众提出的问题上进行即时解答，加强博物馆与观众之间的沟通。最后，建立观众反馈机制不仅仅是为了收集问题和不满,也是为了了解观众对展览成功之处的认可。因此,反馈机制的设计应该注重平衡,既能够指导改进,也能够肯定和强化博物馆在观众心目中的形象。通过设立观众反馈机制,博物馆可以及时、全面地了解观众对展览的感受和需求,为评估提供宝贵的信息,帮助博物馆更好地满足观众期望,提高展览的质量。

(四)定期进行中期评估

定期进行中期评估是确保展览效果最大化的重要环节。以下是对这一步骤的更详细的论述:首先,中期评估需要设定明确的时间节点。这可以是展览的中途,通常是在展览周期的一半。通过设定特定的时间进行评估,博物馆可以及时发现并解决展览过程中的问题,确保展览的后半段能够得到更好的执行和吸引力。其次,中期评估的内容应该包括多个方面。定量数据的收集可以关注展览期间的参观人数、互动次数、特定活动的反馈等。定性数据的收集可以通过观众访谈、临场观察等方式,深入了解观众的体验和感受。这种全面性的评估有助于全面了解展览的进行情况。同时,中期评估应该注重观众的反馈。观众是直接参与者,他们的意见和体验对于评估展览的实际效果至关重要。通过设立中期问卷、反馈渠道,博物馆可以及时了解观众的需求和期望,以便在展览的后半段做出相应的调整。另外,中期评估需要建立一个协同工作的机制。涉及展览团队的不同部门,如策展、教育、市场等,需要定期召开评估会议,共同分析数据,讨论问题,并提出改进方案。这种跨部门的协同工作有助于确保评估的全面性和可操作性。最后,中期评估的结果应该得到及时的反馈和应用。如果发现问题或需要改进的地方,博物馆应该迅速采取纠正措施,以确保展览的质量和吸引力得以最大限度的发挥。通过定期进行中期评估,博物馆可以在展览进行中发现并解决问题,提高展览的实际效果,确保观众在展览期间能够持续被吸引和参与。这种持续性的评估机制有助于博物馆更灵活地应对展览过程中的挑战,提升整体展览的质量。

(五) 持续改进展览策略

建立起持续改进的文化是确保博物馆展览始终具有活力和吸引力的关键。首先，持续改进需要建立一个明确的反馈回路。评估结果和观众反馈应该被及时整理和分析，形成详细的报告。这些报告不仅需要呈现展览的成功之处，还需要指出存在的问题和改进的空间。这种明确的反馈回路有助于为改进提供具体的方向和指导。其次，建立一个改进团队或委员会是非常实际的。这个团队可以由展览策划人员、教育专家、市场团队等多个部门的代表组成。通过定期召开会议，讨论评估报告和观众反馈，共同制定改进计划。这样的跨部门合作确保了改进策略的全面性和协同性。同时，改进不仅仅关注问题的纠正，也包括对成功经验的强化。在评估中发现的成功元素和受欢迎的展览特色应该被记录下来，并在未来的展览中得到更多的强化和运用。这种积极的经验分享和应用有助于博物馆更好地把握观众的喜好和期望。另外，博物馆需要在改进中保持灵活性。观众的需求和期望可能随时间而变化，因此展览策略也需要随之调整。博物馆团队应该持续关注社会趋势、文化变迁等因素，灵活地改进展览内容、互动设计等方面，以保持展览的新鲜感和吸引力。最后，改进的过程应该在博物馆内部建立起一种文化，即把改进视为一个常态而非例外。这需要领导层的支持和鼓励，以及所有团队成员的参与和积极性。建立这样一种文化有助于确保改进不仅仅是一个项目的一部分，而是博物馆运营的一种理念和态度。通过持续改进展览策略，博物馆可以更好地适应观众的需求变化，提高展览的品质和吸引力，确保博物馆在文化机构中的持续竞争力。这种循环的改进过程使博物馆能够不断学习和进步，更好地为观众提供丰富、有趣的展览体验。展览策略是博物馆展览成功的基石，通过有计划和有针对性的决策，博物馆可以更好地实现其文化传播和教育使命。

第二节 博物馆展览设计原则

一、创意性和独创性

在博物馆展览设计中,创意性和独创性是基础原则。展览应该通过独特的主题、创新的设计元素和新颖的展示方式吸引观众的注意力。这种创意性不仅包括内容上的独创性,还涉及展览空间的设计和布局,以营造引人入胜的氛围。

(一)独特主题的吸引力

在博物馆展览设计中,选择独特主题是确保吸引观众关注的关键步骤。以下是关于这一原则的详细讨论:展览的主题应当具有独特性,与传统或常见的主题有所区别。这可以通过选择少数人涉足的领域、独特的历史事件、前沿科技等方式实现。主题的独特性还应包含创意和新颖性的要素。这可能涉及对传统主题的重新解读,或者将不同领域的元素结合在一起,创造出富有创意性的展览主题。独特主题能够有效地激发观众的好奇心。当观众在展览前看到独特主题时,会自然产生对展览内容的兴趣,促使他们愿意深入了解。主题的选择也要考虑时代趋势,结合当前社会、科技、文化的发展。与时代同步的主题更容易引起观众的共鸣和兴趣。一个独特主题可以有多层次的解读和体验。通过深入挖掘主题的各个方面,创造出不同层次的展览内容,使观众在参观过程中获得更丰富的体验。独特主题通常能够引发观众的思考和讨论。这种引导性的主题有助于观众更深度地参与,形成对展览内容的独特认知。主题选择应与博物馆的使命和定位相契合。确保展览主题与博物馆整体的理念一致,使展览更有深度和连贯性。在展览前通过预告、宣传等方式提前引起观众的关注。这有助于建立起对独特主题的期待,增加参观的动机。通过选择独特而引人注目的主题,博物馆能够在展览设计中创造出令人难以忘怀的体验,吸引更多观众深入了解并参与展览。

(二)创新的设计元素

在博物馆展览设计中引入创新的元素对于提升观众体验和吸引力至关重要。以下是关于这一原则的详细讨论:创新的设计元素可以包括采用新颖的展示方式。例如,非传统的展柜设计、空间利用方式等,能够给观众留下深刻印象,增加参与感。利用先进的技术,如虚拟现实、增强现实、交互式显示等,为展览增添科技感和未来感。这样的技术应用能够吸引科技爱好者和对新潮事物感兴趣的观众。在展览中融合多媒体元素,如影音、图像、动画等,为观众创造出丰富的感官体验。多媒体的运用可以使展览更具生动性和互动性。引入可变化的展示元素,如可调整的灯光、移动的展品、可变化的展览结构等。观众可以通过不同角度感知展览,使参观过程更加灵活和有趣。设计互动式展览,鼓励观众参与其中。这可以包括触摸屏幕展示、数字互动游戏、参与式表演等,使观众成为展览的一部分,提升参与感和沉浸感。将虚拟和实体元素结合起来,创造更为复杂和丰富的展览体验。例如,结合虚拟现实技术展示历史场景,或者通过实体展品触发虚拟元素的呈现。使用全景展示技术,创造出观众沉浸式的体验。通过环绕式的影像、声音,使观众感觉仿佛身临其境,增加展览的引人入胜程度。引入可持续性元素,如可再生材料、能源节约技术等。这不仅展示出博物馆对可持续发展的关注,同时也增加了展览的时尚和未来感。融合艺术与科技,创造出令人耳目一新的展览。例如,艺术作品与虚拟现实技术相结合,使观众能够在艺术中体验科技的美妙。设计非线性的展示结构,使观众能够自由选择参观路径,增加展览的开放性和探索性。通过引入创新的设计元素,博物馆展览可以获得更高的吸引力,使观众在参观过程中充分沉浸,获得独特而难忘的体验。

(三) 独创性的内容呈现

在博物馆展览设计中,独创性的内容呈现是吸引观众并产生深远影响的关键要素。以下是关于这一原则的详细讨论:提出新的历史解读,重新审视传统观点,为观众呈现出不同于常规的历史叙事。这能够激发观众对历史事件的思考,并打破旧有的认知框架。展示独特的艺术作品,可以是新兴艺术家的作品或者具有前卫艺术风格的创作。通过艺术作品的独创性,观众能够在艺术欣赏中获得新的感受和启发。将前沿的科学研究引入展览,呈现最新的科技成果和发现。这能够让观众感受到科学领域的活力,并促使他们对科学问题产生兴趣。展示博物馆独有的、不同寻常的收藏品。这可以是罕见的文物、独特的手工艺品,或者是珍稀的动植物标本,以吸引观众对这些特殊展品的关注。通过独创性的内容呈现,展现多元文化的魅力。结合不同文化元素,打破文化边界,使观众能够更全面地理解和尊重不同文化。设计跨学科的主题,将不同领域的知识和观点融合在一起。这种独创性的内容呈现能够拓展观众的思维,促使他们跨足多个学科领域。在内容呈现中挑战传统观念,提出引人思考的问题。这有助于激发观众的思辨能力,使他们在展览中参与到更深层次的思考中。引入探索未知领域的内容,呈现科学、艺术或人文领域中的新鲜观点和实践。观众通过参与这样的内容呈现,能够感受到对未知的好奇和探索欲望。展示个体故事,通过生动而独特的个人经历,呈现更贴近观众生活的内容。这种个体故事能够使观众更容易产生共鸣,增加展览的亲和力。通过引入未被发掘的历史角落,展示隐藏在历史中的故事和事件。这有助于让观众对历史有更全面和深入的了解。通过展示独创性的内容,博物馆能够在观众中留下深刻印象,引发对知识和文化的新思考。这种内容的独创性能够激发观众的好奇心,使他们更深度地参与到展览中。

(四）创意的空间设计和布局

在博物馆展览设计中，创意的空间设计和布局对于吸引观众并提升整体展览效果至关重要。以下是关于这一原则的详细讨论：设计独特的展示区域，使每个展区有明确的主题和氛围。通过不同的展示区域，创造出观众在不同空间中的独特体验。引入非传统的展柜设计，可以是定制的艺术性展柜、透明或互动式的展柜等。这种设计能够吸引观众的目光，使展品呈现更生动的形象。在展览空间中引入引人注目的空间元素，如艺术装置、光影效果、装饰性的墙面等。这些元素能够为整个展览创造出独特的氛围和视觉效果。设计巧妙的光影效果和丰富的色彩搭配，以营造出独特的空间氛围。光影和色彩的变化能够引导观众的情绪和注意力，使展览更具有吸引力。引入交互式的展示元素，如触摸屏、动态投影等。观众通过与这些元素互动，能够更深入地参与到展览中，增加整体的参与感。设计能够创造沉浸式体验的空间，通过音效、视觉效果等让观众感觉仿佛置身于展览的主题中。这种体验能够使展览更具吸引力和记忆深度。通过引导性的设计布局，引导观众按照展览的主题或故事线有序参观。合理的布局能够使观众更好地理解展览的内容和脉络。利用空间层次，通过高低差、阶梯式设计等方式创造出层次感。观众在参观过程中可以感受到空间的变化，增加整体的动态性。设计创意的展览家具，如特殊形状的座椅、交互式的展品摆设等。这些家具元素可以使观众在展览中得到更舒适和独特的体验。通过多层次的设计，创造出观众可以在不同高度、角度感受展览的空间体验。这有助于使参观者更全面地了解展览内容。通过创意的空间设计和布局，博物馆能够为观众创造出独特而引人入胜的展览环境，使他们在空间中得到更为丰富和深刻的体验。

（五）情感共鸣和引导注意力

在博物馆展览设计中，利用创意性的设计手法建立观众与展览内容之间的情感共鸣以及引导注意力是非常关键的。以下是关于这一原则的详细讨论：通过展览设计传达情感共鸣，使观众能够在展览中产生情感共鸣。这可能包括通过展示感人的故事、触动人心的艺术作品或具有深刻主题的展览内容。设计能够触发观众情感反应的元素，如音乐、影像、具有情感内涵的展品等。这些元素能够让观众在展览中产生共鸣，使其更深刻地体验展览内容。利用情感符号，如颜色、形状、符号等，来引导观众产生特定的情感体验。通过设计中的情感符号，可以影响观众在展览中的情感感受。利用设计手法引导观众关注展览的重要焦点。这可能通过照明、标识、颜色对比等方式来突出展览中最重要、最引人入胜的部分。引入情感化的互动设计，使观众能够参与到展览中，产生更为深刻的情感体验。这可以包括触摸式元素、情感识别技术等。在展览设计中创造情感高潮，使观众在参观的过程中体验到情感的高度。这可以通过展览内容的设置、故事情节的铺陈等方式实现。利用交互式设计，使观众在展览中能够与情感元素互动。例如，观众的情感状态可以影响展览中的展示内容或音效，创造出个性化的情感体验。在展览设计中故意制造情感冲突，引发观众对于展览内容的深刻思考。情感冲突能够激发观众情感体验的更深层次。通过巧妙的故事叙述方式，引导观众情感的起伏。故事情节的设计能够使观众在展览中产生更为丰富和深刻的情感体验。营造温馨、舒适的氛围，使观众在展览中感到放松和愉悦。这种氛围能够促进情感共鸣的产生，使观众更好地融入展览体验中。通过巧妙的设计手法，博物馆能够在展览中引导观众的情感，创造出富有共鸣和深刻感受的展览体验。这种情感共鸣有助于观众更深层次地参与到展览中，使其对展览内容产生更为深刻的认知和记忆。

（六）多感官体验的创造

多感官体验在博物馆展览设计中扮演着至关重要的角色。通过创造性的设计手段，展览可以激发观众的视觉、听觉、触觉等多方面的感官，创造出令人难忘的展览氛围。通过精心设计的展览空间、吸引人的视觉元素以及高质量的视觉展示，创造出引人入胜的视觉体验。使用独特的颜色、艺术品、灯光效果等元素，吸引观众的眼球。利用音乐、声音效果、讲解员的讲述等方式，营造出丰富的听觉体验。音效的运用可以增加展览的氛围感，让观众更深度地融入展览主题。引入触摸屏、实体展品、互动式元素等，创造触觉体验。观众通过触摸展示品，能够更亲密地感受展览内容，增加参与感和互动性。利用香气机、植物、展品的气味等，创造嗅觉体验。香气的引入可以在展览中唤起特定的情感和记忆，使观众更全面地感知展览内容。在特定的展览场景中引入味觉体验，例如展示特色食物或提供品尝活动。这种方式可以通过味觉让观众更深度地体验展览所传达的文化或主题。利用创新技术，如虚拟现实、增强现实、全息投影等，为观众提供更全面的多感官体验。这些技术可以在展览中创造出虚拟的场景、与展品互动，使观众身临其境。通过调控展览空间的氛围，包括温度、湿度、光线等因素，创造出更加贴近展览主题的氛围。观众在这样的环境中更容易沉浸于展览体验。将多媒体元素融入展览设计中，如影像、动画、互动屏幕等，以增强观众的感官体验。多媒体的融合可以使展览更具生动性和创意性。设计能够将不同感官体验交织在一起的展览元素。例如，观众在观看展品的同时能够听到相应的声音、感受到相关的触觉体验，创造出全方位的感官体验。提供个性化的感官体验，让观众可以根据自己的兴趣和需求选择参与的感官元素。这种个性化的体验能够更好地满足不同观众的期待。通过多感官体验的创造，博物馆展览能够让观众全身心地融入展览中，创造出深刻、多层次的展览体验。

（七）与时俱进的创意

博物馆展览设计必须与时俱进，不断整合社会、科技和文化的最新发展。以下是关于这一原则的详细讨论：引入最新的科技元素，如虚拟现实、增强现实、人工智能等，以提升展览的交互性和吸引力。利用科技手段创造出前沿的展览体验，使观众能够与时代的科技脉搏保持同步。关注当前的文化趋势,将时下热门话题、潮流元素融入展览设计中。这有助于使展览更具现代感,让观众能够在展览中感受到与当代社会相关的文化元素。充分利用数字化手段,如在线互动、数字导览、数字展品等,提供更便捷、个性化的展览体验。数字化手段的引入可以使观众更好地与展览内容互动,并获得更丰富的信息。将多元文化元素融入展览设计中,反映社会的多样性和包容性。通过展示不同文化的艺术、历史或创新成果,使观众更好地理解和尊重多元文化。设计支持社交媒体分享和互动的元素,鼓励观众通过社交媒体平台分享展览体验。这有助于扩大展览的影响力,使更多人能够参与到展览的讨论和分享中。设计灵活的展览结构,以便能够容纳未来的更新和变化。考虑展览内容的更新周期,确保展览空间和设计元素能够适应社会、科技和文化的快速变化。将社会问题和时事热点融入展览设计中,使展览能够反映当下社会的关切和挑战。通过展览呈现,观众能够更深入地思考和参与到社会议题中。设计支持网络互动和远程参与的展览元素,使观众无论身在何处都能够参与到展览中。这种远程参与方式能够突破地理限制,吸引更广泛的观众群体。引入可持续技术和环保设计,以体现博物馆对于可持续发展的责任。这包括能源节约、环保材料使用等方面的考量,反映社会对可持续性的关注。设计创新的展览主题,紧跟时代发展趋势,挖掘新兴领域和未来趋势。通过对未知领域的探索,展览能够为观众呈现出前沿和未来的可能性。

(八) 融入本地文化和历史

在博物馆展览设计中,融入本地文化和历史元素是一个关键的原则。以下是关于这一原则的详细讨论:选择与当地特色相关的展览主题,以展示本地独有的文化、传统和历史。这有助于使观众更深入地了解当地的独特魅力。展示本地艺术家的作品和传统手工艺,突出当地独特的艺术风格和手工技艺。这可以为观众提供欣赏和学习的机会,同时保护和传承本地文化遗产。展示当地地区的历史沿革,通过图文、实物展品等方式呈现。

观众能够通过展览了解本地社会的演变过程，加深对当地历史的认识。引入当地重要人物、英雄或故事，通过生动的叙述方式展示他们的贡献和影响。这有助于塑造观众对于本地历史人物的深刻印象。在展览中引入当地传统庆典和仪式的元素，使观众能够感受到当地文化的独特魅力。这包括传统节日、婚礼仪式等。通过语音导览、录音等方式呈现当地口音和方言，使观众在展览中体验到当地的语言和语音特色。这有助于传递当地文化的真实感。设计展览空间时，考虑采用当地特色的建筑元素，使展览空间与当地环境相融合。这可以为观众创造出身临其境的感觉。设计互动体验，让观众能够亲身参与到当地文化的传统活动中，如传统手工艺制作、舞蹈表演等。观众通过亲身体验，更深刻地理解和感受当地文化。在展览中引入当地美食和饮食文化的展示，通过视觉、嗅觉和味觉等多感官体验，让观众领略当地独有的美食文化。与当地社区进行合作，融入社区的参与元素。这可以包括社区居民的故事分享、合作艺术项目等，使展览更具地方性和社区感。通过融入本地文化和历史元素，展览能够更好地与当地观众产生共鸣，呈现出更为丰富、有深度的展览体验。通过将创意性和独创性融入博物馆展览设计，可以吸引更多观众，激发他们的好奇心，使展览成为独一无二的体验。

二、故事性和连贯性

一个好的博物馆展览应该具有故事性，能够通过展品之间的有机联系和叙事线索来引导观众沉浸其中。连贯性确保展览的各个部分相互衔接，形成一个整体故事。通过巧妙的叙事结构，观众能够更深入地理解和记忆展览内容。

（一）叙事线索的设计

在博物馆展览中，叙事线索的设计是确保观众能够深度参与、沉浸其中的关键因素。以下是关于这一原则的详细讨论:确保展览的主题明确而引人。主题应当具有吸引力,能够激发观众的好奇心和兴趣,从而引导他们愿意跟随叙事线索深入了解。将展品有机地串联起来,确保它们在叙事中有明确的关联性。展品之间的联系可以通过历史线索、主题元素、人物故事等多种方式建立,形成一个紧密连接的展览体验。安排展览中的展品按照时间序列合理排列,使观众能够沿着时间轴感知故事的发展。这有助于呈现历史演变或主题发展的连续性。利用观众参与的引导方式,鼓励他们在展览中积极参与叙事。这可以通过提出问题、互动元素、决策环节等方式实现,使观众成为故事的一部分。设计展览中的情节高潮,使观众在展览的某个节点经历情节的发酵和高潮。这种设计能够使观众产生更为深刻的印象,吸引观众的注意力。创建多层次的叙事结构,使展览内容不仅仅停留在表面层次。通过深度的叙事结构,观众能够逐步深入了解主题的各个方面。设计观众情感共鸣点,让观众能够与展览中的人物、事件建立情感联系。情感共鸣可以加强观众的参与感和留存度。利用视觉元素进行叙事的引导,通过展览空间的布局、颜色的运用等方式引导观众的视线,使其更顺畅地跟随叙事线索。在展览空间中进行合理的分区,以展示不同部分的叙事内容。分区的设置应当符合故事情节的发展,帮助观众更好地理解和接受展览信息。确保展览的结尾与叙事线索相连接,使整个展览形成一个完整的故事闭环。展览的结尾应当具有总结性和引导性,给观众留下深刻的印象。通过巧妙设计叙事线索,博物馆展览能够成为观众参与互动的场所,引导他们在展览中产生更为深刻的体验和认知。

(二)观众引导的叙述

在博物馆展览设计中,采用观众引导的叙述方式可以激发观众主动参与,使展览成为一个引发思考的互动过程。以下是关于这一原则的详细讨论:在展览中提出引人入胜的问题,激发观众的好奇心和思考欲望。这些问题可以涉及展览主题、历史事件、艺术作品等,引导观众在探索中逐步

文物保护与博物馆展览策略

揭开故事的层层面纱。引入互动元素,如触摸屏、互动投影等,使观众能够通过实际操作参与到叙述过程中。观众通过互动性的体验,能够更深入地了解展览主题。设计观众决策环节,让观众在展览中做出一些选择,影响故事的发展方向。这种方式可以增加观众的参与感和展览体验的个性化。在展览中提供引发观众思考的信息,如引用名言、深度解读、展示不同观点等。观众通过思考这些信息,能够更深度地理解和反思展览内容。利用情境化的展示方式,营造观众置身于特定场景的感觉。观众通过情境化的展示,能够更深刻地理解和体验展览所传达的故事情节。设计导览员的引导作用,使其能够与观众互动并提供额外的信息和解释。导览员可以通过与观众的对话引导他们思考,增强展览的引导性。在展品标签中使用启发性的语言,引发观众对展品的思考。这可以通过提出问题、分享相关故事等方式实现,使展品标签不仅仅是信息的呈现,更是引导思考的工具。设计展览情节逐步揭示的过程,让观众在不同区域逐渐发现新的信息和故事元素。这种逐步揭示的方式能够引导观众持续保持好奇心和兴趣。通过多层次的信息传递,使观众在不同深度上理解展览内容。这可以通过提供基础知识、深度解读、引发思考等多层次的信息呈现实现。安排参与性体验活动,让观众亲身参与到展览的叙述中。这可以包括互动工作坊、模拟体验等,使观众更直接地体验和理解故事情节。通过采用观众引导的叙述方式,博物馆展览可以打破传统的被动观看模式,让观众在参与中更深刻地理解和感知展览内容。

(三) 时间和空间的编排

在博物馆展览设计中,合理安排展览的时间和空间是确保观众能够有序、逐步体验故事发展的关键因素。以下是关于这一原则的详细讨论:利用展览空间中的时间轴,逐步展示主题或历史事件的发展过程。通过合理的时间编排,观众可以按照时间的先后顺序理解故事情节,感受历史变迁。设计空间轴,使观众能够在展览空间中逐步深入了解故事的各个层次。不同区域或展示区域可以呈现主题的不同侧面,构建空间上的深度感。考虑观众的体验，采用观众引导的时间安排。引导观众按照一定的时间顺序参观展览，确保他们能够有序地理解和沉浸在故事情节中。利用时空转换的展示手法，通过视觉、声音等方式将观众带入不同的历史时期或场景。这种转换可以通过投影、虚拟现实等技术实现，增强观众对历史或主题的感知。在展览空间中设置不同的分区，每个分区呈现不同的主题或时期。这种空间分区有助于观众有序地按照主题的发展逐步深入了解展览内容。设计叙事路径，引导观众在展览中按照一定的顺序移动。这可以通过布局、标识、地图等方式实现，确保观众能够沿着故事的线索有序参观。利用空间层次的设计，使展览空间呈现出深度和层次感。不同层次的空间可以用来展示不同时间段或主题，让观众逐步深入了解展览内容。将展览故事的不同情节通过空间展示，使观众在移动过程中逐步发现新的情节元素。这种设计可以引发观众的好奇心和探索欲望。突出展览中的重要时间节点，通过特殊设计或强调，使观众更加关注这些关键时刻。这有助于突显历史事件的重要性和发展脉络。根据展览的不同情节和主题，调整空间的氛围。通过灯光、音效等手段，创造出符合故事情感走向的空间氛围，增强观众的情感共鸣。通过合理编排时间和空间，博物馆展览可以呈现出有机、连贯的故事叙述，让观众在有序的体验中更好地理解和感受展览内容。

（四）主题的延伸和深化

在博物馆展览设计中，主题的延伸和深化是确保观众能够逐步深入了解展览内容的关键因素。以下是关于这一原则的详细讨论：将主题层层展开，逐步揭示更多的细节和层次。每个展览部分都应当向观众透露主题的不同方面，使其能够在参观过程中逐渐深入理解。以系统性的方式呈现主题，确保每一部分都与整个主题有机连接。观众在展览中能够感受到主题在各个方面的延伸和深化，形成整体性的认知。如果主题涉及历史发展，按照时间顺序呈现主题的不同阶段。观众通过时间线的呈现，能够更清晰地了解主题在历史进程中的演变。交织主题的不同元素，使其在展览中相互呼应和关联。通过元素的交织，观众能够感受到主题在不同角度上的深度和多样性。利用符号和象征来深化主题的表达。符号和象征可以通过展览设计中的视觉元素、装置艺术等方式体现，增强观众对主题的感知。提供深度解读的信息，让观众能够在展览中深度思考主题。这可以通过文字解说、多媒体展示、互动元素等手段实现，为观众提供更多层次的认知。深化互动体验，使观众参与到主题的探讨和发展中。互动体验可以包括实地模拟、虚拟互动、参与性表演等，让观众更直接地体验主题的不同层面。采用多样的展示方式呈现主题元素，如图片、实物展示、文献资料等。通过多样性的呈现方式，观众能够更全面地了解主题的丰富性。根据观众的需求和兴趣，采用观众导向的方式深化主题。通过观众反馈和参与，不断优化展览内容，使主题更贴近观众的理解和体验。在展览中加强主题的情感表达，使观众能够在情感上与主题建立联系。这可以通过音乐、影像、艺术表达等方式实现，营造出更为深刻的展览体验。通过主题的层层展开和深化，博物馆展览能够提供给观众更为丰富、深刻的体验，使其在参观过程中逐步理解和沉浸在主题所传达的信息中。

（五）观众情感共鸣

在博物馆展览设计中，观众情感共鸣是创造深刻展览体验的关键因素。以下是关于这一原则的详细讨论：在展览中融入丰富的情感元素，如爱、失落、奋斗、胜利等。通过展示人物的生活故事或事件中的情感冲突，观众能够更容易产生共鸣。采用人物化的展示手法，使展览中的人物更具有生命力和情感表达。观众通过与展览中的虚拟或实际人物建立情感联系，增强对展览的投入感。安排观众参与情感体验活动，让他们亲身感受展览中表达的情感。这可以包括参与性表演、情感互动装置等，使观众在体验中建立情感共鸣。呈现真实故事，特别是那些感人至深的经历。观众通过真实故事的感人场景和情感体验，更容易与展览内容产生共鸣。运用音乐和声音设计，营造出与展览情感氛围相符的音效。音乐和声音的嵌入可以引发观众的情感共鸣，使其更深刻地体验展览。通过展览布局和导览引导观众在特定情节或区域参与到情感体验中。引导观众与展览内容情感互动，使他们更深度地沉浸在展览氛围中。在展品标签中加入情感诉求，通过文字表达展品背后的情感内核。观众通过读取展品标签，能够更好地理解并产生对展品的情感共鸣。利用虚拟现实等技术，创造观众虚拟亲身体验的场景。这种亲身体验能够触发观众更为真实的情感共鸣，使其感受到展览中的情感冲击。设计情感故事的高潮，使观众在展览中体验情感的高峰。通过情节的高潮设计，观众更容易在展览中产生情感共鸣，留下深刻的印象。设立情感反馈机制，收集观众对展览情感共鸣的反馈。观众的反馈可以为展览的改进提供有益的信息，确保情感共鸣的效果更为显著。通过设计使观众情感共鸣的展览元素，博物馆可以创造更具深度和意义的展览体验，使观众在情感上更为深刻地参与到展览内容中。

（六）互动式叙事

在博物馆展览设计中，互动式叙事是通过引入互动元素，使观众能够参与到展览的叙事中，从而创造更为丰富和参与度高的展览体验。以下是关于这一原则的详细讨论：利用互动屏幕和触控技术，为观众提供参与式的展览体验。观众可以通过触摸屏幕进行选择、操作，参与到故事情节的发展中。引入体感技术，如体感感应器、运动捕捉等，使观众的动作成为叙事中的一部分。观众的实际动作可以触发展览中的互动元素，增强他们的参与感。利用虚拟现实和增强现实技术，创造出身临其境的展览体验。观众可以通过头戴设备或手机应用，沉浸在虚拟或增强的故事场景中，与故事互动。使用互动投影和全息技术，将故事元素投影到空间中。观众可以通过手势或声音指令与投影元素互动，参与到展览的叙事过程中。设计情节选择的互动元素，让观众能够在展览中做出决策，影响故事的发展。多结局设计使观众参与度更高，因为他们知道自己的选择会影响故事走向。提供互动式导览和解谜活动，让观众在参观过程中参与到展览的解谜和发现中。这种互动性可以激发观众的好奇心和探索欲望。鼓励观众通过社交媒体进行互动，分享他们在展览中的体验。这种社交互动可以扩大展览的影响力，同时让观众成为展览叙事的一部分。设立实时反馈机制，收集观众的互动反馈。根据观众的参与情况进行调整，确保互动元素能够更好地契合观众的期望和体验需求。在展览中融合虚构和真实世界的元素，使观众能够在虚构故事中产生真实感。这种交互性可以通过实景与虚拟元素的结合实现，创造出更为生动的展览体验。创造观众参与的故事演绎环节，让观众在展览中扮演特定角色或参与特定情节的演绎。这种参与式的演绎能够让观众更深度地融入展览的叙事中。通过引入互动元素，博物馆展览可以创造出更具参与感和互动性的叙事体验，使观众成为故事的一部分，提升展览的吸引力和记忆深度。

（七）虚拟和实体展品的结合

在博物馆展览设计中，将虚拟和实体展品结合起来是一种创新的方式，可以为观众提供更为丰富和引人入胜的叙事体验。以下是关于这一原则的详细讨论：将虚拟现实技术与实体展品结合，创造出身临其境的展览体验。观众通过虚拟现实设备，可以在实体展品的基础上进一步深入探索，感受到更为真实和丰富的内容。利用增强现实技术，将虚拟元素叠加在实体展品上。观众通过手机或平板等设备观看实体展品，同时可以看到与之相关的虚拟信息、动画或互动元素，丰富展览体验。设立虚拟互动体验站，让观众可以在特定区域进行虚拟互动。这些虚拟元素可以与实体展品相呼应，为观众提供与展品互动的机会。提供虚拟导览服务，让观众在实地参观的同时，通过手机或导览设备获取虚拟导览的信息。虚拟导览可以包括实景重现、历史影像等，与实地体验相结合。创造虚拟展览空间，使观众能够在实际场馆之外参与展览。这可以通过在线平台、虚拟博物馆应用等实现，为观众提供随时随地的展览体验。开发虚拟互动故事情节，与实体展品的故事情节相呼应。观众通过互动元素参与虚拟故事，与实体展品之间建立更为紧密的关联。利用虚拟技术重建历史场景，使观众可以在展览中体验过去的生活和事件。虚拟的历史场景与实体展品相互交融，营造出更为生动的历史体验。将实物展品与数字化资料相结合，通过显示屏或投影展示实物的数字化解读。观众可以通过虚拟信息了解实物的更多背后故事，拓展对展品的认知。利用虚拟元素进行即时互动，例如虚拟投影绘画、实体展品的虚拟交互等。这种即时互动创造了观众与展品之间更为生动和独特的互动体验。将实体展品进行数字化陈述，通过多媒体展示、虚拟模型等方式呈现更为详细和丰富的信息。观众可以通过虚拟元素深入了解实体展品的内涵和背后故事。通过虚拟和实体展品的巧妙结合，博物馆展览可以提供更为多样和引人入胜的叙事体验，让观众在现实与虚拟的交织中感受到展览的独特魅力。

（八）主题的视觉呈现

在博物馆展览设计中，通过视觉元素的精心设计，强化主题的视觉表达是至关重要的。以下是关于这一原则的详细讨论：精心选择和运用与主题相符的色彩方案。色彩可以在展览中营造特定的情感氛围，通过冷暖色调的搭配或特定色彩的强调，突显主题的重要性。制定展览的布局设计，确保各个展区之间有连贯性和过渡。观众在展览中的移动应该是自然而流畅的，以便更好地理解和体验主题的发展。展柜设计不仅要具备足够的功能性，以保护展品，同时也应具备艺术性，以美学方式呈现展品。展柜的形状、材质和灯光设置等都应与主题相协调，形成整体的视觉效果。利用图像和图形元素来传达主题信息。这可以包括主题相关的图标、符号、图片等，用以补充文字信息，提供更直观的视觉引导。在展览中选择艺术品和装置，使其与主题相契合。这些艺术品和装置不仅是展览的装饰元素，更应当成为传达主题核心概念的重要媒介。构建视觉叙事线，通过布局和设计引导观众的视线和思维。在展览空间中设置视觉焦点，使观众能够有序地领略主题的发展和深化。采用多层次的视觉信息呈现方式，使观众能够逐步深入理解主题。这可以通过在展览中设置信息板、插图、影像等多种形式的视觉元素来实现。利用灯光设计营造展览空间的氛围。通过调整灯光的亮度、色温和方向，突出展品的重要性，同时为观众创造出一种独特的观展体验。选择与主题相符的艺术装饰和装饰品，以丰富展览的视觉感受。这些装饰元素可以是艺术品、雕塑、装饰性家具等，为展览空间增添艺术氛围。在展览中的文字排版和字体选择上也应与主题协调一致。通过选择合适的字体和排版方式，使文字信息更易阅读，同时与整体的视觉风格相匹配。通过这些视觉设计的考虑，博物馆展览可以以更具吸引力和连贯性的方式呈现主题，从而提升观众的参与度和展览的艺术性。

（九）故事的结构和高潮

在博物馆展览设计中，合理的故事结构是引导观众沉浸于展览内容的关键。以下是关于这一原则的详细讨论：构建引人入胜的引子，通过展览开始的部分引起观众的兴趣。引子应当简洁而引人注目，为整个故事奠定基础。将故事分为不同的层次，使发展更为有层次感。每个层次都应有清晰的主题，观众在逐步深入的过程中能够逐渐理解主题的多个方面。在故事发展中融入观众参与的元素，使他们成为故事的一部分。这可以通过互动装置、问题提出等方式实现，增加观众的参与感。高潮是故事中最引人注目的部分，需要巧妙设计以吸引观众的注意力。高潮可以是展览中的重要展品、情节的关键发展等，使观众体验到情感的巅峰。确保展览中的各个展品之间有关联，构建起一个有机的故事线。观众在欣赏每个展品时都能够理解其在整个故事中的位置和作用。文本和图像是展览中传达信息的主要手段，它们的协调能够更好地服务于故事的发展。文字应当清晰、简洁，而图像则能够生动地呈现主题。通过巧妙的情感引导，使观众能够在故事中建立情感共鸣。情感的引导可以通过音乐、色彩、展示方式等多种手段来实现。故事的结尾需要对整个故事进行总结，并展望未来。观众在展览结束时应留下对主题的深刻理解，同时对未来展开更多思考。控制故事的节奏和流畅度，确保观众在展览中的移动和体验是自然而不拖沓的。流畅的故事节奏有助于观众更好地理解和吸收信息。故事结尾可以设置反思和启发的元素，让观众在离开展览时能够思考展览所呈现的主题对自己的启发和影响。通过设计合理的故事结构和高潮，博物馆展览可以让观众在探索的过程中经历情节的发酵和高潮，留下深刻的印象，提升整体的展览体验。

（十）反复的主题强调

在博物馆展览设计中，反复强调主题是加深观众对主题理解和记忆的有效手段。以下是关于这一原则的详细讨论：将主题元素在展览中多层次、多角度地展示，使观众在不同部分都能够感受到主题的存在。这可以通过不同的展柜、展示区域和展览内容呈现方式来实现。利用视觉和文字结合的方式，在展览中多次呈现主题。文字信息可以通过标签、展板等形式传达，而视觉元素则通过展品、图像等形式展现，相互辅助，形成深刻的印象。设计符合主题的符号和图标，并在展览中反复运用。这些符号和图标可以成为主题的象征，观众在展览中看到它们时能够立即联想到主题。在互动元素中反复强调主题。如果展览中包含互动元素，确保这些互动元素都与主题直接相关，并通过不同形式的互动反复强调主题要点。将主题关键点的重要展品集中展示，形成主题的亮点区域。观众在欣赏这些展品时能够更深刻地理解主题的核心概念。如果适用，可以设计主题音乐，并在展览中反复运用。音乐的律动和旋律可以加强观众对主题情感的体验，使主题更加深入人心。利用展览的时间轴和空间轴，在不同的时间点或空间区域反复呈现主题元素。观众在展览中的移动过程中能够多次接触到主题信息。设计简洁而有力的主题引导语，并在展览的不同区域多次呈现。这些引导语可以成为观众在展览中导航的关键词，帮助他们更好地理解主题。将主题进行变形和衍生，通过不同的表现方式呈现主题的多个侧面。这有助于让观众从多个角度理解主题的丰富内涵。在展览的不同部分设置主题线索，观众通过追踪这些线索能够逐渐理解和领悟主题的深层含义。通过反复的主题强调，博物馆展览能够在观众心中留下深刻的印象，加深他们对主题的理解和记忆。通过设计有故事性和连贯性的博物馆展览，可以使观众更深度地参与其中，留下更为深刻的展览体验和记忆。

三、互动性和参与性

在博物馆展览设计中，互动性和参与性是为了激发观众主动参与，创造更深层次体验的重要原则。

（一）触摸屏和数字互动

在博物馆展览设计中，引入触摸屏和数字互动技术是一种现代化手段，可以显著提升观众的参与感和交互体验。在展览中设计搭载触摸屏的互动展品，以呈现更多信息、视频和图像。观众可以通过触摸屏手势浏览内容，深入了解展品的背后故事。利用数字互动技术，呈现多媒体内容，如图像、音频、视频等。观众通过触摸屏的操作，可以自主选择感兴趣的内容，实现自定义化的展览体验。创造交互式学习体验，通过触摸屏呈现知识点，提供实时反馈。这种互动方式可以促使观众主动参与学习过程，增强知识的吸收和理解。利用触摸屏结合虚拟实境技术，打造身临其境的展示体验。观众可以通过触摸屏互动，探索虚拟的环境，使展览更加生动和引人入胜。利用触摸屏作为导览工具，提供互动地图功能。观众可以通过触摸地图选择感兴趣的展品或主题，自由规划参观路线。设计互动游戏和挑战，观众通过触摸屏参与游戏，增加娱乐性和参与感。这种形式可以吸引更多年轻观众的注意。设立触摸屏导览站，为观众提供详细的展览信息、导览解说和相关资料。观众可以通过触摸屏快速获取所需信息，提高导览效率。利用触摸屏提供虚拟导游和讲解功能。观众可以通过触摸屏选择语言、主题等，听取虚拟导游的解说，个性化地了解展览内容。通过引入触摸屏和数字互动技术，博物馆展览不仅能够提供更多信息和多媒体内容，还能够激发观众的好奇心，增强他们的参与感和展览体验。

(二) 虚拟现实体验

在博物馆展览设计中引入虚拟现实技术，是为观众提供身临其境的独特体验，以下是详细探讨：利用虚拟现实技术再现历史场景，使观众仿佛穿越时光。观众可以沉浸在过去的环境中，亲身体验历史事件和文化场景。设计虚拟实验室，让观众通过虚拟现实体验科学实验过程。这种模拟可以增加观众对科学原理的理解，提高学习的趣味性。利用虚拟现实技术创造艺术作品的虚拟展示空间。观众可以通过虚拟现实眼镜欣赏和互动艺术作品，拓展艺术展览的形式。提供虚拟现实的文化活动体验，如传统舞蹈、民俗节庆等。观众可以在虚拟空间中参与活动，感受文化的多样性。利用虚拟现实技术模拟自然环境，如丛林、海底等。观众可以在展览中探索这些自然场景，增强对环境保护的认识。创建虚拟博物馆，观众可以通过虚拟现实眼镜漫游在不同展馆之间。这种方式能够打破空间限制，扩大观众的参观范围。利用虚拟现实呈现独特的视觉艺术体验，如虚拟绘画、雕塑等。观众可以在虚拟现实中互动和创作，参与到艺术创作的过程中。设计虚拟时间旅行体验，使观众能够穿越不同历史时期。这种体验可以帮助观众更好地理解历史发展和变迁。通过虚拟现实技术，博物馆展览不仅能够提供更直观、身临其境的体验，还能够创造更为多样化和引人入胜的展览形式。

(三) 互动装置和展品

在博物馆展览设计中引入各种互动装置和展品，是为了激发观众的好奇心，让他们通过动手操作、实验或创作参与到展览中，以下是详细探讨：创建实验室场景，设计互动装置供观众进行科学实验。观众通过实际操作，深入理解科学原理，增加学习的趣味性。设计需要观众亲自动手参与创作的艺术展品。这可以包括绘画、雕塑、手工艺等，激发观众的创造力，同时与展览主题相呼应。引入3D打印技术，设计互动展品，观众可以参与设计并使用3D打印机将自己的作品制作出来。这种形式促使观众在数字化时代体验创新的制造过程。创建触摸感知展品，观众通过触摸和摸索来感知展品的不同特性。这种形式增强观众的互动感，使他们更深度地了解展品。利用科技元素设计互动装置，如感应器、投影仪等。观众可以通过手势、声音等与装置进行互动，创造出独特的科技体验。利用互动装置模拟科学实验，观众可以参与实验过程。这种形式使科学变得更具体、可触摸，激发观众对科学的兴趣。设计互动展品模拟历史工艺，观众可以亲自体验古老的手工艺技艺。这种形式连接过去的传统，使观众更深入地了解历史文化。创造多感官体验的互动展品，通过触摸、嗅觉、听觉等方式让观众全方位地参与到展览中。这种形式能够激发观众更丰富的感官体验。通过设计各种互动装置和展品，博物馆展览不仅能够提供更具体的展览内容，还能够激发观众的参与欲望，使他们在参与中更好地了解和学习。

（四）参与性表演和活动

在博物馆展览设计中引入参与性表演和相关活动，是为了让观众不再仅仅是观看者，而是能够成为活动的一部分，更加深度地融入展览体验，以下是详细探讨：安排戏剧表演，邀请专业演员演绎与展览主题相关的故事。观众可以参与其中，与演员互动，创造出沉浸式的戏剧体验。邀请相关领域的专家进行互动演讲和座谈会，观众有机会提问和参与讨论。这种形式能够促进知识交流，让观众更深度地了解展览主题。举办艺术创作工作坊，观众可以在专业艺术家的指导下创作与展览相关的艺术品。这种形式促使观众通过亲身实践深入理解展览主题。安排音乐演出和演奏会，邀请乐队或音乐家现场演奏与展览主题相关的音乐。观众可以参与音乐的欣赏和互动。设计与展览主题相关的主题游戏和挑战，观众可以参与其中，增加展览的趣味性。这种形式适用于各年龄层观众的参与。安排互动舞蹈和表演，邀请专业舞者进行演出，并鼓励观众参与。这种形式通过身体语言传达展览主题，增加观众的参与感。组织主题沙龙和小组讨论，观众可以在这个平台上分享自己的想法和观点，促进展览主题的深入探讨。创造观众参与剧场的体验，观众可以加入表演或互动环节，与演员一同创造展览中的故事情节。通过安排参与性表演和相关活动，博物馆展览可以创造更为丰富和动态的体验，使观众更深度地融入展览的世界中。

（五）云展览和在线互动

在博物馆展览设计中引入云展览和在线互动，通过互联网打破时空限制，使观众能够在线参与展览，以下是详细探讨：提供虚拟导览，观众可以通过在线平台浏览展览空间，仿佛置身于实际展览现场。实景展示可以通过360度全景展示实现。设立在线互动平台，观众可以在平台上参与讨论、留言、提问，与其他观众分享观点和体验。这种形式通过网络促进观众之间的交流。提供远程导览服务，观众可以通过视频导览远程参与展览。专业导览员通过网络为观众解说展品和展览主题。利用虚拟现实技术，提供在线虚拟实境体验。观众通过虚拟设备，如VR头盔，可以在家中感受到沉浸式的展览体验。举办在线工作坊和培训课程，观众可以通过网络参与学习和互动。这种形式可以提供更广泛的教育机会，使观众深入了解展览主题。设计虚拟互动展品，观众可以通过在线平台与展品进行互动，了解展品的历史、背景等信息。这种形式打破了实体展览的局限性。创建与展览主题相关的在线游戏与挑战，观众可以在网络上参与，增加展览的趣味性。这种形式适用于各年龄层的观众。举办虚拟社交活动，通过在线平台组织观众之间的互动，促进社群的建立。观众可以分享展览心得，扩大展览的影响力。通过云展览和在线互动，博物馆可以突破地理时空的限制，使更多观众能够参与到展览中，同时拓展了展览的传播渠道。

（六）创意的互动工作坊

在博物馆展览设计中引入创意的互动工作坊，通过组织观众亲自动手制作与展览主题相关的创意作品，提供学习和互动的机会，以下是详细探讨：安排手工艺工作坊，观众可以学习并制作与展览主题相关的手工艺品。这种形式鼓励观众动手，增加他们对展览内容的实际参与感。设计创意工坊和实践课程，邀请专业艺术家或工匠指导观众进行实际创作。观众可以在工作坊中学到新技能，同时将创作与展览主题相结合。举办美术绘画课程，观众可以在专业艺术家的指导下绘制与展览相关的艺术作品。这种形式促使观众通过绘画深入理解展览主题。组织文学创作和写作工作坊，观众可以通过写作表达对展览主题的理解和感悟。这种形式鼓励观众用文字记录展览体验。提供数字艺术创作的机会，观众可以使用数字工具进行创作，制作与展览主题相关的数字艺术品。这种形式结合了科技和艺术，增添了创意的层次。进行手工制作实验，观众可以通过实际操纵材料，制作与展览内容相关的实验品。这种形式通过实践促进对展览主题的深入了解。鼓励观众制作展览模型，以展示他们对展览空间和布局的理解。这种形式可以让观众参与到展览设计的过程中。举办舞蹈和表演工作坊，观众可以学习和表演与展览主题相关的舞蹈和表演节目。这种形式通过身体语言传达展览主题。通过创意的互动工作坊，博物馆不仅能够提供观众学习和实践的机会，还能够深化他们对展览内容的理解和参与度。

（七）个性化体验和定制路线

在博物馆展览设计中引入个性化体验和定制路线，提供观众根据自己兴趣和需求定制展览参观体验的机会，以下是详细探讨：提供个性化导览服务，观众可以选择特定主题、时间段或感兴趣的展品，由导览系统根据其选择为其提供定制的展览路线。开发互动导览应用，观众可以通过手机应用选择感兴趣的展品，应用会根据他们的选择提供定制的导览和信息。设计主题定制展览体验，观众可以在展览中选择参与特定主题的互动活动或体验，使他们更深度地融入展览。提供定制化的展览路线服务，观众可以在预订时选择自己感兴趣的展览区域或特定主题，定制展览的参观路线。设置个性化互动屏幕，观众可以通过屏幕选择展品的解说语言、深度信息等，根据个人需求定制展览体验。创建云端个性化账户，观众可以提前设定自己的兴趣和喜好，展览期间系统会根据其账户信息提供个性化的导览建议。在展览中设置交互式选择体验点，观众可以通过触摸屏或其他交互装置选择下一个展品或互动点，个性化定制自己的展览路线。提供定制化的互动活动，观众可以选择参与与自己兴趣相关的工作坊、讲座或其他特别安排的活动。通过个性化体验和定制路线，博物馆可以满足不同观众的需求，增强他们的个人参与感，使展览体验更加个性化和有趣。

（八）观众反馈机制

在博物馆展览设计中设立有效的观众反馈机制，通过问卷、反馈邮箱等方式让观众参与展览的评价和改进，以下是详细探讨：设计详细的观众问卷，涵盖展览内容、互动体验、空间设计等方面。观众可以在展览结束后或在特定区域填写问卷，提供对展览的综合评价和建议。设置电子反馈邮箱，观众可以通过发送电子邮件提供展览反馈。这种方式提供了更直接、个性化的沟通途径，使观众能够更详细地表达他们的看法。利用社交媒体平台建立展览的专属页面，观众可以在平台上发布评论、分享体验，并与其他观众互动。这种实时的互动方式使展览能够更直接地感知观众的反馈。设置实时数字投票系统，观众可以通过展览中的数字屏幕参与即时投票，表达对展品或互动环节的喜好。这种形式提供了实时的反馈机制。在博物馆网站或展览应用中设立社区讨论板块，观众可以在这里提出问题、交流意见，并与其他观众进行讨论。这种方式促进观众之间的互动和反馈分享。在展览中设置互动展示屏，观众可以在屏幕上发布即时评论和反馈。这种形式使展览成为一个实时互动的空间。设立专业评审团队，由专业人士对展览进行评估，同时也接受来自观众的建议。这样可以结合专业视角和大众反馈进行全面评价。定期举办观众反馈会议，邀请观众代表参与，直接面对面地听取他们的意见和建议。这种形式提供了更亲密、深入的交流机会。通过设立有效的观众反馈机制，博物馆能够更全面地了解观众的感受和需求,从而不断改进展览设计,提升展览质量。通过引入各种互动元素和参与性设计,博物馆展览能够创造更深层次的体验,激发观众的好奇心和主动参与,使整个展览更加生动和有趣。

四、多感官体验

博物馆展览设计应该通过多感官的刺激来增强观众的体验。这包括视觉、听觉、触觉等多个感官的参与。通过运用光影、音效、触感等元素,展览可以更全面、深刻地影响观众,使他们对展览内容有更为综合的理解。利用光影效果设计展览空间,通过灯光的投射和设计的影子效果营造独特的氛围。采用吸引眼球的色彩和视觉元素,使观众在展览中产生视觉上的愉悦感。设计音效和音乐,与展览主题相契合,为观众提供更加丰富的听觉体验。在展览空间中设置音响系统,通过声音的变化引导观众关注特定的展品或场景。提供触摸屏、模型或实物让观众亲身感受展览内容。设计触摸互动区域,使观众能够触摸展品,增加互动和参与感。在展览中引入特定的香气,与展览主题相关联,通过嗅觉刺激观众的情感和记忆。嗅觉体验能够唤起观众对特定场景或历史时期的感知。利用运动感应技术,设计互动装置或展品,观众通过身体动作参与展览。例如,通过手势控制展示屏或参与虚拟现实体验。整合多媒体元素,包括视频、动画等,通过视听结合的方式呈现展览内容,使观众能够更全面地理解主题。利用虚拟现实技术创建身临其境的体验,观众通过佩戴 VR 设备参与虚拟场景,使他们感受到更为真实的展览体验。利用感官体验建立情感共鸣,观众通过视觉、听觉和触觉的综合刺激更容易产生对展览内容的共鸣和情感连接。通过强调多感官体验,博物馆展览设计可以提供更加丰富、深刻的观众体验,使他们在展览中获得更全面的感知和理解。

五、适度信息传递

在博物馆展览设计中，适度的信息传递至关重要。信息呈现需要在满足观众好奇心的同时，避免过度冗杂，以下是详细探讨：

（一）清晰信息层次

设计清晰的信息层次结构，将展览内容分为主要信息和细节信息，并采用合适的标识和引导方式。观众能够根据自己的兴趣和时间选择深入了解特定内容。

（二）创意展示手段

利用创意的展示手段呈现信息，例如图文结合、数字互动、视频介绍等。通过多样化的展示方式，吸引观众的注意力，使信息更生动有趣。

（三）交互式信息展示

设计交互式的信息展示区域，让观众能够根据自己的兴趣选择探索。这可以包括触摸屏、数字互动装置等，使信息传递更具参与性。

（四）引导式展览设计

利用引导式的展览设计，通过引导线路、标识牌等方式帮助观众更有序地浏览展览。信息呈现的顺序和结构应当符合观众自然的流向。

（五）信息可控性

提供信息可控性，使观众能够选择自己感兴趣的内容进行深入了解。这可以通过数字展示屏上的选择菜单、导览手册等方式实现。

（六）手段多样性

利用多样的手段传递信息，包括文字、图片、图表、模型等，以满足不同观众的学习偏好。这样能够更全面地覆盖观众群体。

（七）反馈机制

设立反馈机制，观察观众在展览中的反应，根据观众的反馈调整信息呈现方式。这样能够及时了解观众的需求和反应。

（八）简洁而生动的语言

使用简洁而生动的语言，避免过度专业术语，以确保观众易于理解。信息的传递应该注重语言的普及性，使更多观众受益。

通过适度信息传递的设计，博物馆展览能够更好地满足观众的认知需求，避免信息过载，提高观众对展览内容的理解和接受度。

六、空间设计和流线性

博物馆展览设计需要考虑空间布局和观众流线性。合理的空间设计可以引导观众有序地浏览展览，确保他们能够逐步深入了解展览主题。流线性的考虑也能够避免拥挤和混乱，提升观众的参观体验。

（一）空间设计的重要性

博物馆展览的空间设计是确保观众能够有序、舒适地浏览展览内容的关键。每个展览区域的布局应该有明确的逻辑，以便引导观众按照展览的主题或故事线有序移动。合理的空间设计不仅能够提高展览的效果，还能够影响观众对展品的感知和理解。

（二）观众流线性的考虑

观众流线性是指设计展览空间时要考虑观众的自然移动路径。通过合理规划展区之间的连接通道和路径，可以使观众自然而然地顺着设计好的路线进行参观。这有助于避免拥挤和混乱，同时确保每个展品都能够得到适当的关注。

（三）创建有导向性的空间

在空间设计中，可以通过使用导向性元素来引导观众的目光和步履。例如，使用引导线、地板标记、光影效果等，来突显特定的路径或关键展品。这种设计手法有助于提高观众对展览内容的关注度，使他们更深度地参与其中。

（四）避免拥挤和交叉流线

通过仔细规划展区的布局，可以避免观众在狭小空间中拥挤，也可以防止观众流线交叉，导致混乱。合理划分展区并设置流畅的通道，使观众能够按照自然而然的流线有序地进行参观，提升整体的观展体验。

（五）创造休息和互动节点

在流线性规划中，还要考虑观众的休息和互动需求。设置合适的休息区域和互动节点，让观众在参观过程中可以有放松的机会，同时提供互动元素，增强观众的参与感。

（六）灵活性与可调整性

空间设计和流线性规划也需要具备一定的灵活性，以适应不同类型的展览和不同规模的观众。可调整的设计元素，如可移动的隔断、变化的光影效果等，使博物馆能够灵活地应对不同的展览需求和观众流量。通过充分考虑空间设计和观众流线性，博物馆可以创造出更具导向性和井然有序的展览空间，提升观众的参观体验，使他们更深度地了解和欣赏展览内容。

通过遵循这些展览设计的基本原则，博物馆可以创造出引人入胜、有深度、互动性强的展览，从而提升观众的参与感和满意度。这些原则相互交织，共同构成了一个成功的博物馆展览设计的基础。

第三节　多媒体技术在展览中的运用

博物馆展览中，多媒体技术的应用提供了丰富而引人入胜的体验，以下是多媒体技术在博物馆展览中的具体运用：

一、视频展示

在博物馆展览中，视频展示是一种强大的多媒体技术，播放与展览主题直接相关的视频，例如历史影片、专家访谈、实地探访等。这样的视频能够更生动地呈现展览内容，吸引观众的注意力。视频展示通过图像和声音的结合，为观众提供更直观的展览体验。观众可以通过影片感受历史事件、文化传统等，增加亲身参与感。利用大屏幕设置在展览空间的显眼位置，引导观众关注重要内容。大屏幕成为焦点区域，吸引观众主动走近，提高展览的可视性。在视频中引入专家解说，为观众提供更深入的专业知识。专家的解说可以帮助观众更好地理解展览主题，增加学术性和深度。利用视频展示的多样性，可以包括动画、纪录片、虚拟现实体验等。这样的多样化手法可以满足不同观众的喜好和学习方式。视频展示具有较高的吸引力，观众更容易被生动的画面和音乐所吸引。这有助于提高展览的留存度，使观众更愿意深度参与。视频展示可以灵活运用时间和空间，为观众提供历史事件的时间线、地理位置的变迁等信息。观众可以根据自己的兴趣选择观看。视频展示可以及时更新，反映最新的研究成果、历史发现等。这为展览增加了新闻价值，吸引更多观众参与。通过视频展示，博物馆展览得以更生动、更有趣的方式向观众传递信息，提升了展览的吸引力和教育效果。

二、交互式屏幕和触摸互动

在博物馆展览中,交互式屏幕和触摸互动是利用多媒体技术提升观众参与度的重要手段,以下是其具体应用和优势:交互式屏幕和触摸互动为观众提供了参与的机会,使他们成为展览的活跃参与者。通过手势、点击等方式,观众能够与展品互动,增强参与感。设置触摸屏供观众查看展品的详细信息,包括历史背景、艺术品解读、科学实验原理等。观众可以根据自己的兴趣深入了解展览内容。利用交互式地图,观众可以自主选择展览路线,了解展览空间的布局。这种个性化的导览方式增加了观众的自主性和探索欲望。通过触摸互动,可以呈现多样化的展示形式,如360度旋转展品、实时互动模拟等。这样的创新形式吸引观众主动参与,提升展览的趣味性。利用交互式屏幕和触摸互动设计教育性的互动体验,例如模拟科学实验、历史事件的互动演示等。这有助于观众更深入地理解知识点。提供多语言选项,观众可以通过触摸屏选择自己熟悉的语言,消除语言障碍,更好地理解展览内容。交互式屏幕可以实时更新信息,展示最新的研究成果或相关事件。观众还可以通过屏幕进行互动反馈,分享他们的看法和观点。将触摸互动与云端技术结合,观众可以在线分享他们的互动体验,与其他观众互动。这拓展了展览的社交范围。通过交互式屏幕和触摸互动,博物馆展览能够创造更加个性化、参与度高的观展体验,促使观众更深度地了解展览主题。

三、数字化导览

在博物馆展览中引入数字化导览系统,通过手机应用或导览设备为观众提供展览信息,以下是数字化导览的具体应用和优势:数字化导览系统可以根据观众的兴趣和偏好提供个性化的导览体验。观众可以选择关注特定主题、时期或艺术家，使导览更贴合其个人兴趣。通过手机应用或导览设备，观众可以随时获取展品的详细解说。这种实时性的信息传递帮助观众更深入地理解展览内容，增强学习效果。引入互动任务和挑战，观众可以通过数字化导览系统参与展览中的互动活动。这样的设计激发了观众的参与欲望，增加了展览的趣味性。数字化导览系统可以提供准确的室内定位功能，帮助观众更方便地找到感兴趣的展品。同时，导览路线的设置也使观众能够更有序地浏览整个展览。数字化导览系统可以支持多语言选项，消除语言障碍。观众可以选择自己熟悉的语言，更好地理解展览信息。导览系统的云端同步功能确保观众始终能够获取最新的展览信息。即使展览内容发生变化，观众也能及时获知。数字化导览系统可以与社交媒体集成，观众可以通过应用分享他们的展览体验、观点和照片，与其他观众进行互动。提供数字化学习资料，包括相关书籍、文章链接等，帮助对展览主题感兴趣的观众深入学习。通过数字化导览系统，博物馆展览能够更好地适应现代观众的需求，提供更个性化、便捷且丰富的导览体验。

四、3D 打印技术

通过 3D 打印技术制作展品模型，为博物馆展览带来了新的可能性和观众体验，以下是其具体应用和优势：3D 打印技术能够精确还原展品的细节，观众可以近距离观察并深入了解艺术品、文物或实物的细微之处，提升观赏体验。利用 3D 打印制作的模型可以让观众进行触摸和感受，增加观众的触觉体验。这对于特殊材质、形状或结构的展品尤为重要。博物馆可以根据展览需求定制 3D 打印的展品元素，从而创造独特而引人注目的展览内容。这种灵活性有助于个性化展览设计。对于科学类展览，3D 打印技术可以用于展示复杂结构、分子模型或科学原理，使抽象的概念更加具体可见，有助于观众理解。制作 3D 打印的展品模型可作为教育和学习工具，为学校团体、学生等提供更直观、实际的学习体验。这有助于知识的传递和理解。对于古老的文物或残缺的展品，3D打印技术可以用来制作缺失部分的模型，还原展品的完整性，使观众更好地理解其原貌。利用3D扫描和打印技术，博物馆可以数字化保存展品，以防止原件因时间流逝而受到损坏。这也为展品的长期保存提供了一种可行的方法。观众可以通过与3D打印的展品互动，提升参与感。这种新颖的展示方式吸引了更广泛的观众，特别是对科技和创新感兴趣的人群。利用3D打印技术可以更经济高效地制作展品模型，相比传统的制作方式，减少了制作成本和时间。3D打印技术的应用丰富了博物馆展览的形式，为观众提供更亲近、互动的学习体验，同时也为展览策划带来了更多创意和灵活性。

五、智能感应技术

通过引入智能感应技术，博物馆展览可以实现更智能化、互动化的体验，以下是其具体应用和优势：利用智能感应技术，展览区域能够感知观众的存在。这可以通过红外传感器、摄像头等设备实现，使展览能够及时了解观众的位置和行为。根据观众的位置和动作，智能感应技术可以触发相应的展示内容，提供个性化的展览体验。观众可以根据自己的兴趣和需求，定制展览的浏览路径和内容。智能感应技术可以与互动展示结合，使观众能够通过手势、声音等方式与展览进行互动。这种互动性能够增加观众的参与感，使展览更具吸引力。感应技术可以提供实时的观众数据和反馈信息，博物馆可以根据观众的行为和反应进行调整。这有助于优化展览设计，使其更符合观众的期望和需求。智能感应技术使展览区域能够根据观众的位置和动作切换情景。例如，当观众走近某个展品时，感应技术可以触发相关的音效、光影效果，营造更加沉浸式的展览体验。智能感应技术可以在没有观众存在时降低展览区域的能耗，例如关闭灯光、停止互动设备。这有助于节约能源，使博物馆更加环保。感应技术的应用可以为展览增加趣味性。观众可以通过与展览互动的方式，更加轻松愉快地学习和体验展览内容。智能感应技术可以将教育和娱乐结合起来，创造出更富有趣味性的展览体验。观众在参与互动的同时也能够获取知识。引入智能感应技术不仅提升了博物馆展览的科技含量，还为观众提供了更智能化、个性化的参观体验，使博物馆展览更具吸引力和创新性。

六、在线互动平台

在展览中，通过在线互动平台为观众提供参与的机会，拓展展览的社交层面。以下是具体的实施步骤：将展览与各大社交媒体平台集成，创建展览的官方社交账号，并提供展览特定的标签。在展览现场设置实时互动屏幕，显示观众在社交媒体上的分享和评论，营造实时互动氛围。设立每日或每周的互动主题，引导观众分享与展览相关的经历、思考或照片，并鼓励使用特定的展览标签。安排在线讨论会，邀请展览相关的专家、策展人或艺术家参与，与观众在线分享见解，并回答观众提问。提供虚拟导览体验，使远程观众能够通过在线平台远程参观展览，并与实地观众一同体验。设置展示屏或在线平台进行观众投票，例如对喜爱的展品、主题或互动活动进行投票，同时鼓励观众在线评论和互动。安排艺术家在线互动活动，例如艺术家的在线访谈、工作室参观等，使观众能够更深入了解艺术创作背后的故事。制作展览短片，通过在线平台分享展览幕后花絮、策展过程或特别展品的制作过程，增加观众对展览的兴趣。设立互动挑战，鼓励观众完成特定任务，如拍摄创意照片或回答展览问题，并提供奖励以增加参与度。在线互动平台上设立展览商店，观众可通过平台购买展览相关商品，扩大展览的影响力和商业价值。通过在线互动平台，展览将不再受限于地理位置，实现全球观众的参与与互动，为展览创造更加丰富的社交体验。

七、实时数字互动

为了实现实时数字互动，展览现场可以采用一系列数字化工具和技术，以激发观众的参与感和社交性。设置数字化的观众投票系统，让观众在展览现场参与到各种投票活动中，例如对展品喜好的投票、主题选择等。安装实时评论墙，将观众在社交媒体上的实时评论展示在展览现场，创造一个互动性强的展览氛围。在展品旁设置互动屏幕，通过触摸或手势等方式，观众可以获取更多展品信息、参与小测验或发表自己的见解。安排实时问答环节，观众可以通过手机或平板设备参与，提出问题并即时得到回答，促进展览内容的深度交流。设立专门的互动体验区，包括虚拟现实互动、实物摆放等，让观众能够更直接地参与到展览中，形成实时的互动体验。在观众投票或互动活动后，即时展示结果，让观众了解自己的选择与整体趋势，增强他们的参与感。利用数字技术创建实时画廊，展示观众通过互动设备创作的数字艺术作品，使观众的创意与展览互动。设计观众互动排行榜，根据观众的互动次数、分享次数等指标，展示在展览现场，激发更多观众参与。设立互动活动奖励机制，对参与度高的观众提供奖励，可以是展览周边商品、特别讲座邀请等。通过展览官方社交媒体账号进行实时互动，回复观众的留言、分享观众的照片，将社交媒体活动融入展览体验中。通过实时数字互动，展览现场将变得更加生动、活跃，观众可以在展览中实时参与、分享和互动，丰富展览的社交性和参与感。

八、虚拟展览和云展览

利用互联网技术创建虚拟展览和云展览，使观众可以在线参与展览，无论身在何处都能够体验展览内容。借助虚拟现实技术，创建一个虚拟展览平台，观众可以通过虚拟现实头戴设备或电脑浏览器进入虚拟展览空间，仿佛置身于实际展览场馆中。建设专门的云展览网站，通过网络浏览器即可访问。在网站上提供展览的数字化内容、导览信息、在线互动等功能，使观众无须前往实体场馆即可参与展览。创建虚拟艺廊，通过数字技术将艺术品以高清晰度呈现，观众可以在云端欣赏各种艺术作品，实现艺术品的远程观赏和交流。在云展览中提供虚拟导览和解说功能，观众可以通过语音或文字获取展品详细信息，增强虚拟展览的教育性和互动性。在虚拟展览中举办在线互动活动，如虚拟座谈会、网络研讨会等，让观众与策展人、专家进行远程交流。利用全景摄影和虚拟实景技术，使观众能够在云端实现展览场馆的实景漫游，探索展览空间。设计虚拟云展品，观众可以通过鼠标点击或手势互动，了解展品的历史、制作过程等细节。针对远程观众，开设远程观众互动区域，通过实时视频连线、云端互动平台等方式，使观众可以远程参与到展览活动中。利用社交媒体平台创建虚拟展览社交群体，观众可以在社交媒体上分享展览体验、互相交流，扩大虚拟展览的社交影响。运用数据分析工具，统计云展览的在线参观人数、观众反馈等数据，为展览策划和改进提供参考依据。通过虚拟展览和云展览，观众无论身在何处都能够参与到展览中，拓展了展览的覆盖范围，提高了展览的可及性和互动性。

九、多媒体讲解和音频导览

设置多媒体解说站点，观众通过触摸屏或扫描二维码，可以选择听取相应展品的详细解说，深度了解展览内容。提供个性化的音频导览服务，观众可以根据自己的兴趣选择不同主题的导览，定制展览参观路线。利用虚拟现实技术，为观众提供虚拟讲解体验，仿佛有专家在身边详细解说每个展品，增加观众的沉浸感。提供多语种的音频导览，满足不同观众群体的语言需求，使更多国际观众能够参与到展览中。在特定展区设置情景音效，通过音乐、声音效果等营造出展品所描述的历史场景或艺术氛围，提升观众的沉浸感。鼓励观众参与音频创作，分享个人对展览的感受、评论或故事，通过播放观众的音频内容增加展览的参与性。安排艺术音频表演，如朗诵、音乐演奏等，与展览主题相呼应，为观众带来更丰富的审美体验。利用声音识别技术，设置声音交互互动装置，观众可以通过语音与展览进行互动，提出问题或发表看法。设计音频教育活动，如讲座、专题讨论等，通过音频形式传递更深层次的知识，增加展览的学术性。提供可携带的音频导览设备，观众可以随时随地通过耳机聆听展品解说，方便个人参观。通过多媒体讲解和音频导览，观众可以以更轻松的方式深入了解展览内容，实现个性化的学习体验。通过运用多媒体技术，博物馆展览得以通过更丰富、更引人入胜的形式呈现，提升观众的参与度和学习体验。

第四节　参与性展览与互动体验

一、互动工作坊

互动工作坊作为展览的一部分，旨在创造观众参与的机会，将他们引导到创作或实践的过程中。这一互动形式不仅可以提高观众的参与感，还能够激发他们的创造力，使展览更具有深度和个性化。工作坊的主题应与展览密切相关，以确保观众的参与与展览主题一脉相承，达到深度体验的效果。观众可以通过实际动手的方式参与，例如绘画、手工制作、实验等，使他们更深入地了解和感受展览所呈现的内容。提供专业人员或艺术家的引导，以确保观众在实践过程中得到正确的指导，并促使他们在创作中展现出更多的想象力和创意。考虑设置不同难度或深度的活动，以满足不同观众的需求和兴趣水平，使工作坊适用于各类参与者。设计展示机会，让观众能够展示他们的创作成果，并与其他参与者分享经验。这种分享过程可以增进观众之间的交流与互动。设置反馈环节，收集观众对工作坊的感受和建议，以便后续改进和优化类似活动。通过互动工作坊，观众不仅成为观看者，更成为活动的参与者，深度体验展览主题，实现知识的创造性传递。

二、数字互动屏幕

数字互动屏幕是一种有效的展览工具，为观众提供即时而个性化的参与体验。以下是数字互动屏幕的设计要点：展览区域设置数字互动屏幕，观众可以通过触摸屏实时参与互动活动，例如投票、留言或评论。这种即时性的互动能够增加观众的参与感。保持数字互动的内容与展览主题密切相关，以确保互动体验与展览内容一致，促使观众更深入地思考和参与。提供多样化的互动方式，例如投票选择、问题回答、互动游戏等，以满足不同观众的兴趣和参与水平。观众可以即时分享他们的想法、评论或投票结果，这种实时分享能够创建展览现场的社交氛围，增进观众之间的互动。考虑设计个性化的互动体验，例如观众可以在屏幕上留下个性化的标记或签名，使他们感到展览与自己有更直接的连接。利用数字互动屏幕收集观众参与活动的数据，例如投票结果、互动次数等，为后续展览改进和评估提供有用的信息。通过数字互动屏幕，观众能够在展览中更积极地参与，实现展览内容与观众之间的双向互动，丰富展览体验。

三、参与性表演

参与性表演是一种强调观众参与的展览元素，通过邀请观众加入表演或演出，创造出独特的体验。以下是参与性表演的设计要点：互动性设计：确保表演或演出的设计具有互动性，观众可以参与其中而不仅仅是观看。这包括观众参与表演的角色、与演员互动等。在表演开始前，提供简要的引导或说明，使观众了解如何参与，以避免任何可能的困惑，确保他们能够充分参与到表演中。考虑观众的不同参与水平和舒适度，设计表演元素应该具有一定的适应性，使更多观众能够愿意积极参与。确保表演与展览主题密切相关，以保持整体一致性。观众通过表演可以更深入地理解和体验展览的核心概念。利用表演的情感元素引发观众的情感共鸣，使他们能够更深刻地体验展览所传达的信息，增强记忆和参与感。考虑在表演中设置机制，以获取观众的实时反馈，例如观众可以通过投票或评论表达他们的看法，以便后续的改进和评估。鼓励观众创造性地参与表演，例如提供一些自由发挥的空间，让观众能够根据个人感受和想法展开互动。通过参与性表演，观众不再是被动的观众，而是成为展览的一部分，融入展览的氛围中，创造出独特而丰富的展览体验。

四、个性化体验

个性化体验是一种展览设计的重要元素，旨在满足观众个体差异，提供定制化的参观体验。以下是关于个性化体验的设计要点：提供个性化的导览服务，允许观众根据自己的兴趣和喜好选择特定的导览路线。这可以通过导览应用程序、导览设备或工作人员提供的个性化建议来实现。在展览内容中标注不同兴趣点，并根据观众的选择进行匹配。这有助于观众更有针对性地了解他们感兴趣的主题和展品。在展览中设置互动选择点，观众可以在特定的展品或区域做出选择，以决定他们想要深入了解的方向。利用虚拟现实或增强现实技术，提供虚拟导览体验。观众可以通过虚拟环境中的选择来定制他们的参观路径和内容。在展览中设置个性化互动点，观众可以通过与展品互动，将自己的观点或反馈纳入展览中，从而创造个性化的参与体验。考虑设计一个系统，能够根据观众在展览中的实时反馈和行为，调整展览的呈现方式，以更好地满足他们的需求。鼓励观众积极参与展览的创造，例如提供个性化的展览元素或创作空间，使观众能够以个性化的方式表达自己对展览主题的理解。通过个性化体验，观众可以在展览中找到更符合个人兴趣和偏好的参与方式，从而提高他们的满意度和参与感。

五、手工艺工作坊

手工艺工作坊是一种极富参与性和互动性的展览元素，通过观众亲自动手制作手工艺品，提供了深度参与和创造性表达的机会。以下是关于手工艺工作坊的设计要点：确保手工艺工作坊的主题与整个展览的主题相关联，以保持一致性和连贯性。观众通过手工艺制作能够更深入地体验展览的核心概念。提供简单明了的制作指导，使观众能够轻松理解并参与手工艺制作过程。指导可以通过文字、图示或工作人员的解说来呈现。提供多样化的手工艺品制作选择，以满足不同观众的兴趣和技能水平。这样可以吸引更广泛的观众参与。将手工艺品制作与展览内容直接衔接，使观众通过制作手工艺品更深刻地理解展览的主题。制作的手工艺品可以是展览中的符号或象征。设计工作坊的空间布局，以促进观众之间的互动和交流。观众在制作手工艺品的过程中可以分享想法，增进彼此之间的交流。设计一个区域，用于展示观众制作的手工艺品，并鼓励他们分享制作的心得和经验。这也可以成为吸引其他观众参与的激励。确保制作的手工艺品具有一定的纪念价值，让观众可以带回家作为展览的纪念品，增加参与的满足感。创建一些需要多人协作制作的手工艺品项目，促进观众之间的协作和团队合作。通过设计一个有趣、与展览相关且引人入胜的手工艺工作坊，可以使观众在参与的过程中更好地融入展览主题，创造出独特而有意义的体验。

六、观众互动平台

在设计观众互动平台时，需要考虑如何让观众在展览结束后继续参与、分享和讨论展览内容。以下是观众互动平台的设计要点：创建一个在线社区或专属平台，供观众注册并参与。这可以是一个论坛、社交媒体群组或专门的展览互动网站。设立不同的话题板块，与展览的不同部分或主题相关。观众可以选择自己感兴趣的话题进行讨论，分享观点和体验。提供观众展览回顾的空间，让他们分享对展览的整体印象、喜爱的展品，以及他们认为值得一提的亮点。鼓励观众在互动平台上分享他们在手工艺工作坊或其他互动环节制作的作品。这样的分享可以激发其他观众的兴趣。设计一些互动任务，如回答问题、上传展览照片、制作短视频等，以促进观众参与。完成任务可以获得一些小奖励或特别权限。安排专家在线时间，与观众进行互动。这可以是在线问答、专家分享会或直播讨论等形式，增加互动的深度。设立投票和排名功能，让观众可以选择他们最喜欢的展品、互动环节或其他相关主题。这可以形成一个有趣的竞争和互动。提供一些与展览相关的延伸内容，如深度解读、幕后花絮、数字资料下载等，使观众能够进一步了解展览的内容。在观众互动平台上设立实时互动环节，例如直播访谈、在线导览等，让观众能够与展览相关的内容保持实时联系。在互动平台上集成社交分享功能，让观众可以轻松分享自己在平台上的参与和互动，扩大展览的影响力。通过巧妙设计观众互动平台，可以延续展览的社交互动，加深观众与展览之间的联系，同时创造出更具吸引力的数字体验。

七、云展览和在线互动

在设计云展览和在线互动时，关键在于创造一个虚拟的展览空间，使观众能够在互联网上融入展览体验。以下是设计云展览和在线互动的要点：借助虚拟现实或三维技术，创建一个虚拟的展览空间。观众可以通过计算机、VR 设备或智能手机访问这个虚拟空间。将展览中的实体展品数字化，以高质量的图像、视频或 3D 模型呈现在虚拟展览空间中。观众可以通过点击或手势与这些数字展品互动。在云展览的网站或应用上建立在线互动平台，让观众可以在展览后继续在线参与，分享他们的想法、评论和观点。提供虚拟导览功能，让观众可以在虚拟展览空间中自由导航。同时，设立虚拟解说员，为观众提供背景信息和解说。安排一些实时云活动，如在线讲座、虚拟导览直播、专家问答等，以拉近观众与展览的距离。设计一些在线互动任务，与实体展览中的互动相似，观众可以完成任务并在平台上展示成果。集成社交分享功能，让观众可以轻松分享他们的虚拟展览体验到社交媒体，扩大展览的传播范围。提供在线数字展览册，包括展品详细信息、相关故事、艺术家或学者的介绍等，以便观众深入了解展览内容。鼓励观众通过上传图片、写评论、参与在线投票等方式参与云展览，使他们成为虚拟展览中的一部分。确保云展览平台具有良好的技术兼容性，能够适应不同设备和网络状况，提供流畅的虚拟展览体验。通过巧妙地融合虚拟展览和在线互动元素，可以创造出一个更广泛、更灵活的展览体验，使观众可以在任何时间、任何地点参与展览。

八、实时数字互动

实时数字互动是展览中引入观众实时参与的一种有效方式。设立数字投票站，通过观众投票来进行实时统计。这可以是有关展览内容、特定主题或展品的投票，以获得观众的意见和喜好。在展览区域设置一个实时评论墙，观众可以通过手机或平板设备发布实时评论。这些评论可以显示在展览空间中，与其他观众分享想法。利用大屏幕或互动屏幕，展示观众实时的互动结果，如投票数据、实时评论，增加展览的动态性。在展览现场设定展品或展览特定的社交媒体标签，鼓励观众通过社交媒体实时分享他们的展览体验，这可以通过展示在大屏幕上来实现。设计一些与展览相关的实时互动游戏，观众可以通过手机或其他设备参与，增加趣味性和互动性。利用数字技术，设计简短的实时调查问卷，观众可以在展览中即时回答，为策展团队提供反馈。设置一个观众推荐区域，观众可以推荐他们喜欢的展品或提供有趣的展览互动建议，这些推荐可以实时显示。在展览现场组织一些实时云活动，如在线专家问答、虚拟导览直播等，观众可以通过数字平台参与。设立一个观众互动墙，集中展示观众的实时反馈、照片或评论，形成一个共享的社区感。如果有展览专用的移动应用，可以通过应用实现观众实时互动，包括投票、评论、导览等功能。通过引入这些实时数字互动元素，展览不仅能够更好地吸引观众，还能够及时了解他们的反馈和参与度，为展览体验增添更多生动和丰富的层次。

九、参与性教育活动

安排专门的工作坊，以展览主题为基础，让观众亲身参与实践。这可以包括手工艺制作、实验室模拟等。组织小组讨论会，让观众能够分享他们对展览内容的看法，与他人交流意见，并深入思考展览主题。邀请相关领域的专家进行专题讲座，深入解析展览主题，为观众提供更深层次的知识。利用互动元素，进行观众参与的演示，使观众能够在参与中学到知识，例如科学实验演示或历史重现。设立观众分享会，邀请有经验或专业背景的观众分享他们的见解，与其他观众互动交流。提供教育任务卡，让观众在展览中完成一系列任务，以促使他们更深度地了解展览主题。设计互动导览活动，观众可以在导览中参与问题解答、寻找特定展品等，增加互动性和学习体验。开展与展览主题相关的创意比赛，如绘画、写作等，鼓励观众通过创作表达对展览的理解。创建观众论坛，提供一个平台让观众在展览后继续讨论、提问，形成一个社群，共同分享学习心得。如果展览涉及多个学科，设计跨学科的互动活动，使观众能够综合运用不同学科知识。通过这些参与性教育活动，观众不仅能够被动地接受展览信息，更能够通过亲身参与，深度理解和体验展览主题，提高学习的深度和广度。

十、观众反馈机制

设计简洁而有针对性的观众问卷，覆盖展览内容、互动体验、布局设计等多个方面。问卷可以包括开放性问题，让观众有更多表达意见的空间。提供电子反馈邮箱，让观众可以随时通过邮件形式提供反馈。确保邮箱地址明确可见，鼓励观众分享他们的看法和建议。利用在线调查平台，创建展览反馈的调查表，方便观众在线提交反馈。这可以通过博物馆的官方网站或社交媒体进行发布。利用博物馆的社交媒体平台，开展观众互动。通过评论、留言等形式，收集观众的实时反馈。博物馆可以设立特定的展览反馈主题标签，方便观众分享和查找反馈信息。在展览现场设置反馈站点，提供纸质问卷，让观众在参观完毕时能够直接填写反馈表。同时，设立专人解答观众疑问，收集口头反馈。利用技术手段，如展览现场的投影屏幕或应用程序，设立实时评价系统，让观众能够即时提供评价和建议。定期组织观众沙龙，邀请参展观众共同交流，分享他们的感受和建议。这种形式有助于形成展览社区，增加观众参与感。设计观众参与反馈的奖励机制，鼓励更多的观众积极参与。奖励可以是门票优惠、特别参观机会等。对收集到的反馈数据进行系统性的跟踪和分析。通过定期汇总和分析，博物馆能够更好地了解观众需求，及时做出调整和改进。为观众提供反馈回应机制，确保他们知道他们的反馈被看到，并且有关部门会采取措施进行改进。通过建立健全的观众反馈机制，博物馆可以更全面、深入地了解观众的需求和期望，从而不断提升展览的质量和参与度。通过以上互动体验和参与性展览的手段，展览能够更好地与观众互动，激发他们的兴趣和创造力，创造出更丰富的展览体验。

第三章　文物数字化与虚拟展览

第一节　文物数字化的概念与技术手段

文物数字化是指通过先进的技术手段,将文物的实体形态以数字化的方式记录、保存和展示。这既有助于文物的保护,又能够为广大观众提供更为便捷和深入的文化体验。

一、概念

(一) 数字化记录

在文物数字化的过程中,数字化记录是关键的一步。这一步骤旨在将实体文物以数字形式保存,为后续的保护、研究和展示提供基础。

1.高清拍摄

高清拍摄是文物数字化中常用的手段之一,旨在通过高分辨率的图像捕捉文物的细节、纹理和颜色。使用高分辨率相机或摄像设备,确保图像具有足够的细节,能够准确呈现文物表面的微观结构。通过高清拍摄,可以尽可能准确地还原文物的真实颜色。这对于有彩色元素或绘画的文物尤为重要。高清拍摄能够捕捉到文物表面的微小细节,包括纹理、刻痕、装饰等。这对于研究文物的工艺和工艺技术至关重要。与某些其他数字化手段相比，高清拍摄通常是一种非侵入性的方法，对文物本身造成的影响很小，减少了可能的损伤风险。选择适用于文物的高分辨率相机或摄像设备。确保设备的设置和校准以达到最佳的图像质量。安排适当的光源，以确保文物表面均匀照明，减少阴影，并避免过度曝光或过度阴影。为了防止图像模糊，确保拍摄过程中文物和相机都保持相对静止。使用三脚架或其他支撑设备有助于提高稳定性。从不同角度拍摄文物，以确保捕捉到各个方面的细节。这有助于创建全面的文物数字模型。对拍摄的图像进行后期处理，包括调整颜色平衡、修复可能的缺陷、增强对比度等，以提高图像的质量。高清拍摄是一种广泛应用的文物数字化方法，为保存、研究和展示提供了高质量的数字图像资源。

2. 多光谱成像

多光谱成像是一种通过拍摄文物在不同波段的图像来获取更多信息的数字化手段。多光谱相机能够拍摄多个波段的图像，通常包括可见光、红外线和紫外线等。这些波段可以揭示文物表面的不同特性。不同波段对文物的材质、结构和化学成分有不同的敏感性。多光谱成像可以帮助分析文物的材质和组成。一些细节在可见光下可能不明显，但在其他波段下显现出来。多光谱成像有助于揭示文物的隐秘细节，如修复痕迹、底层绘画等。多光谱成像通常是一种非破坏性的数字化手段，对文物的保护相对较好。

根据文物的特性和研究需求，选择适当的波段进行成像。设置多光谱相机以确保准确的波段捕捉。确保文物表面清洁，减少外部因素对图像的影响。在需要的情况下，可能需要进行光源校准。在不同波段下拍摄文物的图像序列。确保相机和文物的相对位置保持一致，以获得准确的对比。将拍摄得到的图像数据整合到一个多光谱图像数据集中。这可能涉及对图像进行配准和标定，以确保它们对应正确。利用多光谱图像进行数据分析，包括反映文物特性、检测隐秘细节、进行材质分析等。多光谱成像在文物研究和数字化中发挥着重要的作用，为文物的科学分析提供了更多的维度和深度。

3.红外线摄影

红外线摄影是一种通过拍摄文物在红外波段下的图像来获取更多信息的数字化手段。红外线能够穿透文物表面，显示底层的绘画、修复痕迹或文物内部的结构，使得隐藏的信息能够浮现出来。通过红外线摄影，可以揭示文物的历史演变过程，包括不同时期的绘画、修复和修改。红外线摄影通常是一种非破坏性的数字化手段，有助于文物的保护和保存。适用于绘画、纸质文物、油画等多种类型的文物，特别是那些有多层修复或绘画的文物。

在进行红外线摄影之前，需要确保文物表面干净，并在必要时进行光源的调整。使用专业的红外线相机或红外线滤光片，调整相机参数以适应红外线波段的拍摄。在红外线波段下对文物进行拍摄。确保光源和相机位置的稳定，以获得清晰的图像。将红外线图像整合到文物的数字数据集中。可能需要进行图像处理和校准，以确保图像的质量和准确性。利用红外线图像进行数据分析，揭示文物的底层绘画、修复痕迹和其他潜在信息。红外线摄影在文物研究中是一种强大的工具，通过揭示文物内部和历史的隐藏信息，为研究人员提供了更多深度和维度的观察。

4.X射线成像

X射线成像能够穿透文物表面，显示其内部的结构、组织和构造。这对于封闭或包裹的文物，如古代封存的文献卷轴或密封的陶罐，提供了查看内部的非侵入性方法。对于易受损的文物，如古代手稿、绘画或雕塑，X射线成像可以帮助鉴定潜在的结构问题、裂缝或修复，为文物保护和修复提供参考。对于尚未解码或破译的文物，X射线成像可以提供内部文本或图案的线索。这对于研究古代手稿、碑文或未知文字的文物尤为有用。在考古研究中，X射线成像可以用于查看封土文物的内部情况，而无须打开或破坏文物。这有助于保持考古现场的原始状态。X射线成像还可以用于检测文物的材质和工艺技术。这对于确认文物的真伪、年代和制作工艺具有重要价值。在应用X射线成像时，需要注意对辐射的控制，以确保文物和操作人员的安全。这一数字化手段在文物研究和保护中发挥着重要作用，为研究人员提供了一种深入了解文物内部的非侵入性方法。

5.数据采集

利用高分辨率相机或摄像设备进行高清拍摄，捕捉文物表面的细节、纹理和颜色信息。这些高质量的图像对于还原文物外观至关重要。使用多光谱相机拍摄文物在不同波段的图像，获取文物的颜色信息和隐藏的细节。不同波段的光谱可以揭示文物的不同属性。红外线摄影用于查看文物表面下的隐秘细节，如底层绘画或修复。红外线透视可以揭示文物的历史演变。对于需要查看文物内部结构的情况，使用 X 射线成像获取文物的内部信息。这有助于研究封闭或包裹的文物，而无须实际打开它们。将采集到的各类数据进行整合，并以数字化形式存储。这可能包括三维模型文件、图像文件、颜色纹理信息等，确保数据的完整性和可访问性。数据采集阶段是文物数字化的基础，确保了后续数字化过程中所需的信息完备和准确。这些数字化手段为文物的保存、研究和展示提供了全新的途径。

6.标定和测量

标定是为了确保数字模型与实际文物的尺寸、比例和几何形状相匹配。通过进行标定和测量，可以验证数字模型的准确性，使其成为实际文物的可靠代表。标定和测量过程包括对文物数字模型的各个部分进行尺寸测量。这对于研究文物的具体尺寸、形状和结构至关重要，特别是在进行复制或修复时。对文物数字模型的坐标进行校准，确保其在虚拟环境中的位置和姿态准确无误。这对于在数字化平台上进行进一步的研究和展示至关重要。标定和测量有助于确保数字记录的一致性。通过对文物的各个方面进行详细测量，可以消除潜在的误差，保持数字模型的内部一致性。如果数字模型在采集过程中存在任何尺寸失真，标定和测量阶段可以用于调整模型的比例，使其与实际文物保持一致。在进行标定时，选择文物上具有代表性的标定点是关键的。这些点的准确标定有助于建立数字模型的准确坐标系。通过标定和测量，数字模型可以更准确地反映实际文物的特征，为后续的数字化应用提供可靠的基础。这个阶段的精确性对于文物保存、研究和展示的各个方面都具有重要意义。

7.图像处理

图像处理可以应用于提高图像的清晰度和细节，使文物的表面纹理和特征更加清晰可见。对文物进行数字化时，原始图像可能受到光照、阴影或摄影仪器件的影响而产生缺陷。图像处理可以用于修复这些缺陷，提高图像的质量。如果数字化的图像中存在颜色失真或不准确，图像处理可以用于颜色校正，使文物的真实颜色更加准确地呈现，对图像进行去噪和平滑处理，可以消除可能由光照或拍摄设备引起的杂散，提高图像的质量。图像处理技术可以应用于增强图像的对比度，使文物的轮廓和细节更加明显。如果采用了多光谱成像技术，图像处理可以用于将不同波段的图像合成，形成全面的多光谱图像。对于通过不同方式获取的图像，图像处理可以用于融合这些图像，创造更全面和综合的文物表现。图像处理可以用于透视校正，消除文物数字模型中可能存在的透视畸变。通过图像处理，数字化的文物图像可以得到更高质量、更真实的呈现，为文物的数字化记录提供更具表现力和信息量的素材。

数字化记录的目标是以最真实、准确的方式呈现文物的外观和结构。通过这一过程，文物可以在数字空间中得到保留，同时为未来的研究和展示提供了基础。

（二）数据存储与管理

创建专门的数字数据库，将文物的数字信息以结构化的形式存储。数据库设计要考虑到文物的分类、属性和关联关系，以方便后续的检索和管理。考虑使用云存储技术，将数字文物数据存储在云端。这样可以提高数据的安全性、可访问性和可扩展性，同时降低本地存储设备的依赖。实施定期的数据备份策略，确保数字文物数据的安全性。备份的数据可以用于在意外数据丢失时进行恢复，保障数字化记录的完整性。建立严格的权限管理体系，限制对数字文物数据的访问和修改权限。确保只有授权人员能够对数据进行操作，防止不当访问和篡改。在数据库中记录详细的元数据信息，包括数字文物的来源、采集时间、制作者等信息。这有助于追溯数字文物数据的历史和确保数据的可信度。对数字文物数据的修改和更新实施版本控制，记录每次修改的内容和时间。这有助于跟踪数字文物数据的演变过程，避免误操作导致的问题。采用数据加密技术，保障数字文物数据在传输和存储过程中的安全性。这对于保护文物信息的机密性至关重要。在数据库中建立数字文物之间的关联关系，使研究人员和展览策划者能够更全面地了解文物之间的联系和背后的故事。通过科学合理的数据存储与管理，数字文物的信息可以更好地被保护、利用和传承，为文物研究、展览和教育提供坚实的基础。

（三）**数字展示与体验**

利用虚拟现实技术创建虚拟博物馆，使观众可以通过头戴式设备或计算机浏览器进入虚拟空间，仿佛置身于实际博物馆中。这提供了更真实、沉浸式的文物展览体验。创建在线数字展览平台，通过网页或应用程序呈现文物的数字化信息。观众可以在任何时间、任何地点通过互联网参与展览，方便广大观众的访问。在数字展示中加入交互元素，例如触摸屏、手势识别等技术，使观众能够与虚拟文物进行互动。这提供了更灵活、个性化的参与体验。利用全景摄影和全景视频技术，展示文物的全貌。观众可以通过拖拽或移动设备，360度全方位地欣赏文物的各个角度。利用AR技术，通过智能手机或AR眼镜，将虚拟文物叠加在现实世界中，使观众能够在实际场景中体验虚拟展品。在数字展示中加入多媒体解说，包括音频、视频、文字等形式，为观众提供更丰富的文物背景和解读信息。利用模拟技术，使观众能够模拟特定历史时期或文化环境，更深入地理解文物的历史背景。提供虚拟游览导览功能，让观众自由选择参观路线，自主决定关注的文物和主题，增加个性化的展览体验。数字展示与体验的创新使文物能够跨越时空，被更广泛地传播和理解，为观众提供了更灵活、多样的参与方式。

二、技术手段

（一）多光谱成像技术

多光谱成像技术是一种利用不同波长的光线来获取物体图像的技术。在文物数字化领域，这项技术的应用十分广泛。多光谱相机能够同时捕捉文物在可见光和近红外等不同波段的图像。这有助于揭示文物表面和底层的细节，包括颜色、纹理、化学成分等。多光谱成像技术能够揭示文物表面的隐匿细节，如古代绘画中的底层绘画、修复痕迹等。这有助于研究人员更深入地了解文物的历史和制作过程。通过多光谱成像，可以对文物的材质进行分析。不同的波段可以反映出不同的物质属性，帮助研究人员了解文物的材料组成。多光谱成像技术在文物保护方面发挥重要作用。通过检测文物表面的裂缝、腐蚀等问题，及时采取保护措施，防止进一步损害。多光谱成像生成的图像可以被数字化记录，成为文物数字数据库的一部分。这有助于文物的远程研究和在线展览。多光谱成像技术为文物的研究和展览提供了更为全面和深入的信息。这有助于展示文物的多层次特性，吸引观众深入了解文物的历史和文化价值。综合而言，多光谱成像技术在文物数字化中的应用为文物的研究、保护和传播提供了强大的工具和手段。

（二）数据库与信息管理系统

建立文物数字数据库和信息管理系统是文物数字化的关键步骤，这有助于有效管理、存储和检索文物的数字信息。以下是相关方面的考虑：

1. 数据库设计

在进行数据库设计时，确保考虑到文物数字化的多方面需求和后续应用。以下是数据库设计的关键方面：文物基本信息包括文物的名称、年代、来源、尺寸、保存状态等基本属性。这些信息为文物的身份识别和基本描述提供支持。存储文物的三维数字模型数据，确保模型的准确性和完整性。这部分数据对于虚拟展览、数字化重建等方面的应用至关重要。图像文件包含高清拍摄、多光谱成像、红外线摄影等获得的图像文件。这些图像对于研究文物的细节、颜色、材质等方面提供了可视化的支持。记录文物经过的各种材料分析，如化学成分分析、纹理分析等。这对于了解文物的制作工艺和材料特性具有重要意义。历史背景包含文物的历史背景、过去的所有者、相关事件等信息。这有助于揭示文物的过去与故事。记录文物数字化的具体过程，包括采集设备、技术规格、数字化步骤等。这有助于追溯数据的来源和准确性。元数据标注提供对文物数字化数据的详细描述，包括元数据标准、标签、关键词等。这有助于数据的分类和检索。设计合适的用户权限系统，确保只有授权用户可以访问和修改数据库中的信息。这有助于数据的安全性。考虑数据库表之间的关联关系，以支持复杂的查询和分析。确保数据库在应对大规模数据时具备良好的查询性能。使数据库设计具备一定的灵活性和可扩展性，以适应未来可能的需求变化和技术更新。在数据库设计中，综合考虑这些方面可以确保文物数字化数据的全面性、准确性和可用性。

2. 数据标准

在制定文物数字化的数据标准时，需要考虑以下关键方面，以确保文物信息的一致性和标准化：确定文物的命名规范，包括对于名称、编号、分类等的规范化标准。这有助于避免重复、混淆或歧义。确定数据的格式标准，例如日期的表示格式、尺寸的单位标准等。统一的数据格式有助于数据的集成和比较。制定元数据的标准，包括对于各类信息的描述规范、标签的使用等。元数据的标准化有助于数据的解释和管理。设计文物分类体系和编码体系，确保文物按照一致的标准进行分类和编号。这有助于组织和检索文物信息。制定文物数字化数据的质量标准，明确数据的准确性、完整性和一致性等方面的要求。这有助于提高数据的可信度。对于文物数字化过程中的标注和标记，制定标准规范，确保标注的一致性和可理解性。这对于后续的数据利用至关重要。确定数据的交换格式，使得文物数字化数据能够在不同系统和平台之间进行有效的交流和共享。通用的标准格式有助于数据的互操作性。制定权限控制的标准，明确用户在数据访问和修改方面的权限。这有助于保护文物数据的安全性。制定文物数字化的数据采集流程标准，确保采集过程的规范性和可追溯性。这有助于数据的可控性。设计数据更新和维护的标准，确保文物信息能够及时、准确地得到更新。这有助于保持数据的时效性。通过制定这些数据标准，可以促进文物数字化数据的质量、一致性和可管理性，为后续的研究、展览和保护工作提供基础支持。

3.信息管理系统

选择和建立一个专业的信息管理系统是确保文物数字化数据安全和有效管理的关键一步。以下是信息管理系统可能包括的功能：确保系统中的用户拥有适当的权限，以限制他们对文物数据的访问和修改。不同用户可能需要不同级别的权限，例如只读、修改或管理员权限。对文物数据进行版本控制，确保能够追踪数据的修改历史。这有助于防止误操作、记录数据的演变过程，并在需要时回溯到先前的版本。定期对文物数据进行备份，以防止数据丢失或损坏。备份是应对硬件故障、人为错误或其他意外情况的重要手段。对文物数据进行加密，确保在传输和存储过程中的安全性。这有助于防止未经授权的访问和信息泄漏。提供强大的搜索和检索功能，使用户能够快速、准确地找到所需的文物信息。这有助于提高工作效率。建立数据之间的关联和链接，使用户能够在不同数据之间进行导航和理解。这有助于呈现文物的整体信息。提供生成报告和统计数据的功能，以分析文物数据的使用情况、趋势和特征。这对于决策制定和展览策划具有重要意义。如果可能，系统应提供移动端支持，使用户能够在移动设备上访问和管理文物数据，增加灵活性。将数据存储于云端，提供灵活性、可扩展性，并确保数据的安全性和可访问性。实施审查和审核机制，确保文物数据的准确性和一致性。这有助于防止错误或虚假信息的传播。通过整合这些功能，信息管理系统能够有效地支持文物数字化工作，并为后续的研究、展览和保护提供可靠的基础。

4. 元数据标注

元数据标注是文物数字化工作中非常重要的一环，它提供了有关数字化数据的关键信息，帮助用户更好地理解文物背后的历史和文化背景。每个文物都应有一个唯一的标识号，用于区分不同的文物。记录文物的原始来源，包括捐赠、购买、发掘等方式，以及当前的归属情况。提供关于文物历史和文化背景的详细信息，包括时代、地区、历史事件等。描述文物数字化的具体过程，包括使用的技术、设备、分辨率等。记录文物的实际尺寸和重量，这对于后续研究和展览设计可能很重要。描述文物的材质和构造，包括可能的材料成分和制作工艺。记录文物的当前状态，包括是否有损坏、需要修复等情况。如果适用，提供文物的版权信息，确保数字化数据的合法使用。记录文物在过去的使用和展览历史，包括曾经参与的展览和活动。提供与文物相关的文献和研究信息，帮助研究者更深入地了解文物。描述为保护和保存文物采取的具体措施，确保文物在数字化过程中得到妥善保护。元数据标注的质量和详细程度对于文物数字化的价值和可用性至关重要。它不仅使文物数据更容易被管理和检索，还为后续的研究和展览提供了重要的背景信息。

5. 检索功能

检索功能在信息管理系统中的重要性不可忽视。一个强大的检索功能可以大大提高文物数字化数据的可用性和可访问性。全文检索功能允许用户通过输入关键词或短语来搜索整个文物数据库，从而找到包含相关信息的文物记录。提供高级检索选项，使用户能够以更精细的方式过滤和定位搜索结果，例如按日期范围、文物类型、地区等条件进行检索。允许对文物进行标签和分类，使用户可以按照事先定义的标签或分类检索文物，提高检索的准确性。提供结果过滤和排序选项，使用户能够根据不同的属性对搜索结果进行排序和筛选，以便更容易找到所需的文物信息。如果文物涉及地理位置信息，可以提供地理信息检索功能，使用户可以按照地理位置进行检索。如果文物涉及多语言信息，支持多语言检索，以适应不同用户的语言需求。允许用户保存常用的检索条件，方便他们在未来的研究中快速检索相似的文物信息。在搜索结果页面提供数据联动功能，使用户能够快速跳转到相关的文物信息或其他相关数据。这些功能的结合将为研究人员和策展人提供更便捷、高效的文物检索体验，使他们能够更好地利用文物数字化数据进行研究和展览策划。

（三）云计算与大数据

云计算是一种通过网络提供计算服务的技术，其基本原理是将计算资源（包括存储、处理和网络等）集中在云端服务器上，用户通过网络访问这些资源。在文物管理中，云计算技术可以用于存储文物数据、进行数据处理和分析。大数据是指规模大、类型多样且更新快速的数据集合，其处理和分析需要更强大的计算能力。云计算通过其弹性和可扩展性的特点，为大数据的存储和处理提供了理想的平台。云计算使文物管理者能够将庞大的文物数据存储在云端，实现高效管理。这包括文物的详细信息、图像、文档等多样化的数据形式。云计算平台具有弹性扩展的能力，可以根据需求灵活调整计算和存储资源。这使得文物机构能够应对数据规模的变化，不必为了应对峰值负载而投入大量资源。大数据分析可以帮助文物管理者更好地理解文物数据的趋势和特征。通过云计算，可以实现对大规模文物数据的实时分析，提供及时的决策支持。云计算使得文物数据能够被多个地点的用户同时访问，实现了远程协作。这对于多地点的文物研究和管理团队是非常有益的。文物数据存储在云端数据库中，可以根据需要选择公有云或私有云。这样的存储方式既提高了数据的可用性，也增强了数据的安全性。云计算平台提供了大量计算资源，使得大规模的文物数据可以进行复杂的分析，例如模式识别、数据挖掘等。通过大数据分析的结果，文物管理者可以采用可视化的方式呈现文物数据的关联、趋势等信息，提高数据的理解和利用价值。云计算平台通常具备强大的安全性和备份机制，确保文物数据的安全性和可靠性。通过云计算和大数据技术的应用，文物管理者可以更加高效地处理和管理大规模的文物数据，为文物保护、研究和展示提供了有力的支持。

（四）人工智能（AI）

利用人工智能算法，文物图像可以被智能分类。这包括对文物的类型、时代、材质等属性进行自动化的识别和分类。这种智能分类可以减轻人工分类的负担，提高效率。人工智能可以被训练用于检测文物图像中的损伤和瑕疵。这有助于文物保护者更早地发现潜在的问题，并采取措施进行修复和保护。通过深度学习和神经网络等技术，人工智能可以帮助识别文物图像中的关联关系。例如，对于分散在不同地点的文物片段，AI可以帮助重构它们的关联性。通过人工智能，文物图像可以自动进行数据标注。这包括对文物图像中的各个元素进行自动标记，使得文物信息更加丰富。AI技术可以用于文物图像的增强，提高图像质量和清晰度。这对于研究和展示中的图像优化至关重要。利用人工智能对文物图像进行分析和识别，可以构建数字化的文物档案。这些数字档案不仅提供了便捷的访问方式，还为文物的长期保存提供了数字备份。通过AI处理文物图像，可以实现虚拟展览的创建。这使得人们可以通过互联网远程参观文物，提高文物的可访问性。研究人员可以利用AI对大规模的文物图像数据进行分析，发现隐藏的关联和趋势，为文物研究提供更深入的支持。总体而言，人工智能在文物图像分析和识别方面的应用为文物管理、保护和研究带来了新的机遇和效益。这不仅提高了工作效率，还推动了文物领域的数字化和智能化发展。

（五）数字化文物保护技术

利用先进的数字扫描技术，文物可以被高精度地数字化。这包括对文物表面的微观结构和纹理进行详细扫描，以获取尽可能准确的数字模型。数字化修复通常涉及三维建模，使文物能够以数字形式呈现。这为文物的虚拟修复提供了基础，同时也可以用于创建数字档案。基于数字模型，文物可以进行虚拟修复。修复过程可以通过计算机模拟，为保护者提供了在实际处理文物之前测试修复方法的机会。利用各种传感器，文物的状态可以进行实时监测。例如，温湿度传感器可以帮助监测文物所处环境的变化，红外线传感器可以检测文物表面的温度分布。在数字化文物保护中，一旦监测到文物状态的异常，系统可以自动触发远程报警。这使得保护者能够及时采取行动，保护文物免受损害。利用数字技术，文物可以在虚拟空间中进行数字化展览。这为公众提供了远程欣赏文物的机会，同时也减少了实体展览对文物的潜在损害。数字化文物保护技术还可用于教育领域。通过数字模型和虚拟修复，学生可以更深入地了解文物保护的原理和方法，促进文化遗产的传承。数字化文物保护技术支持建立全面的数字档案。这些数字档案包含了文物的详细信息，从而方便管理者和研究者进行远程访问和研究。利用数据库技术，文物保护者可以更好地管理大量文物信息。这包括修复记录、监测数据、文物背后的历史和文化信息等。数字化文物保护技术的不断发展为文物的长期保存和传承提供了先进的工具和方法。通过数字技术，文物得以在虚拟和数字环境中得到更好的保护和传播。

  文物数字化不仅为文物的保护和研究提供了新的途径，也为文化传承和公众教育带来了更多可能性。通过数字技术，人们能够以更全面、深入的方式了解和欣赏文物的历史和文化价值。

第二节 虚拟博物馆的发展与应用

一、发展历程

虚拟博物馆的演进经历了几个关键阶段：

（一）数字化展览初期

在 20 世纪 90 年代，博物馆迈向数字化展览的初期阶段，这一时期的发展呈现以下特征：博物馆开始将部分珍贵的展品数字化，通过高质量图片和相关文字信息呈现在互联网上。这使得用户可以通过计算机浏览器远程欣赏博物馆的一部分收藏。通过数字化展览，观众不再受限于实地参观，而是可以在家或办公室通过互联网浏览器欣赏博物馆的展品。这为更多人提供了方便的文化体验。数字化展览主要通过图片和文字来呈现信息。用户可以查看高清晰度的展品图片，并获取相关的背景信息、历史背景等文字解说，使展品更具教育性和互动性。一些数字化展览尝试引入简单的互动性元素，如点击展品获取详细信息，为观众提供了更多主动参与的机会。这一时期的数字化展览为博物馆与公众之间建立了虚拟桥梁，拉近了文化遗产与人们的距离。

（二）交互性引入

在 21 世纪代初，博物馆迎来了数字化展览的新阶段，突出了更强的交互性，具体表现如下：博物馆引入了虚拟导览系统，使观众能够通过计算机或移动设备进行更深入的导览体验。这些系统通过互动地图、语音导览等方式，使参观者能够更灵活地探索展馆。为了拓展教育功能，博物馆开始提供在线教育活动，包括远程讲座、数字化学习资源等。这使得学校、教育机构能够通过网络参与到博物馆的文化教育中。数字化档案逐渐扩展，不仅仅包括展品的图片和文字，还包括更多的多媒体元素，如音频、视频，丰富了用户获取信息的途径。部分数字化展品开始采用互动式设计，观众可以通过触摸屏、手势等方式与展品进行互动，提升了观赏的趣味性和深度。这一时期，博物馆通过引入更多的互动性元素，让观众参与到文化体验中，不再是单纯的信息获取，而是更具参与感和沉浸感的数字化文化之旅。

二、应用领域

虚拟博物馆在多个领域得到应用：

（一）在线教育

虚拟博物馆通过在线教育为用户提供了丰富的学习资源，具体体现在以下几个方面：博物馆建立了虚拟学习平台，为教师和学生提供在线学习的场所。这个平台可能包括专门的学习网站或整合在博物馆官方网站中。博物馆通过在线平台组织专家进行远程授课和讲座，向学生和教师介绍博物馆的收藏、历史和文化，为他们提供深入的知识体验。博物馆数字化其收藏和展品，将其转化为数字化教育资源。学生和教师可以通过这些资源进行在线学习，深入了解博物馆的文化遗产。为了增加学习的趣味性，博物馆可能组织在线互动活动，例如文化知识竞赛、虚拟实验等，激发学生的学习兴趣。通过在线教育，虚拟博物馆打破了地理和时间的限制，让更多的人能够方便地获取到文化知识，促进了文化教育的普及和深化。

（二）文化遗产保护

数字化技术在虚拟博物馆的发展中发挥了关键作用，特别是在文化遗产的保护方面。以下是数字化技术在文化遗产保护中的应用：虚拟博物馆通过数字化技术将文化遗产转化为数字档案，并采用高效的数字存储方法。这样一来，博物馆可以更好地保护脆弱的文物，减缓其自然衰退过程。利用三维扫描技术，博物馆能够对文物进行高精度的数字化重建。这不仅有助于保存文物的形态，还可以为学术研究和展览提供高质量的数据。虚拟博物馆的数字技术使得文物的保护不再局限于物理空间。博物馆专家可以通过远程监测来维护文物，确保其在任何地点都能得到有效的保护。对于受损文物，博物馆可以利用数字化技术进行虚拟修复。这种修复方式不涉及直接接触文物，减少了进一步损害的风险。通过数字化技术，虚拟博物馆在文化遗产保护方面取得了显著的进展，不仅提高了文物的保存水平，还为后代传承文化遗产提供了更可靠的手段。

（三）科学研究

虚拟博物馆不仅是文化遗产的展示场所，还成为支持科学研究的重要平台。以下是虚拟博物馆在科学研究方面的应用：虚拟博物馆提供丰富的数字文物数据，包括高分辨率的图像、三维模型等。科学研究人员可以利用这些数据进行各种实验和研究，深入了解文物的结构、历史和文化背景。在虚拟博物馆中，科研人员可以创建虚拟实验环境，模拟文物的特定条件，进行科学实验。这为研究人员提供了更灵活、安全的实验平台。虚拟博物馆促进了不同领域的科研人员之间的跨学科合作。历史学家、考古学家、艺术史家等可以在虚拟环境中共同探讨问题，形成更全面的研究成果。虚拟博物馆也是文物保护科技研究的实验场所。研究人员可以利用数字技术开展文物修复、保护材料研究等方面的工作，推动文物保护技术的创新。通过支持科学研究，虚拟博物馆成为推动文化和科学交叉融合的重要平台，促进了对文物和历史的更深层次理解。

三、技术创新

（一）虚拟导览技术

虚拟导览技术是虚拟博物馆发展中的关键环节，为用户提供了更加灵活、个性化的参观体验。以下是虚拟导览技术的一些特点和应用：用户可以根据个人兴趣和需求，自由选择参观路线。虚拟导览技术通过交互式界面，让用户自主决定参观顺序，深度了解感兴趣的展品。虚拟导览技术不仅提供静态图像，还能够通过三维模型、视频等多种形式展示展品。用户可以从不同角度、不同媒介中全面了解文物的外观和内涵。在虚拟导览中，用户可以进行实时互动。这包括与虚拟导游的对话、参与互动式展示等，增强了用户的参与感和沉浸感。虚拟导览技术通过智能算法，根据用户的偏好和历史浏览记录，提供个性化的导览推荐。这使得每位用户都能够获得定制化的博物馆参观体验。虚拟导览技术也支持远程导览，用户无须到达博物馆现场即可通过网络参与远程导览活动，扩大了参与面和范围。虚拟导览技术的不断创新和应用，使得博物馆参观不再受制于时间和空间，为用户提供了更加灵活、丰富的文化体验。

（二）互动式学习环境

虚拟博物馆在发展过程中逐渐引入互动式学习环境，为用户提供更富有参与感的学习体验。以下是互动式学习环境的一些关键特点和应用：通过虚拟博物馆平台，用户可以参与在线互动展览。这种展览形式可以包括虚拟实景、互动式展品介绍等，使用户能够更深入地了解展览主题。为学生提供虚拟实验室体验，使他们能够进行模拟实验，观察实验结果，学习科学原理。这种互动式学习方式可以在虚拟博物馆中得到很好的实现。通过虚拟博物馆平台，开展在线教育活动，包括讲座、工作坊等。用户可以在虚拟环境中参与学术交流，与专业人士互动。创建虚拟学习群体，让用户在虚拟博物馆中共同参与学术探讨、项目合作等活动，促进群体学习和合作。互动式学习环境可以提供实时反馈机制，使用户能够即时了解学习进度和效果，从而调整学习策略。互动式学习环境的引入使虚拟博物馆不仅仅是展品的呈现场所，更成为一个融合学术、互动和合作的学习平台。

四、挑战与未来展望

（一）技术成本

虚拟博物馆的建设面临着一定的技术成本，这包括多个方面的投入和考虑：虚拟博物馆的建设需要专业的软件开发团队，他们负责设计和实现虚拟博物馆的各种功能，如虚拟导览、互动式学习环境等。同时，随着虚拟博物馆的运营，还需要定期进行软件维护和更新，以适应新技术的发展和用户需求的变化。虚拟博物馆可能需要一定规模的服务器和存储设备，以确保在高访问量时能够稳定运行。此外，如果涉及虚拟现实或增强现实技术，还需要相应的硬件设备支持，如头戴式显示器等。将博物馆的展品数字化需要投入一定的费用，包括拍摄高质量的图像、进行文物的数字建模等。这些过程需要专业的设备和技术支持。提供虚拟博物馆服务需要足够的网络带宽，以确保用户能够流畅地访问和交互。这可能导致一定的网络费用和流量费用。在建设虚拟博物馆时，保障用户数据安全和隐私是至关重要的。这可能涉及采用安全的数据传输协议、建立完善的用户数据管理系统等，需要一定的投入。考虑到这些技术成本，博物馆在建设虚拟博物馆时需要制定合理的预算，并确保投资能够取得长期的效益。

（二）数字化文物标准化

数字化文物的标准化是确保虚拟博物馆的互通性和可持续性的重要一环。以下是关于数字化文物标准化的一些考虑：制定统一的数字化文物数据格式标准，以确保不同博物馆和文化机构创建的数字文物能够互通。常见的数据格式如 JPEG、PNG、OBJ 等，但需要在标准上进行约束，确保数据的一致性和可扩展性。定义一致的元数据标准，包括文物的分类、年代、材质等信息，以便不同系统能够正确解读和使用这些信息。元数据的标准化有助于提高数据的可搜索性和可理解性。如果涉及文物的三维数字建模，需要统一的标准以确保建模的质量和可用性。这可能包括模型的精度、纹理贴图的使用规范等。制定数字文物的版权和使用标准，明确数字文物的使用权限和规范。这有助于保护文物的知识产权，同时为用户提供明确的使用指导。考虑不同技术之间的互通性，确保虚拟博物馆能够兼容不同的硬件和软件平台。这包括采用开放式的技术标准，以避免封闭性系统的限制。考虑数字化文物的长期保存和可持续使用，制定相关标准和策略，确保数字文物在时间上的稳定性和可访问性。通过制定这些标准，数字化文物能够更好地适应不断变化的技术环境，并为虚拟博物馆的发展提供坚实的基础。未来，虚拟博物馆有望通过更先进的技术，如全息投影、人工智能等，进一步提升参观体验和文物保护水平。

第三节　数字化展览对文物保护的影响

数字化展览对文物保护产生了深远的影响，涉及文物的保存、传承和公众教育等多个方面。

一、文物数字化保存

通过数字化展览，文物得以以数字形式永久保存，减少了对实体文物的频繁移动和展示，降低了损坏的风险。数字存档使得文物得以保存，并在需要时进行还原或再现。

（一）减少实体移动和展示频率

传统文物展览中，文物经常需要被借出到其他博物馆或者展览场所，这个过程中可能经历长途运输、安装拆卸等步骤，都增加了文物被损坏的风险。文物的质地、材质以及保存状态都可能受到外界环境和处理过程的影响。数字化展览通过将文物以数字形式保存，使得文物可以随时通过虚拟方式展示，而无须实体移动。这不仅减轻了文物的运输负担，更降低了文物在处理过程中受到损害的可能性。即便是脆弱的文物，也能在数字平台上安全展示，无须担心其在实体运输和展览中的破损和磨损。这对于保存珍贵文化遗产具有积极的保护效果。

（二）降低损坏风险

实物文物在展览和运输的过程中，往往要应对各种环境条件，包括温度、湿度、光照等因素。这些因素可能导致文物的褪色、腐蚀、变形等问题，对文物的保存构成潜在的威胁。数字化展览将文物以数字形式呈现，不再需要真实存在于特定的环境条件中。数字文物的保存在虚拟环境中，不受天气、温湿度等限制，因此不会出现由于环境变化而引起的损坏。这样一来，文物可以长时间稳定地保存在数字平台上，降低了因环境因素导致的损坏风险，对文物的长期保存提供了更加可靠的方式。

（三）数字存档与还原

数字存档的特性使得文物在数字平台上可以得到永久性的保存，而这不仅仅是简单的静态保存，更意味着文物可以在需要时进行动态的还原或再现。在数字平台上，文物的详细信息、形态特征等数据都被精确地记录下来。当需要研究或展示这些文物时，可以通过数字技术进行高度精准的还原，使得观众或研究人员能够近距离、全方位地欣赏文物的原貌。这种数字化的还原过程不仅提供了更为灵活的展示方式，也为文物的保护提供了有效手段。实体文物可能会因时间推移、外部环境等因素而逐渐老化，而数字存档的文物可以通过技术手段永久保持其原始状态。因此，数字存档与还原的机制为文物的保护和传承提供了新的途径。

（四）远程传播

数字化保存使得文物能够通过网络平台进行远程传播，这对文物知识的普及和传播起到了积极的作用。以下是数字化保存对文物远程传播的影响：数字化保存的文物可以通过互联网平台向全球范围内的观众开放，无论观众身在何处，只需具备网络连接，就能够浏览和学习这些文物。这有助于拓展文物的受众范围，使其不再局限于特定地理位置。观众可以通过数字平台进行虚拟导览，自由选择参观路线、深度了解文物，仿佛亲临博物馆现场。这种虚拟导览体验提供了更为灵活和个性化的观赏方式，满足了不同观众的需求。数字化保存使得文物可以成为在线学习的资源。学生、研究人员等群体可以通过网络学习和研究文物，拓展知识面，促进学术研究。远程传播通过数字平台还促进了不同文化之间的交流。观众可以了解到来自世界各地的文物，促进文化的交流与融合。通过数字平台的远程传播，实体文物无须频繁地被展示和移动，降低了其受到损坏的风险，从而有助于文物的保护。综合而言，数字化保存为文物的远程传播提供了全新的可能性，将文物带入了数字时代，让更多人能够以更为便捷的方式感知、、欣赏文物和学习文物知识。

（五）数字技术修复

数字技术修复在文物保护中的应用，具有一系列显著的优势。以下是数字技术修复对文物保护的影响：传统修复可能涉及对文物进行直接的物理干预，而数字技术修复是在虚拟环境中进行的，不会对实体文物造成实质性的影响，从而降低了修复过程中的潜在风险。数字技术修复可以在数码环境中对文物进行高精度的修复，操作更为精准。修复者可以对每个细节进行仔细处理，确保修复的准确性和还原度。数字技术使得修复者可以在虚拟环境中以多个角度观察文物，甚至进行虚拟放大，以更清晰地看到微小的细节。这为修复者提供了更全面、深入的观察方式。数字技术修复的过程可以被记录和存档，形成修复的详细历史记录。这有助于未来的保护和研究，使得每一次修复都能够留下数字痕迹。修复者可以实时看到数字修复的效果，进行及时调整和改进。这种实时反馈有助于更高效地进行修复工作。数字技术修复能够更好地保持文物的原貌。修复者可以在虚拟环境中还原文物的初始状态，使得修复后的文物更接近原始状态。综合而言，数字技术修复为文物的保护提供了更为先进、安全、精准的手段，推动了文物修复工作的现代化和数字化发展。

在数字化保存的框架下，文物得以在虚拟世界中得以永存，为文化遗产的长久传承和广泛传播提供了新的可能性。

二、文物远程展示

文物远程展示的数字化方式在文物保护和文化传承方面带来了一系列积极的影响。通过数字化展览，文物可以通过网络平台在全球范围内展示。观众无须亲临博物馆，就能够随时随地通过互联网浏览文物，提高了文物的可访问性。文物远程展示为文化传承提供了新的途径。观众可以远程学习和了解文物背后的历史、文化背景，促进了文化知识的传递和教育。数字化展览通常包括虚拟导览，观众可以按照自己的兴趣自由导览，选择感兴趣的文物进行深入学习。这种互动性和个性化的学习方式有助于提高观众的参与度。通过远程展示，文物以数字形式永久保存在虚拟环境中。这不仅保护了文物本身，还确保了文物的存在和可见性，即使原物不可展示。数字化展览不仅仅局限于图片，还可以包括虚拟实境、360度全景展示等多种形式。这些多样化的展示方式增加了观众的体验和参与感。远程展示推动了数字技术在文物领域的创新应用。虚拟现实、增强现实等技术被引入，为观众提供更为沉浸和生动的展示体验。综合而言，文物远程展示通过数字化方式拓展了文物的传播途径，使得文物更好地融入现代科技和社会网络，实现了文物保护和文化传承的新局面。

三、数字技术修复

数字技术修复在文物保护领域中发挥着重要的作用。以下是数字技术修复对文物保护的主要影响:

(一) 精准而安全的修复

精准而安全的修复是数字技术在文物保护中的重要优势。以下是该方面的详细讨论:数字技术修复无须实际接触文物,通过虚拟环境中的数据和图像进行修复。这使得修复过程变得非侵入性,文物无须经受实际的修复操作,避免了进一步的损伤风险。数字技术能够以高度精确的方式还原文物的原貌。通过数字模型和算法,修复工作者可以精准地模拟文物在不同时间点的状态,确保修复结果尽可能地接近原始状态。传统修复可能需要对文物施加物理压力,例如使用黏合剂或其他修复材料。数字技术修复消除了这些物理干预,降低了对文物的压力和损伤。数字修复过程中,修复工作者可以实时监测修复效果,随时进行调整。这种实时监测有助于在修复过程中即时发现问题并进行及时修正,确保修复的精准性。数字技术提供了对文物损伤和修复的定量分析工具。修复工作者可以通过数字数据分析文物的损伤程度,并制定更科学、精准的修复计划,确保修复效果的质量。对于复杂结构的文物,如陶瓷、雕塑等,数字技术能够更好地处理微小而复杂的结构,使得修复工作更为精密。综上所述,数字技术修复以其精准性和安全性的优势,为文物修复提供了一种先进而可靠的手段,有助于文物的长期保存和传承。

(二) 文物原貌的还原

文物原貌的还原在数字技术修复中具有重要意义。数字技术允许修复工作者以极高的时间精度还原文物的原貌。通过模拟文物在不同时间点的状态，可以观察和还原文物的历史演变，精确到每一个时刻的细微变化。文物原貌的还原包括对文物所用材料的还原。数字技术可以通过分析文物的材质、纹理等特征，模拟并还原文物原始的材料状态，使修复后的文物在视觉上和材质上更加接近原貌。对于有颜色的文物，数字技术可以还原文物的原始颜色。通过分析文物残存的颜色信息或类似时期的文物，修复工作者可以准确地还原文物在不同历史时期的色彩，使修复后的文物更具历史真实感。对于具有复杂结构的文物，如古代工艺品或雕塑，数字技术可以更好地还原微妙的结构。通过三维建模和虚拟重建，修复工作者可以还原文物原貌中的每一个细节，包括复杂的雕刻、纹理等。数字技术还允许对修复后的文物与原貌进行对比分析。修复工作者可以在数字环境中对照原始文物的图像，确保修复结果的准确性和一致性。通过数字技术，修复工作者可以将文物还原到其所属历史文化背景中。这不仅有助于还原文物的原貌，也为观众提供了更深入的历史文化理解。综上所述，数字技术在文物原貌还原方面提供了先进的工具和方法，使得修复后的文物更加真实地展示其历史面貌。

（三）虚拟实验和尝试

虚拟实验和尝试在数字技术修复中发挥了关键作用。数字技术允许修复工作者在虚拟环境中尝试多种修复方案。通过数字模拟，工作者可以比较不同的修复方法，评估它们对文物的影响，以选择最合适的修复策略。通过虚拟实验，修复工作者可以在不实际接触文物的情况下评估修复效果。这有助于在实际修复过程中提前发现潜在问题，减少对实体文物的可能损害。数字技术为修复方案的优化提供了便利。通过反复虚拟实验，修复工作者可以不断调整和优化修复方案，确保最终的修复效果最佳。在虚拟环境中进行实验可以帮助修复工作者预测潜在的风险和挑战。通过模拟文物的反应，工作者可以更好地了解不同修复方法可能带来的风险，并采取预防措施。虚拟实验和尝试也为文物修复领域的教育培训提供了有力工具。

学生和新手修复工作者可以通过虚拟环境进行模拟实验，提高实际修复的技能和经验。数字技术允许修复工作者记录虚拟实验的过程和结果。这些记录可以用于修复方案的演进和经验分享，为整个文物修复领域提供宝贵的经验。综上所述，虚拟实验和尝试通过数字技术的支持，为文物修复提供了更加灵活、安全和高效的修复方案的选择和优化过程。

（四）长期保存和追溯

数字技术修复的每个阶段都可以以数字形式进行记录和保存。这些数字档案包括修复过程中的虚拟实验、修复方案的变更、修复效果的评估等。数字档案的保存确保修复的全过程都有可追溯的记录。数字档案为修复历史的追溯提供了便利。未来的修复工作者或研究者可以通过查阅数字档案，深入了解先前的修复过程、决策和经验。这有助于避免重复工作，同时为修复策略的演进提供宝贵的参考。数字修复档案的保存也为文物修复领域的数据共享和合作创造了条件。不同博物馆或修复团队可以分享彼此的数字档案，促进经验交流和合作，共同推动文物修复领域的发展。数字修复档案还可用于教育和研究。学生、研究者和文物保护专业人士可以通过研究数字修复档案，了解修复技术的发展、应用和效果，从而促进学科的不断进步。追溯修复历史有助于修复决策的优化。通过分析以往的修复经验，修复工作者可以总结成功的策略和避免的问题，为今后的修复提供更明智的决策。因此，数字技术修复的长期保存和追溯不仅为文物修复工作提供了可靠的记录和参考，还推动了文物修复领域的合作、教育和研究的进展。

（五）多层次修复

数字技术可以在文物表面进行高精度的修复。通过虚拟实验和数字技术，修复工作者可以模拟各种修复方法在文物表面的效果，包括色彩的还原、纹理的修复等。这种表面修复能够使文物在外观上更加接近原貌。数字技术还可以应用于文物内部结构的修复。通过数字化的三维模型，修复工作者能够深入研究文物内部的构造和组成，识别潜在的结构问题，并采取措施进行修复。这种内部结构修复有助于文物的整体稳定性和保护。数字技术为修复提供了层层递进的修复方案。修复工作者可以在数字环境中逐步尝试不同的修复方法，从简单到复杂，从表面到内部，确保修复的全面性和适切性。这种递进式的修复方案有助于在修复过程中不断优化策略。数字技术还允许修复工作者实时调整修复效果。在数字环境中，可以随时调整修复方案，查看不同的修复效果，直至达到修复工作者期望的效果。这种实时调整有助于更准确地满足修复的审美和保护需求。多层次的修复过程也可以用于教育和展示。数字技术使得修复过程可视化，可以用于博物馆或教育机构的展览和培训。观众能够深入了解文物修复的复杂性和科学性。综合来看，数字技术的多层次修复为文物修复提供了更为全面和深入的保护手段，确保文物在外观和内部结构上都得到了细致入微的修复。

（六）教育和展示

数字技术在文物修复中的教育和展示方面确实具有重要作用，以下展开论述：利用数字技术，文物修复的整个过程可以以图像、动画等形式在虚拟环境中进行可视化呈现。观众可以通过互动方式深入了解修复工作者的步骤和技术，从而加深对文物修复工作的认识。修复的结果可以作为数字展览呈现在博物馆或在线平台上，供观众远程参观。数字展览可以包括修复前后的对比、修复过程中的关键步骤等，通过互动体验，观众能够更深入地了解文物修复的细节。数字技术还可以用于支持相关的教育项目。学校、博物馆等机构可以利用数字化的修复案例开展文物修复的教育活动，提高学生对文化遗产保护的兴趣和理解程度。数字化的修复结果可以与多媒体展示相结合，包括音频解说、视频演示等。这样的综合展示形式使观众能够通过多个感官更全面地体验文物修复的过程和成果。利用数字技术制作的修复过程视频或动画可以通过社交媒体传播，用于科普宣传。这样的宣传形式更容易引起公众的关注和参与，推动文物修复事业的发展。总体而言，数字技术为文物修复提供了全新的教育和展示手段，使得文物修复的价值和意义能够更广泛地传达给公众。

总体而言，数字技术修复为文物保护带来了更为先进、安全、精准的修复手段，促进了文物的长期保存和传承。

四、文物知识传承

数字化展览通过虚拟博物馆的形式，将文物的收藏以数字化的方式呈现给公众。这种虚拟展览不受地域和时间限制，使得更多的人能够远程参观，从而促进文物知识的传承。数字化展览为在线教育提供了丰富的学习资源。学生可以通过虚拟博物馆进行线上学习，深入了解文物的历史和文化。这种学习方式更加生动和具体，有助于培养学生对文物的兴趣和热爱。数字化展览通过图像、文字、音频等多维度的展示，为观众提供了更全面的文物解读。观众可以深入了解文物的背后故事、制作工艺、历史变迁等，丰富了对文物的认知。一些数字化展览通过互动元素，如虚拟导览、模拟实验等，使观众能够更活跃地参与到文物知识的学习中。这种互动体验有助于提高观众的参与感和深度理解。数字化展览不仅在博物馆内部推动文物科普，还通过社交媒体等渠道传播文物知识。通过生动有趣的数字内容，吸引更多人关注文物，推动文物知识的传播。通过数字化展览，公众更容易理解文物的脆弱性和保护需求。这有助于培养公众文物保护的意识，推动社会对文物保护事业的支持。总体而言，数字化展览作为文物知识传承的重要手段，通过多种形式的呈现和互动，有效促进了文物知识在社会中的传播和传承。

五、文物保护意识提升

数字化展览可以生动地呈现文物面临的各种挑战，包括环境变化、盗窃、自然灾害等。通过展示这些挑战，观众更容易理解文物保护的紧迫性和重要性。数字化展览可以详细介绍文物保存的各种技术和方法。观众可以了解到先进的数字技术如何应用于文物的保存，以及这些技术如何保护文物免受损害。数字化展览可以通过实际案例展示文物保护工作的成果和挑战。这种实例展示可以让观众更具体地了解文物保护者在工作中所面对的情境，增强了他们对文物保护的认同感。数字化展览可以通过互动元素引导观众参与文物保护。这可能包括捐赠、志愿者活动、参与文物保护项目等方式，使观众能够实际参与到文物保护工作中。通过数字化展览，可以向观众介绍文物损害的主要原因，并提供关于预防措施的建议。这种教育有助于观众更加谨慎地对待文物，减少对文物的潜在损害。数字化展览可以介绍相关的文物保护法规和政策，使观众了解文物保护在法律框架下的重要性。这有助于建立观众对文物保护的法制观念。综合来看，数字化展览通过多方位的方式，提高了公众对文物保护的认知和关注，促使观众更加积极地参与到文物保护的事业中。这对于推动文物保护工作具有积极的社会影响。

六、科学研究支持

数字化展览提供了大量的数字文物数据，包括文物的三维模型、高清图像、详细描述等。这为科学研究提供了丰富的素材，使研究人员能够更全面地了解文物的特征和历史。在虚拟环境中，科学研究人员可以进行虚拟实验，模拟文物的各种条件和环境。这种虚拟实验的可行性使得研究者能够在更安全、精确的环境中开展实验，为科学研究提供了便利。数字化展览的数字文物数据可供研究者共享和合作使用。这促进了科研团队之间的合作，各个研究者可以共同利用数字文物数据展开研究，推动了学术界的合作和共享精神。数字化展览涉及多个学科领域，包括文物学、计算机科学、材料科学等。这促使不同学科的研究者进行交叉合作，推动了多学科研的发展，为文物研究提供了更广阔的视角。由于数字文物数据的数字化特性，科研团队可以在不同地点进行远程合作。这提高了科学研究的效率，使得不同地区的专家能够共同参与到文物研究中。数字化展览推动了数字技术在文物研究中的创新应用。例如，利用人工智能算法对文物图像进行分析，为科学研究提供了新的方法和技术手段。数字化展览为科学研究提供了丰富的数字资源和创新的研究方法，拓展了文物在学术研究中的应用领域，推动了科研水平的提升。

总体而言，数字化展览为文物的保护和传承提供了全新的途径，使得文物更广泛地为公众所知，并在数字技术的支持下实现更好的保存和修复。

第四节　可持续性发展与数字化文物资源

一、数字化文物资源的永久性保存

数字化文物资源的永久性保存是文化遗产领域中一项重要的发展。通过数字化技术，文物可以以数字形式保存在虚拟环境中，这给实体文物所面临的腐蚀、老化、自然灾害等风险提供了一种可行的解决方案。数字化文物资源不像实体文物那样受到自然环境、温湿度等因素的影响，因此在数字形式下可以实现长期保存。这有助于防止实物文物因时间推移而产生的老化、劣化等问题。传统的实体文物保存面临着自然环境、盗窃、灾害等多种风险。数字化文物的永久性保存降低了实体保存的风险，免除了对实体文物进行频繁搬运和展示的需要。

当采用合适的数字技术和存储手段时，数字化文物资源能够保持较高的稳定性。数字媒体的持久性和稳定性有助于文物数字化保存的可持续性。数字形式的文物可以轻松进行远程备份，确保在任何时候都能够及时恢复。这为文物的永久性保存提供了一种有效的灾害恢复机制，有助于应对各种突发情况。数字化文物资源形成的数字档案具有较高的可检索性和整理性，有助于建立文物数字档案体系。这为长期保存、管理和研究提供了方便。采用多重备份策略，将数字文物资源保存在不同的地点和服务器上，以应对可能发生的数据丢失或破坏。这提高了数字化文物资源长期保存的稳定性。随着数字技术的不断发展，数字化文物资源可以进行更新和迭代，采用新的技术手段提高保存的质量和效果，保持数字资源的活力。通过数字化文物资源的永久性保存，我们不仅能够有效应对实体文物保存面临的种种挑战，还为文物的长期研究、传承和利用提供了可持续的支持。

二、数字文物的可持续性利用

数字文物的可持续性利用是数字化展览的一项重要优势。通过数字化文物资源，可以实现多次、多层次的展览和研究，提高文物的可持续性利用。数字文物资源可以在虚拟博物馆中进行多次展览，而无须移动实体文物。这为文物的多次传播提供了可能，使得同一件文物可以在不同的时间和地点被不同的观众群体欣赏数字化文物资源成为在线教育和学术研究的重要素材。学者、教师和学生可以通过虚拟博物馆进行远程学习和研究，实现对文物知识的深度挖掘。数字文物资源不仅可以被广泛传播，还为研究人员提供了进行多层次研究和分析的机会。研究者可以在虚拟环境中深入研究文物的各个方面，从而促进学术研究的深度和广度。艺术家可以利用数字文物资源进行艺术创作，将文物的元素融入新的艺术作品中。这种数字文物的艺术创作不仅为文物赋予了新的艺术意义，也为数字文物的再次展览提供了可能。数字文物资源可以通过不断更新和创新，保持其活力。通过引入新的数字技术和呈现方式，使数字文物资源适应不同时代的需求，实现可持续性的利用。数字文物资源可以通过社交媒体平台进行分享，引发公众的关注和互动。这种社交化的传播方式有助于提高文物的可见度，推动文物的社会化传播。利用数字文物资源可以开展文物教育项目，面向学校、社区等群体进行文物教育。这种可持续性的文物教育项目有助于培养公众对文物的兴趣和认知。通过数字文物的可持续性利用，文物不再局限于特定时间和空间，而是在数字环境中焕发新的生命力，实现了对文物价值的不断挖掘和传承。这样的利用方式既节省了实体文物的资源，又为文物在数字时代中发挥更广泛的作用提供了可能。

三、数字文物的在线教育和远程传播

数字化文物的在线教育和远程传播是推动文物知识普及和文物保护意识提升的重要手段。以下是对数字文物在在线教育和远程传播方面的详细论述：数字化文物资源通过在线教育平台，为全球范围的学生和学者提供了学习机会。无论身在何处，任何人都可以通过互联网访问虚拟博物馆，参与在线课程，深入了解文物的历史、文化和艺术价值。在线教育通过数字技术呈现文物的多媒体内容，包括高清图像、视频、音频等。学生可以通过虚拟导览、互动式学习等方式，更深入地理解文物，获得更丰富的学习体验。在线教育平台可以根据学生的兴趣和需求，提供定制化的学习体验。学生可以根据自己的兴趣选择特定的文物主题，深入学习相关知识，促进个性化学习。在线教育可以通过虚拟导师或导览服务，为学生提供个性化的学术指导和导览体验。学生可以在虚拟环境中与导师互动，获得针对性的学术建议和解答疑惑。数字文物资源可以通过社交媒体平台进行分享，引发公众的关注和互动。学生可以在社交媒体上分享自己的学习体验，与其他学生和文物爱好者进行交流和讨论。数字文物资源通过远程传播方式，使观众无须亲自前往博物馆，就能够通过互联网远程参与文物的欣赏和学习。虚拟展览为观众提供了类似实地参观的体验，推动了文物的远程传播。在线教育平台可以提供多语言支持，使得文物的知识传播更具国际性。学生可以选择自己熟悉的语言学习文物知识，促进文化交流和理解。通过数字文物的在线教育和远程传播，文物的知识得以普及，文物保护的理念得以传递，实现了文物的全球化传播和可持续性发展。

四、数字技术的更新迭代

数字技术的不断更新迭代是推动数字化文物资源可持续性发展的重要因素。以下是对数字技术更新迭代对数字化文物资源的影响的详细论述：随着数字技术的不断进步，新一代的数字化文物资源可以采用更高分辨率的图像和先进的三维扫描技术，实现更真实、更细致的呈现。这种更新迭代提升了用户的观感体验，使得文物在虚拟环境中更加逼真。最新的数字技术包括虚拟现实和增强现实的应用。通过使用 VR 和 AR 技术，观众可以在虚拟环境中沉浸式体验文物，与文物进行互动，提升了数字化文物资源的沉浸感和趣味性。利用人工智能和机器学习技术，数字化文物资源可以实现智能导览和个性化推荐。观众可以根据个人兴趣和偏好，通过智能系统获取定制化的导览服务，提升了数字化展览的个性化体验。采用云计算技术，数字化文物资源可以存储于云端，实现对大规模数据的高效管理和分析。大数据分析可以帮助理解观众的反馈和行为，为文物的数字化呈现和互动设计提供数据支持，推动数字资源的不断优化。随着移动设备、平板电脑等新型终端的普及，数字化文物资源需要具备多平台兼容性。更新迭代可以确保文物资源在不同设备上的良好展示效果，满足观众在不同终端上的访问需求。数字化文物资源的更新迭代应当遵循开放式技术标准，以保证数字化内容的互通性和可持续性。采用通用的技术标准有助于数字文物资源在不同平台和系统上实现更好地共享和交互。通过不断更新迭代，数字化文物资源可以始终保持在技术前沿，提供更丰富、更高质量的文物呈现和互动体验，为观众提供更具吸引力的文化教育服务。

五、数字文物的数字化档案

数字文物的数字化档案是数字文物资源的重要组成部分，具有多方面的优势，以下是对数字化档案的详细论述：数字文物的数字化档案以数字形式存储，相较于传统的纸质档案，具有更强的持久性。数字化档案不受时间和环境的影响，可以长期保存，有效地防止了档案的老化和损坏。数字化档案具有良好的可检索性，可以通过关键词、日期、分类等多种方式进行检索。这使得管理者能够更加方便地查找和管理文物信息，提高了管理效率。数字化档案能够包含丰富的数字文物信息，包括图像、文字、三维模型等多种形式的信息。这保证了数字化档案的完整性，为研究者和管理者提供了更为全面的文物信息。数字化档案可以进行定期的数据备份，确保文物信息的安全性。在意外事件发生时，可以通过备份进行数据恢复，防止档案信息的丢失。在建立数化字档案时，采用开放式标准，保证了数字文物资源的互通性。这意味着数字化档案可以在不同系统和平台上进行共享和交流，促进了文物信息的共享与合作。数字化档案为研究者提供了丰富的数字文物数据，支持科学研究。研究者可以在数字化档案中获取详细的文物信息，进行深入的学术研究。数字化档案是虚拟博物馆和在线教育的重要基础。通过数字档案，可以构建虚拟展览，实现在线教育，向公众传递文物知识。数字化档案的建设需要考虑信息的合规性和安全性，采取相应的技术和管理措施，确保档案信息不受非法侵入和篡改，保护文物信息的安全。通过数字化档案，文物信息得以数字化、集中化管理，为文物的保护、传承和研究提供了强有力的支持，实现了数字文物资源的可持续性发展。

六、数字文物资源的开放共享

通过开放共享数字文物资源，各个文化机构和社群可以共同参与文化遗产的保护。不同机构之间可以分享自己的数字文物资源，形成合作网络，共同推动文化遗产的保护和传承。开放共享使得数字文物资源更容易被公众访问。无论是学生、研究者还是普通公众，都可以通过开放的平台获取文物信息，促进了文物知识的传播和普及。开放共享的数字文物资源为教育和研究提供了更多的素材和数据。学校、研究机构等可以充分利用这些资源，丰富教育内容，推动科学研究的进展。公众通过开放共享的数字文物资源，可以更直接地参与到文化互动中。他们可以提供意见、分享观点，形成更加开放和多元的文化交流氛围。开放共享激发了文化创意产业的发展。创作者可以基于数字文物资源进行创作，设计各类文创产品，推动文化创意的繁荣。开放共享使得文物资源能够跨越国界进行共享。不同国家的文化机构可以共同合作，分享各自的文物资源，促进国际文化合作，实现文化的全球传播。为了实现开放共享，需要建立数据互通的标准和协议。这促使各个机构制定和遵守共同的标准，提高了数字文物数据的互通性，使得开放共享更为顺畅。通过开放共享，社群成员可以更加主动地参与文化遗产的保护。这也呼应了社会责任的概念，通过共享文物资源，各方共同为文化遗产的可持续性发展贡献力量。通过数字文物资源的开放共享，文化遗产得以更广泛的传播、保护和传承，为社会的可持续发展提供了文化支撑。

七、数字文物与可持续旅游

通过数字化文物资源，游客可以在虚拟环境中体验文物，减少对实体博物馆和文物场所的访问压力。这有助于降低游客数量对实体文物的损害，实现了旅游业的可持续发展。游客可以通过虚拟博物馆进行在线导览，深入了解文物背后的历史和文化。这种数字化的旅游体验不仅满足了游客的好奇心，也促进了对文物的更深层次理解。数字化文物资源为游客提供了更多选择，不再局限于特定的博物馆或景点。这有助于促进文化旅游的多样性，游客可以更灵活地选择自己感兴趣的文化元素进行体验。基于数字文物资源，可以开发各种文化创意产品和体验，如虚拟文物展览、文化主题游戏等。这种创新形式有助于推动文化创意旅游业的发展。数字文物资源为游客提供了可持续旅游教育的机会。通过虚拟博物馆，可以向游客传递可持续旅游的理念，引导他们在旅游中更加环保和负责任。基于数字文物的在线平台可以发展商业模式，如虚拟门票、文创产品销售等，为文物的保护和维护提供了可持续的经济支持。游客无须亲自前往文物所在地，通过数字化文物资源，可以在任何地方参与文化旅游。这打破了地域限制，为更多人提供了参与文化旅游的机会。通过数字化文物资源的应用，可持续旅游得以实现，实现了游客体验、文物保护和旅游业经济的可持续发展。

八、数字技术的生态友好性

传统的文物保存和展览可能需要频繁移动和处理实物文物，这会对文物造成二次伤害。数字技术的应用使得文物无须亲临现场，减少了对实物文物的二次伤害。数字技术的应用减少了实体展览和博物馆运作的能源和资源消耗。相比传统的展览形式，数字展览可以降低碳足迹，对环境造成的影响更小。在数字化文物管理过程中，电子化取代了大量纸质材料的使用，包括档案、图册等。这有助于减少对森林资源的消耗，符合生态友好的原则。在数字技术的基础设施建设中，采用可持续能源，如太阳能和风能，有助于降低对非可再生能源的依赖，减少对环境的负面影响。数字化过程中采用绿色数字化的原则，即在数字技术的开发和应用中考虑环境友好性。这包括设计更节能的硬件设备、优化软件算法以减少资源消耗等。

数字化文物资源的存储和管理通常占用的是虚拟的数字空间，相较于实体博物馆和存储空间，减少了对实体空间的需求，从而减轻了对土地资源的压力。采用数字化文献和在线展览替代传统印刷品，有助于减少纸张的使用和印刷过程对环境的污染。通过以上方式，数字技术的应用在文化遗产保护和管理中体现了对生态环境的友好性，为实现可持续性发展提供了重要支持。

总体而言，数字化文物资源的建设和利用在多个方面体现了可持续性的发展理念，为文化遗产的长期保护和社会的可持续发展做出了积极贡献。

第四章 社会参与与教育推广

第一节 社会参与文物保护的意义

一、文化传承与认同

文物保护作为文化传承的一种方式，在社会参与中扮演着重要的角色。

（一）弘扬文化传统

参与文物保护活动，特别是那些涉及传统手工艺的项目，使社区成员能够学到并传承古老的技艺。这些技艺通常是口传心授的，通过参与，年轻一代能够学到实际操作的技能，确保传统手工艺的延续。文物通常承载着丰富的历史故事。通过参与文物保护，社区和个体有机会亲身了解这些故事，从而更深刻地理解本地文化的历史渊源。有些文物可能与古老的传统仪式、庆典有关。社会参与文物保护为社区提供了保护并重现这些传统仪式的机会，促使人们更加重视和参与这些重要的文化活动。参与文物保护不仅是对具体文物的保护，也是对文化的传承。通过形成文化教育平台，社区成员能够在实践中学到文化的方方面面，从而形成更全面的文化认知。参与文物保护使社区和个体建立起对本地文化的自信心。通过亲身参与，人们更能深刻地感受到自己文化的独特之处，增强文化自信，同时更愿意积极参与保护工作。综合来看，弘扬文化传统不仅是对过去文化的致敬，更是为了将这份文化传承给后代。社会参与文物保护为人们提供了一个参与式的文化传承平台，使得文化的根脉得以延续。

（二）建立文化认同

参与文物保护可以成为社区共同体认同感的催化剂。共同投身于保护文物的活动中，社区成员能够感受到彼此之间的共鸣，形成紧密的社区认同。文物是一个社区或民族的文化象征，通过参与保护，个体能够更加深入地了解和体验自己文化的独特之处，从而强化对自身文化身份的认同。通过参与文物保护，社区成员共同分享并传承文化的价值观。这种价值观不仅仅是对特定文物的尊重，更是对共同历史、传统和信仰的共鸣，形成共同的文化认同基础。文物是文化遗产的一部分，通过参与保护，社区能够共同建立起自己的文化遗产。这种文化遗产不仅包括具体的文物，更包括对文物的保护传统和共同的文化价值。通过文物保护项目，不同的社区、群体之间可以展开文化交流。这种交流促进了不同文化间的理解和尊重，有助于建立更广泛的文化认同。总体而言，建立文化认同是社会参与文物保护的一个深刻的社会效应，它不仅加强了社区内部的凝聚力，也为不同社区之间的文化互动创造了良好的条件。

（三）激发文化创造力

文物保护不仅仅是对过去的保护，更是为未来的文化创造提供了灵感和基础。深入了解和保护文物有助于：通过参与文物保护，社区成员可以学习和传承传统的手工艺技艺。这些技艺是文化的重要组成部分，通过参与保护，人们能够将这些技艺发扬光大。文物背后通常有丰富的历史故事和文学传承。了解这些故事不仅为创作提供了素材，也激发了人们对文学艺术的热情，促使他们创造出更多反映自身文化的作品。文物保护可以成为不同文化元素融合的平台。社区成员在保护过程中，可能发现不同文化之间的相通之处，进而创造出融合多元文化的新创意。文物往往承载着许多引人入胜的故事，这些故事可以成为文学创作的丰富素材。小说、诗歌、戏剧等文学形式都可以从文物中汲取灵感。文物本身就是一种艺术，通过保护和展示文物，社区成员可以从中获得艺术的启发，创造出具有独特文化特色的艺术作品。通过激发文化创造力，社区不仅能够传承和发扬传统，还能够在新的创造中塑造自己的文化形象，实现文化的不断创新和发展。这种文化创造力的激发也有助于社区在全球文化舞台上展现独特的魅力。

（四）传承文化价值观

文物中蕴含的文化价值观是社会的灵魂和精神支柱。通过传承文化价值观，社会参与文物保护能够实现以下方面的意义：很多文物反映了过去社会的道德伦理观念。通过参与文物保护，社区和个体可以深入了解并传承这些伦理观念，从而在现代社会中弘扬正义、责任和尊重的价值。文物往往与宗教、信仰有着紧密的联系。社会参与文物保护可以帮助人们更深刻地理解和维系自己的信仰体系，保持对传统信仰的尊重和传承。文物中蕴含着丰富的文化内涵，包括思想、艺术、哲学等。通过参与文物保护，社区和个体能够更好地理解和传承这些文化价值观，引导社会成员形成更加积极向上的文化认知。传承文化价值观有助于塑造社会的精神风貌。这不仅有益于社会的和谐发展，还有助于构建积极向上的社会文化氛围，激发社会成员的向善和进取心。通过对文物中的文化价值观的深入理解，社会成员可以在传统文化的基础上进行创新。这种创新既保留了传统的文化价值，又适应了现代社会的发展需求。维系和传承文化价值观不仅有助于社区内部的凝聚力和认同感，也为社会提供了共同的文化基础，促进了社会的和谐发展。

（五）共同责任感

共同责任感确实是社会参与文物保护的重要方面。通过培养和强化共同责任感，社区和个体能够更好地理解文物的重要性，并认识到保护文物不仅仅是某个团体或机构的任务，更是每个人都应该承担的责任。共同责任感有助于形成社区的集体认同。通过共同参与文物保护，社区成员共同分享着保护文物的责任，增强了社区的凝聚力和认同感。文物是社区文化的一部分，共同责任感促使社区成员共同致力于文物的保护和传承。这有助于形成独特的社区文化，体现社区的历史和价值观。共同责任感激发了社会成员的参与热情。当人们意识到保护文物是每个人的责任时，他们更愿意积极参与文物保护活动，推动社会参与度的提升。共同责任感有助于建立起持续性的文物保护机制。社区成员认识到文物的保护不是一时的行为，而是需要长期投入和合作的工作，形成了更为稳定的保护体系。共同责任感通过教育和意识提升，使社会成员更加理解文物的历史价值和文化意义。这有助于形成更为文明和有责任心的社会风气。在培养共同责任感的过程中，教育和社区活动扮演着关键的角色。通过开展相关的教育活动，强调文物保护的重要性，并通过社区合作项目建立共同责任感，将文物保护融入社区生活的方方面面。这样的共同努力将为文物的可持续性保护提供有力支持。

（六）跨代传承

社会参与文物保护有助于实现文化的跨代传承。通过让年轻一代参与，传统的知识和技艺能够得以传承，文化的延续性得到了加强。

综上所述，社会参与文物保护不仅是对过去文化的尊重，更是为了将文化传承给未来，形成文化的延续链条，让每个参与者都成为文化传承的一部分。

二、教育和启发

跨代传承是社会参与文物保护的一项重要成果。通过让年轻一代参与文物保护活动，实现了文化和传统的有机衔接，这对文化的长远发展有着深远的意义：

（一）传统知识的保留与传承

传统知识的保留与传承是社会参与文物保护中一项重要的目标。让年轻一代参与文物保护活动有助于实现以下方面的传承：许多文物背后都有着口头传统，包括故事、传说、歌谣等。通过实际参与文物的保护，年轻一代能够直接接触并学习这些口头传统，实现口头知识的延续。传统的手工艺技艺通常通过实践和传统工艺师傅的指导传承。年轻一代通过参与文物保护，可以学到这些技艺，确保这些传统手艺得以继续传承。很多文物与当地的自然环境和生态系统有深刻的关联。通过参与文物保护，年轻一代能够学到与自然和环境相关的传统知识和智慧，促使这些生态智慧得以传递。一些文物可能涉及传统医学和对植物的认知。通过参与文物保护，年轻一代可以学到传统的医学知识和对本地植物的认知，这对传统医学的传承至关重要。文物常常反映了当地的传统节令和习俗。年轻一代通过参与文物保护，能够更深入地理解和体验当地的文化习俗，确保这些传统在社区中得以保留。通过这些方式，社会参与文物保护不仅仅是为了保护实物，更是为了传承那些根植于文物背后的丰富知识和文化传统。这样的参与不仅培养了年轻一代对传统的尊重和理解，也为社区的文化传承打下了坚实的基础。

（二）文化技艺的传统性

文化技艺的传统性在社会参与文物保护中起到关键作用。通过年轻一代的实际操作和参与，文化技艺得以传承和发展，为文物的保护和文化的传统性贡献了重要力量。以下是文化技艺传统性的一些方面：许多文物与传统手工艺紧密相连，包括陶艺、织布、雕刻等。年轻一代通过参与文物保护，能够学到这些手工艺的具体操作和技巧，从而实现传统手工艺的传承。文物中的传统建筑和工程技艺常常是当地独特的文化标志。年轻一代参与文物保护，可以学到这些传统技艺，包括建筑结构、雕刻装饰等，有助于保持和传承这些技艺的传统性。某些文物可能涉及传统农业和渔业技艺，如农具、渔具等。年轻一代通过参与文物保护，能够了解和学到这些传统的农渔业技艺，促使这些技艺在社区中传承下去。文物中常常包含有传统艺术和表演元素，如舞蹈、音乐、戏剧等。通过参与文物保护，年轻一代可以学到这些传统艺术和表演技艺，有助于文化的传统性的保持。文物中可能包含有古老的制作和制造技艺，如传统的工艺品、器物等。年轻一代通过亲身参与，能够学到这些传统技艺，维系这些传统手艺的传统性。文化技艺的传统性不仅仅是一种手艺的传承，更是文化的延续和丰富。通过社会参与文物保护，年轻一代能够在实践中感受这些技艺的独特之处，从而更好地将其传承下去，为社区的文化传统注入新的生机。

（三）社会价值观的传递

年轻一代通过参与文物保护，不仅仅学到了实际的手工艺和技艺，同时还能感知和理解文物背后蕴含的社会价值观和信仰。以下是社会价值观传递的一些方面：文物往往反映了过去社会的道德观念和伦理价值。通过参与文物保护，年轻一代能够深入了解这些道德观念，学习其中的为人处世之道，从而传承和弘扬社会的正面价值观。某些文物可能是社区共同体的象征，代表着社会的团结和协作。通过参与文物保护，年轻一代能够体验到社区共同体的精神，理解共同合作的重要性，有助于传递和强化这种共同体精神。文物是历史的见证者，通过参与文物保护，年轻一代能够更好地理解社会的历史发展，培养正确的历史观念，认识到社会价值观的演变和传承。不同文物反映了不同文化的特点，通过参与文物保护，年轻一代能够学到并尊重不同文化的存在，形成包容和理解的社会价值观。某些文物可能与自然环境有关，通过参与文物保护，年轻一代能够体验到环境保护的重要性，形成可持续发展的社会价值观。通过这些方式，社会参与文物保护不仅是一种文化传承，同时也是社会价值观传递的重要途径。年轻一代在参与中，不仅学到了过去的智慧和技艺，更理解了社会的核心价值观，为社会的可持续发展和文化传承做出了积极贡献。

（四）文化认同的形成

文物保护对年轻一代文化认同的形成有着积极的影响，具体表现在以下几个方面：参与文物保护活动，年轻一代会深入了解本地文化的历史、传统和特色。通过亲身参与，他们能够更全面地认识文物所承载的文化信息，从而建立对本地文化的深刻理解。文物常常承载着传统的价值观念和信仰体系。年轻一代在参与文物保护的过程中，会接触到这些传统价值观，逐渐接受并形成对这些价值观的认同，从而在心中建立起文化认同感。参与文物保护，年轻一代有机会亲身体验传统的工艺技艺、历史故事等。这种亲身体验不仅强化了他们对文化的认同，同时也促进了传统文化的传承。文物常常是社区的重要象征，通过参与文物保护，年轻一代能够建立对社区的认同感。他们将文物与自己所在的社区紧密联系，形成共同体精神，从而建立起对社区文化的认同。通过了解和保护本地的文物，年轻一代逐渐形成对本土文化的自豪感。这种自豪感不仅体现在对文物的保护，也表现为对本土文化的积极传承和发扬。综合这些方面，文物保护为年轻一代提供了实际的参与机会，促使他们在心灵深处形成对本地文化的认同感，从而推动文化传承和社区认同的发展。这对于维护文化的多样性和社区的凝聚力具有积极的社会影响。

（五）社区凝聚力的培养

社区凝聚力的培养是年轻一代参与文物保护所带来的重要效应，主要体现在以下几个方面：参与文物保护的过程中，社区成员不论年龄都将目光聚焦在共同的目标上，即保护和传承本地文化。这一共同目标的追求促使社区成员之间形成一致的价值观和利益，增强了彼此之间的联系。文物保护活动通常需要社区成员之间的互动和合作。年轻一代的参与促使不同年龄层之间建立起更为密切的合作关系，共同努力完成文物保护的任务，增强了社区的合作精神。年轻一代的积极参与使得社区成员更多地感受到自己是社区发展的一部分，增强了社区参与感。这种参与感带来的满足感和认同感有助于形成共同体精神，培养社区凝聚力。年轻一代的参与有助于传承社区的文化底蕴。通过参与文物保护，他们能够更深入地了解社区的历史、传统和文化，从而更加珍视和传承这些文化元素，促进了社区凝聚力的形成。年轻一代的参与为社区提供了更多举办庆典和活动的可能性。这些活动不仅能够加强社区成员之间的联系，也为社区注入更多活力，培养了社区的凝聚力。年轻一代的积极参与文物保护是社区凝聚力培养的有力推动因素。通过共同努力、互动合作以及文化底蕴的传承，社区成员之间形成了更加紧密的联系，为社区的可持续发展奠定了基础。

在跨代传承的过程中，重要的是创造一个积极的学习和参与环境，鼓励年轻一代发表自己的见解和创意。这样的交流与互动有助于在传承中注入新的元素，使得文物保护更符合当代的需求和发展。这也是社会参与文物保护所带来的深刻而持久的社会影响。

三、经济发展

文物保护与经济发展之间存在着密切的关系，而文物旅游是其中一个显著的方面。以下是关于文物保护与经济发展的一些建议和思考：

（一）文物旅游的推动

文物旅游是一个极具潜力的领域，既可以促进文物的保护，又能够为当地经济带来可观的收益。提供专业的导览服务，让游客深入了解文物的背后故事、历史和文化背景。有经验的导游可以使游客更加深入地体验文物之美。设计互动体验项目，使游客能够参与其中，而不仅仅是被观赏。

这可以包括文物修复体验、传统手工艺品制作等，增强游客的参与感。利用科技手段，开发数字导览工具，如手机应用、虚拟现实导览等。这些工具可以提供更丰富的信息，让游客以更多元的方式了解文物。与当地旅游业者、酒店、餐厅等进行合作，形成联动效应。通过提供套票、优惠等方式，促进游客在当地的多个场景进行消费，增加整体旅游体验。定期组织与文物相关的文化活动，如文物主题展览、传统表演等。这不仅能够吸引游客，还能够为当地居民提供文化娱乐。在推动文物旅游的同时，要注重环保和可持续发展。合理规划游客流量，减少对文物的可能损害，同时推动当地社区的可持续发展。通过这些措施，文物旅游可以成为促进文物保护和当地经济发展的有效途径。

（二）文创产业的培育

文创产业的培育是将传统文物与现代创意结合起来，既能够为文物保护提供支持，又能够创造出具有当代文化价值的产品。以下是一些可以展开讨论的分点：针对具有独特图案和元素的文物，设计师可以将其运用到各类文创产品中，比如服装、家居用品、手工艺品等。这样的设计不仅传承了文物的美感，也为现代人提供了具有历史文化底蕴的产品。推动开发各种文创产品，如纪念品、工艺品、定制产品等。这些产品可以在文物保护机构、博物馆等地销售，也可以通过电商平台和实体店面向公众销售。建设文创产业园区，为设计师、创业者提供创意工作室、生产基地等资源。这样的园区可以成为文创人才集聚的地方，推动文创产业的蓬勃发展。组织文创活动和展览，展示和推广文创产品。通过参与各类文创展览，设计师和厂商可以更好地了解市场需求，受众也能更直观地感受文创产品的魅力。促进文创产业与文物保护机构、博物馆等的合作。通过合作，可以更好地挖掘文物的设计潜力，同时文创产品的销售也为文物保护提供了经济支持。运用数字技术，推动文创产品的定制化生产。这不仅可以提高产品的个性化程度，还能够减少库存压力，更灵活地满足市场需求。

（三）文物修复与研究

文物修复与研究中心的设立可以在多个方面发挥积极作用。文物修复与研究中心可以设立培训项目，培养更多的专业人才，包括文物修复专家、考古学家、文物保护科学家等。通过培训，不仅满足了中心的需求，也为整个文物保护领域提供了更多专业人才。中心可以进行文物修复技术的研究，探索更先进、更有效的修复方法。这不仅有助于提高文物修复的水平，还为文物保护领域的技术创新提供了动力。开展文物研究项目，深入挖掘文物的历史和文化价值。这些研究可以涉及文物的起源、时代背景、制作工艺等方面，为文物的全面认知提供支持。与国内外相关机构建立合作关系，进行学术交流和合作研究。这样的合作不仅能够引入更多的研究资源，还可以推动文物保护领域的国际化发展。在中心建立文物修复展示区，向公众展示文物修复的过程和成果。通过展示，可以增加公众对文物修复工作的了解，提高文物保护意识。中心可以通过举办研讨会、培训课程、参与国际合作等方式吸引资金。这些资金可以用于文物修复设备的更新、专业人才的培养，以及文物研究项目的开展。文物修复与研究中心的建设将为文物保护提供更多专业支持，同时也能够将文物保护的成果更好地分享给公众。

（四）文物展览和教育

文物展览和教育活动可以在多个方面产生积极影响。以下是一些可以进一步探讨的地方：设计具有特定主题的文物展览，例如某个历史时期、特定文化群体或某一类型的文物。这样的主题展览可以更深入地传达相关文物的背后故事，引发观众的兴趣。在展览中引入互动元素，让观众参与其中。例如，设置虚拟实境展示、文物复制品的触摸区域，使观众能够更亲身地感受文物的历史和艺术价值。与学校合作，将文物展览融入学校的教育课程。组织学生参观，同时提供相关的教育材料和活动，以促进学生对历史和文化的理解。在文物展览期间举办文化讲座和研讨会，邀请专家学者分享相关的历史、考古和文化知识。这可以提供更深层次的学术视角，吸引对文物保护感兴趣的人群。鼓励社区居民参与文物展览的策划和组织。通过社区参与，可以更好地了解当地文化的需求和期望，使展览更加贴近社区。在展览的同时，考虑建立数字展览平台，使更多人能够在线参与。这样可以扩大展览的影响范围，使更多人能够远程欣赏和学习。通过文物展览和教育活动，文物保护不仅可以实现文化传承，还能够对社会产生深远的教育和文化影响。

（五）文物商业合作

与企业合作，通过文物的形象进行品牌推广。这种合作可以包括在商品包装上使用文物元素，或者在企业活动中与文物相关的主题。与知名品牌合作，将文物元素融入其产品或广告活动中。这可以提高文物的曝光度，同时为品牌赋予历史和文化的内涵。开发定制商品，例如以文物为灵感设计的纪念品、艺术品等。这些商品不仅具有独特性，还可以成为文物保护的筹资方式。吸引企业赞助文物保护项目或文物展览。企业赞助可以为企业提供正面宣传，同时为文物保护提供必要的经济支持。举办文创设计比赛，邀请设计师和创意人才以文物为主题创作。获奖作品可以得到生产和销售的机会，从而促进文创产业的发展。建立文物保护基金，通过企业和社会捐赠来支持文物保护项目。这可以是企业社会责任的一部分，同时也为企业建立良好的社会形象。

（六）国际合作项目

国际合作对于文物的保护和传承具有积极的影响。通过国际合作项目，可以促进文化的交流与共享。文物的展览、交流活动有助于增进各国对彼此文化的了解，从而建立更紧密的国际关系。在国际合作中，不同国家和机构可能拥有各自独特的技术和经验。共享这些资源可以推动文物保护领域的技术创新，提高文物数字化、修复等方面的水平。各国可以整合资源，共同应对文物保护面临的挑战，如自然灾害、盗窃、非法贩卖等。共同行动可以更有效地保护全球文化遗产。通过国际合作项目，可以开展文物保护人才的培训与交流活动。这有助于培养更多专业的文物保护人员，提高全球文物保护的整体水平。合作项目提供了机会进行联合研究，深入了解不同文化之间的联系和影响。这有助于拓展文物保护的研究领域，促进文物保护的理论和实践的发展。通过国际合作，文物不仅能够在全球范围内得到更好的保护，还能够为国际社会的和谐与合作做出贡献。通过将文物保护与经济发展相结合，可以实现文物保护事业的可持续发展。这样的做法不仅有助于传承和保护文化遗产，同时也为社会经济带来了积极的影响。

四、文物保护意识的提高

社会参与确实是推动文物保护的重要一环。以下是一些关于提高文物保护意识的社会参与方式：

（一）文化教育活动

邀请文物保护专家、考古学家等行业权威进行主题讲座和研讨会，深入介绍文物的背后故事、文物保护面临挑战和最新的研究成果。这有助于增加听众对文物保护问题的深度了解。通过组织文物保护的互动式工作坊，让参与者亲自体验文物保护的基本技能，如清理、修复等。这种实践性的学习方式能够更直观地传递文物保护的方法和技巧。利用虚拟技术，创建在线文物展览，使更多人可以通过互联网参与。这种数字展览形式不受地理位置限制，能够让更多人欣赏到珍贵的文物。制定专门的文物保护教育项目，面向学校、社区和其他群体。通过提供专业的文物保护培训，培养更多关注文物的志愿者和爱好者。设立文化遗产节日，将文物保护与庆祝文化多样性相结合。举办传统文化表演、手工艺品展销等活动，让公众在欢乐中更深入地认识文物。与学校、博物馆、文化机构等合作，共同开展文物保护教育项目。通过跨界合作，整合资源，实现文物保护教育的全面推进。通过多样化的文化教育活动，可以更好地引起公众对文物保护的兴趣，提高他们的文化素养，从而更积极地参与文物保护工作。

（二）志愿者活动

设立文物保护的志愿者团队是一项非常有意义的举措。通过这个团队，我们能够调动更多热爱文物的人积极参与文物保护工作，形成社会大众共同参与的局面。这种社会力量的介入，不仅能够增加资源，也能够扩大文物保护的影响范围。

志愿者的任务可以涵盖巡视、清理、宣传等多个方面。巡视工作可以及时发现文物存在的问题，确保其安全；清理工作则有助于维护文物的原始状态，延长其寿命；而通过宣传，可以让更多人了解文物的价值，引起社会对文物保护的关注。这个志愿者团队的设立，不仅仅是为了文物的保护，更是为了传承和弘扬文化。通过志愿者的参与，我们可以在社区中建立起一个积极向上的文物保护文化，让更多人参与其中，形成文化传承的良性循环。这样的举措对于社会的文明发展具有深远的意义。

（三）学校课程

在学校中加入文物保护的课程是一个非常有前瞻性的举措。通过这样的课程，我们可以培养学生对文化遗产的认知和重视，让文物保护理念在他们的成长过程中扎根。这样的课程可以包括文物的历史、价值，以及文物保护的方法和重要性等内容。通过系统教育，学生能够更深刻地理解文物对于社会和文化的重要性，从而形成对文物保护的积极态度。此外，这也是培养学生综合素质的好机会。文物保护涉及多个方面的知识和技能，比如历史、文化、科学等，学生在学习这门课程的同时，可以全面提升自己的综合素养。最重要的是，这种教育可以激发学生的兴趣和热情，让他们在未来更加关心文物保护事业，甚至成为文物保护的倡导者和推动者。通过学校课程培养学生的文物保护意识，可以在更大范围内推动文物保护理念的传播,为文化传承贡献力量。

(四)社区活动

社区活动中加入文物保护元素是一种非常具体而且富有创意的方式。通过文化活动,比如文艺演出和传统手工艺展示,将文物保护融入社区建设,能够激发社区居民的兴趣,使他们更好地了解和参与文物保护工作。文艺演出可以通过表演、音乐等形式传递文物的历史和故事,增加居民对文物的情感认同。而传统手工艺展示则是一个生动的方式,让人们亲身体验传统工艺的魅力,从而更加关注和尊重文物。这种方式不仅能够宣传文物保护的重要性,还能够创造一个社区共同体的氛围。通过共同参与文化活动,社区居民可以感受到文物保护对于社区发展的积极影响,形成大家共同关心、共同参与的局面。同时,这也是一个促进社区文化传承的机会。通过展示传统手工艺等,可以传承和弘扬当地的文化传统,使社区更有深厚的文化底蕴。总的来说,将文物保护融入社区活动,不仅能够提高居民对文物的关注度,也为社区建设增色不少。

(五)社交媒体宣传

社交媒体宣传文物保护是一种高效且广泛传播的方式。通过这样的平台,我们可以迅速传达文物保护的知识,引导公众更加关注文化遗产的保护问题。在社交媒体上可以发布文物的故事、历史,甚至是一些有趣的文化小知识,以吸引用户的注意。同时,借助图文并茂的方式,可以形成更生动有趣的宣传内容,让更多人参与其中。利用社交媒体的分享和转发机制,宣传信息可以迅速传播开来,形成传播效应。这有助于扩大文物保护的影响范围,让更多人认识到文化遗产的珍贵性,激发公众参与文物保护的积极性。另外,可以通过在线互动,例如举办线上文物知识竞赛、征集文物故事等方式,拉近与公众的距离,使文物保护不再是遥远的事情,而是大家都可以参与的社会活动。通过社交媒体宣传,可以形成一个网络化的文物保护宣传体系，让文物保护理念更深入人心，为文化遗产的传承和保护汇聚更多的社会力量。

(六) 文物保护组织

支持和参与文物保护组织的活动是一种直接而有力的保护文物的方式。这些组织通常由专业人士和热心公众组成，致力于推动文物保护事业。通过支持这些组织，我们可以直接参与到文物保护的具体行动中。这可能包括参与文物修复、保护现场的志愿工作，或者参与文物保护相关的讲座、培训等活动，提高自身对文物保护的认知水平。同时，这也是与其他关心文物保护的人们建立联系和共同努力的机会。在这样的组织中，能够结识到各领域的专业人士和热心公众，共同交流经验、分享资源，形成更有力的文物保护网络。支持文物保护组织还可以通过捐款、志愿工作等方式进行。这些组织通常需要社会的支持和参与，我们可以通过自己的力量，为文物保护事业贡献一分力量。总的来说，支持和参与文物保护组织的活动是一种积极而实际的行动，有助于将个人的关切转化为实际的文物保护行动，共同推动文化遗产的保护和传承。

社会参与不仅仅是为文物保护提供实质性的支持，更是将文物保护融入社会价值观念中，形成全社会的文物保护共识。

五、创新和技术发展

社会参与文物保护不仅可以推动文物保护事业本身，还能在创新和技术发展方面发挥积极作用。社区和个体的参与往往带来多元化的观点和方法，促使文物保护领域不断迭代和创新。

(一) 技术创新

技术创新在文物保护领域的应用确实是激动人心的。通过社会参与引入虚拟现实、人工智能等新技术，可以为文物保护带来许多创新的解决方案。利用 VR 技术，人们可以远程参观文物，仿佛置身其中。这不仅能够提供更全面的文物展示体验，还能够降低人们实际接触文物的频率，减缓文物的自然磨损。AI 在文物保护中的应用可以涉及图像识别、文物修复等方面。通过图像识别，可以更准确地监测文物的状态变化；而在文物修复中，AI 辅助可以提高修复的精确性和速度。利用技术手段将文物数字化保存，建立数字化档案。这不仅有助于文物的长期保存，还方便了研究和教育的开展。引入实时监测系统，利用传感器等设备监测文物的环境变化、湿度、温度等，以便及时采取保护措施。利用云端协作平台，文物保护专业人士和爱好者可以共同参与修复和保护工作，实现全球范围内的合作。这些技术的应用不仅提高了文物保护的效率，也使得文物更广泛地被人们了解和欣赏。通过社会参与，技术创新在文物保护领域发挥着重要的推动作用。

（二）公众参与科研

公众参与科研活动对文物保护领域的发展具有积极的推动作用。通过社会参与，可以激发公众对文物的兴趣，促使更多人参与到文物研究和分析中，带来多元化的视角和见解。公众参与科研可以借助群体的力量，通过众包的方式，收集和整理大量的文物数据。这种集体智慧的方法有助于挖掘更多文物的历史信息。发起众包研究项目，邀请公众提供对文物的观察和见解。这种方式不仅可以拓展研究视角，还能够促进文物的更全面的解读。将文物数据开放给公众，鼓励他们进行自主研究。这种开放式的研究环境有助于激发公众的创造力，可能带来一些专业领域内遗漏的信息。对于一些古老的文物文字或碑铭，可以发起众包翻译和解读项目，邀请公众提供他们的见解，从而推动对文物历史的深入研究。与社区建立合作关系，共同进行关于文物的研究项目。这有助于加深社区对文物的认同感，并促使更多人主动参与到科研活动中。通过公众参与科研，不仅能够拓展文物研究的广度和深度，还能够加强社会与文物之间的联系，使文物保护更具有社会参与性。这样的合作模式有助于推动文物保护领域朝着更开放、包容的方向发展。

（三）文物保护教育

文物保护教育的创新通过社会参与可以使更多人受益，提高公众对文物保护的认知和理解。利用在线学习平台，开设文物保护相关的课程和教育项目。这样的平台可以使学习更加灵活，吸引更多人参与，尤其是那些无法亲临实地的人。利用虚拟实验室技术，模拟文物保护的实际操作过程。这种虚拟实验室可以提供一种安全、可控的学习环境，让学生更直观地了解文物保护的实践。开发具有教育性质的文物保护游戏，通过游戏的方式引导玩家了解文物保护的原理和技术。这样的趣味性学习方式能够吸引更多年轻人参与。设计文物保护实地参与项目，让学生亲身参与文物保护活动。这种实践性的学习经验可以加深学生对文物保护工作的理解，培养实际操作能力。在社区举办文物保护讲座和工作坊，邀请专业人士分享知识和经验。这样的活动有助于将文物保护教育融入社区生活中，使更多人受益。通过这些创新教育方式，文物保护的知识可以更广泛地传播，激发更多人产生对文物保护的兴趣。这有助于培养更多的文物保护专业人才，同时提高公众对文化遗产保护的重视程度。

（四）开放式创意

开放式创意是一个非常富有活力和创新性的方法，尤其在文物保护领域。通过社会参与鼓励公众提出创意和建议，可以带来以下益处：来自不同背景和专业领域的人们可能会提出新颖的观点，为文物保护问题提供多元化的解决方案。非专业人士的参与可能会激发出创新的想法，因为他们通常能够提供独特的视角和思考方式。鼓励公众参与创意过程可以增强社区成员对文物保护的参与感和责任感，形成更为紧密的社区。有时候，简单而创意的解决方案可能比复杂的技术更加实用，而社会参与可以带来这些低成本创新。公众的参与可以促使更多人对本地文化和历史的关注，从而推动文化传承。鼓励公众提出创意可以形成社群协作的氛围，大家可以一同合作解决文物保护中的难题。为了鼓励开放式创意，可以通过举办创意竞赛、征集意见、举办创意工坊等方式，激发公众的参与性和贡献性。这样的开放式创意过程有助于让文物保护领域更加开放、创新，同时培养公众对文物保护的积极参与态度。

（五）数字化档案管理

数字化档案管理在文物保护领域的发展中起到了重要的推动作用。社会参与可以加速数字化档案管理的发展，使得文物信息更容易被保存、分享和传播。社会参与可以促进文物数字化保存的工作。通过公众的参与，可以更广泛地收集文物的数字化数据，建立更为全面的文物档案。公众可以参与文物数字化过程中的分类和标注工作，帮助更准确地整理文物信息。这样的参与不仅提高了效率，还促进了公众对文物的理解和关注。将数字化档案以开放式数据库的形式呈现，让更多人可以自由获取文物信息。这有助于推动文化遗产的传播和共享。利用数字化档案，创建虚拟展览和学习资源。这样的资源可以通过互联网广泛传播，为更多人提供学习和欣赏的机会。数字化档案可以记录文物修复的过程和方法，形成经验总结，方便后来者学习和借鉴。利用数字化技术对文物进行防伪溯源，确保文物的真实性和完整性。通过社会参与推动数字化档案管理的发展，不仅能够更好地保护文物信息，还有助于提高文物的可持续性管理和利用。这种数字化的方式为文物保护带来了更多的便利和可能性。

总体而言，社会的广泛参与为文物保护带来了更多可能性，促使这个领域在技术和创新方面不断前进。通过共同努力，我们可以更好地保护和传承宝贵的文化遗产。

六、国际交流与理解

社会参与文物保护不仅仅是在国内层面发挥作用,还能够促进国际的文化交流与理解。

(一)共同保护目标

共同保护目标是促进国际文物保护合作的重要基础。通过社会参与,不同国家的人们可以在共同的文物保护目标上展开合作,共同致力于解决文物保护面临的各种问题。不同国家可能面临相似的文物损害和保护挑战,通过社会参与,可以促进这些国家之间的信息共享。共同面对问题,可以加速解决方案的研发和实施。社会参与推动跨国合作的文物研究项目。不同国家的专业人士和志愿者可以共同开展研究,分享经验,形成更全面的文物保护解决方案。自然灾害是全球性的问题,通过共同参与文物保护,不同国家可以在自然灾害发生时共同协作,提供援助和资源,保护受影响的文物。社会参与可以促使不同国家更好地遵循国际文物保护标准。共同制定和遵守标准有助于形成全球文物保护的共同基础,提高整体保护水平。通过社会参与,可以促进全球范围内对文物保护的共同意识。人们能够更好地认识到文物的重要性,形成共同的价值观和行动方向。通过共同保护目标,国际上的文物保护不再是各自为战,而是形成了一个共同奋斗的目标。这种合作有助于充分发挥全球各方的力量,共同保护和传承世界各地的文化遗产。

(二)文物保护经验分享

不同国家和地区拥有丰富的文物保护经验,社会参与可以促使这些经验得到分享。通过在线平台、国际研讨会等形式,各国社会参与者可以交流经验,学习彼此的成功案例和方法。文物保护经验的分享是促进国际合作的重要途径。社会参与在这一过程中扮演着关键的角色，通过各种方式促使不同国家和地区的文物保护经验得以共享。利用在线平台，建立文物保护专业社交网络。这些平台可以成为专家、研究者和社会参与者分享文物保护经验、交流见解的场所。通过组织国际性的研讨会和论坛，鼓励不同国家的文物保护者共同参与，分享各自的经验。这种面对面的交流能够更深入地传递经验和知识。创设在线研究资源库，收集整理各国文物保护的实践案例、技术手段等，方便社会参与者随时获取和学习。通过开展国际性的文物保护合作项目，促使不同国家的专业人士在实践中共同探索解决问题的方法，并将经验进行分享。在国际文化交流活动中，设置文物保护专题，让各国代表分享本国的文物保护经验，增进相互了解。利用社交媒体平台，鼓励文物保护者分享自己在实践中的心得体会、成功案例等。这有助于将经验传播到更广泛的受众中。通过这些方式，社会参与者可以跨越国界，学习不同文化背景下的文物保护经验。这种经验的分享有助于各国在文物保护方面取长补短，共同推动全球文化遗产的保护事业。

（三）文化遗产旅游

文化遗产旅游是社会参与文物保护的一种积极方式，它不仅为文物提供了更多的关注和资源，同时也成为促进经济发展和文化交流的桥梁：文化遗产旅游能够成为当地经济的推动力。吸引国际游客参与文物保护活动，既创造了就业机会，也促进了当地商业和服务业的发展。通过文化遗产旅游，社会参与者可以向文物保护提供更多的资源和支持。旅游业的发展带来的收入可以用于文物修复、保护和管理。通过旅游活动，文物得以更广泛地为人们所知。游客通过参与文物保护活动，不仅能够欣赏文物，还能够了解文物的历史和文化背景。吸引国际游客参与文化遗产旅游有助于促进文化交流。游客能够更深入地了解当地的文化，同时也将自己的文化带到其他地方。文化遗产旅游可以激发社区居民对文物保护的兴趣和参与热情。当地社区成为文物旅游的一部分，有助于弘扬当地文化传统。在社会参与的推动下，文化遗产旅游可以朝着更加可持续的方向发展。注重环境保护、文化传承和社区参与的旅游模式有助于文物保护事业的可持续发展。通过文化遗产旅游，社会参与者和游客可以在欣赏和保护文物的过程中实现共赢，推动文物保护事业迈向更加综合和可持续的方向。

（四）联合文物修复项目

联合文物修复项目是一种有力的方式，通过在国际层面集结专业人士和文物爱好者，共同致力于保护具有国际价值的文物。这种合作模式有助于集思广益，更全面地保护文化遗产：联合文物修复项目可以集结来自不同国家的专业人士，包括文物保护专家、考古学家、艺术品修复师等。不同文化背景和专业知识的融合有助于制定更全面、多元的修复方案。通过国际合作，各国参与者可以共享各自的修复技术和经验。这种信息的交流促进了全球文物修复技术的发展。联合修复项目不仅限于修复过程，还可以包括联合研究和培训计划。这样的项目有助于培养更多的文物保护专业人才。通过参与文物修复项目，专业人士和爱好者之间的互动促进了文化交流。在修复的过程中，人们不仅学到了技术，还深入了解了其他国家的文化。参与联合文物修复项目的国家可以考虑建立国际性的文物保护联盟，形成长期稳定的合作机制，共同应对跨国文物保护的挑战。联合文物修复项目可以涵盖不同领域的文物，包括建筑、绘画、雕塑等。跨界的合作使得不同类型的文物得到更全面的关注和保护。通过联合文物修复项目，各国之间能够协同努力，更好地保护和传承具有国际重要性的文化遗产。这种国际合作不仅有助于提升文物修复的水平，也促进了世界各国在文物保护领域的共同发展。

（五）文物巡展

文物巡展是一种有力的文化交流方式，通过将文物引入不同国家，为人们提供了近距离欣赏和学习的机会。这种国际性的展览活动有助于促进文化理解和跨文化交流：通过文物巡展，人们能够亲身体验和欣赏其他国家的文化遗产。这种直观的体验有助于加深对其他文化的理解，促进不同文化之间的交流。巡展是一种将文物保护理念传播到全球的有效方式。展览不仅展示了文物的美丽和独特之处，还可以呼吁人们共同保护这些宝贵的文化遗产。文物巡展为公众提供了学习和教育的机会。通过展览，人们能够了解文物的历史、文化背景以及保护的重要性，激发对文化遗产的兴趣。在文物巡展的过程中，举办相关的文化活动和讲座，促使不同文化的人们进行交流。这种跨文化互动有助于建立友谊，拉近不同国家和地区的关系。文物巡展通常需要国际合作，涉及文物的借展和运输。这种合作加强了国家之间的文化交流，为更多文物的跨国展示打下了基础。文物巡展也可以成为社会参与文化活动的平台。人们可以通过参与展览策划、志愿服务等方式，积极参与文物保护事业。通过文物巡展，文化遗产得以走向全球，为人们提供了跨足国界的文化体验。这种方式不仅促进了文化遗产的传承与保护，也为国际社会搭建了一个理解与尊重彼此文化的桥梁。

（六）国际志愿者交流

国际志愿者交流是一种促进文物保护国际合作的重要途径，通过志愿者的互访和合作，可以达到以下效果：国际志愿者交流促进了文化交流和理解。志愿者们可以深入了解不同国家和地区的文物保护实践，体验当地的文化和传统。不同国家的志愿者可能有不同的文物保护技术和经验。通过交流，志愿者们可以分享各自的技术方法和修复经验，促进全球文物保护技术的共同进步。国际志愿者可以共同参与文物保护项目，如修复、整理、数字化等。这种合作方式使得项目的实施更加多元化，各方能够共同贡献力量。国际志愿者交流形成了一个国际性的文物保护社群。志愿者们在交流中建立联系，形成长期的友谊和合作关系，为未来的文物保护工作打下基础。国际志愿者交流项目有助于培养年轻一代的文物保护者。年轻的志愿者通过参与国际项目，可以拓宽视野，积累经验，为未来的文物保护事业做好准备。国际志愿者交流也是一种提升文物保护意识的方式。志愿者们通过亲身参与,更深刻地理解文物保护的重要性,将这种意识传播到更广泛的社会。通过国际志愿者交流,各国文物保护者能够共同面对挑战,分享成功经验,形成更加紧密的国际合作网络,共同致力于全球文物的保护与传承。

通过这些方式,社会参与文物保护可以成为国际文化交流的桥梁,促进不同文化之间的相互理解与尊重。这样的跨文化交流有助于构建一个更加和谐、包容的国际社会。

七、环境保护

文物保护与环境保护之间存在着密切的关系。通过社会参与文物保护,可以促进可持续的文物管理和展示方式,从而减少对环境的不利影响。

(一)可持续修复和保护

文物不仅仅是历史和文化的载体,也是环境的一部分。古老的建筑、文物记录着过去的环境状态,是环境演变的见证者。因此,保护文物就是在一定程度上保护和维护环境的完整性。社会参与文物保护是关键的一环。通过公众的参与,形成广泛的关注和共识,可以推动可持续的文物管理和展示方式。这有助于确保文物保护不会仅仅成为历史的保存,而是与当代社会和环境相结合,产生更积极的影响。强调可持续性的文物管理方式包括使用环保材料、采取节能措施以及减少不必要的资源浪费。这有助于降低文物保护对环境的负面影响,使整个文物保护过程更加环保和可持续。文物保护活动通常涉及修复、展示等过程,这些过程可能对环境产生负面影响。通过科学技术手段和社会参与,可以减少对环境的不利影响,确保文物的保护与环境的保护相辅相成。

（二）节能减排

通过进行文物展馆的能源审查，了解能源使用情况和效益。这可以为制定后续的改进计划提供基础。替换传统的照明系统为 LED 等高效能源的照明系统，以降低能源消耗。并通过自动化控制系统，确保只在需要时使用照明。使用智能温控系统，根据展馆内的实际需求调整空调和加热系统，以提高能源利用效率。考虑在文物展馆中引入可再生能源，如太阳能或风能。这有助于减少对传统能源的依赖，从而降低碳排放。建立智能监测系统，实时监测展馆内的环境状况和能源使用情况。通过数据分析，及时调整管理策略，以提高整体效能。在文物展示中加入关于能源节约和环保的信息，通过教育和引导，激发公众对于可持续发展的意识。同时，鼓励游客参与文物馆的环保举措。通过这些措施，文物展示和管理不仅能够更好地保护文物本身，还能够为节能减排做出贡献。这种融合了文化保护和环保理念的做法不仅符合可持续发展的要求，也为社会传递了环保的积极信息。

（三）数字化保存

数字化保存是一项可持续而高效的文物保护措施，它不仅有助于文物本身的保护，还能减少对环境的不利影响。以下是数字化保存在文物保护和环境保护方面的优势：数字化保存使得文物不再需要频繁搬运和展示，因为数字化档案可以轻松共享和传播。这减少了物理运输的需求，降低了能源消耗和碳足迹。长时间的光照会对文物造成损害，尤其是对于易受光照影响的文物。数字化保存可以减少文物暴露在光线下的时间，从而降低光照造成的潜在损害。数字化保存不需要大量的展示空间和保管空间，相比之下，传统的文物陈列和保管需要大量的空间。这节省了建筑资源，并减少了对自然环境的占用。数字化档案可以轻松备份和存档，提高了文物信息的安全性。同时，数字化保存的文物资料可以更方便地与其他机构、学者和公众分享，促进文化的传承和交流。数字化保存提供了更好的可追溯性，记录文物的状态和历史。这有助于制定更科学的文物管理计划，实现文物的可持续保护。通过数字化保存，我们能够在文物保护的同时降低对环境的影响，实现文化遗产的可持续发展。这是一种现代化的文物管理方式，符合当今社会对于环保和可持续性的迫切需求。

（四）环保展览设计

环保展览设计是一种以可持续性为导向的文物管理方式，通过在设计和实施过程中考虑环保因素，可以降低对环境的负担。在展览设计中选择可回收的材料，减少对自然资源的消耗。使用再生材料和可降解材料，以降低展览所产生的废弃物量。采用低碳设计理念，考虑降低能源消耗和碳排放。例如，选择节能照明系统、使用环保材料，并通过智能控制系统调整环境条件，以提高整体的能源利用效率。在展览场馆中实施水资源管理策略，减少用水量。使用高效节水设备，收集雨水用于植被养护，降低对当地水资源的依赖。通过展览设计传递环保信息，唤起观众对环境保护的意识。可以在展览中设置互动环节，引导观众参与到环保行动中，形成良好的社会参与。在展览元素的运输和搭建中考虑环保因素，选择可持续的运输方式，减少对空气质量和交通的负面影响。并采用可重复使用的搭建结构，减少一次性搭建所产生的废弃物。在展览场馆周围增加绿化和植被覆盖，有助于改善空气质量，并为游客提供一个更加宜人的环境。同时，植被还可以在一定程度上吸收和净化空气中的有害物质。通过将环保理念融入文物展览设计中，我们可以创造更具可持续性的文化活动，减轻对环境的冲击，同时提高观众对环保意识的认识。这种以环保为导向的展览设计符合当今社会对可持续发展的追求。

（五）环保教育

在文物展馆设置信息展板、互动体验装置，介绍环保的基本概念、方法和重要性。通过视觉和互动，吸引游客的注意力，使其更容易理解和记忆环保知识。在导览和讲解中加入环保主题，与文物相关联，分享文物与环境的关系。讲解员可以向游客介绍文物保护的同时，强调保护环境的重要性，引导游客思考他们个人的环保责任。组织环保活动和工作坊，让游客亲身参与。例如，可以组织废物利用手工艺制作、植树活动等，以实际行动传递环保的价值观。举办与环保相关的临时展览或艺术项目，通过艺术的方式表达环保理念，吸引更多人的关注。这可以是艺术品、摄影展览，或是与当代环保问题相关的文化创意活动。在文物展馆制定参与环保的规则，例如鼓励使用可持续材料的纸质导览手册，提倡环保的行为。设置奖励制度，激励游客参与到环保行动中，创造积极的环保文化氛围。利用社交媒体和展馆的数字平台，分享关于文物与环保的信息、故事和活动。通过在线平台扩大环保教育的影响范围，与更多人分享环保理念。通过将环保教育融入文物保护项目中，可以在文化传承的同时，引导公众关注环保问题，并鼓励采取可持续的行动。这样的综合性做法不仅有助于文物展馆的社会责任履行，也能够培养更广泛的环保意识。

（六）绿色文物旅游

鼓励游客采取环保的交通方式前往文物旅游目的地，如公共交通、自行车、步行等。提供便利和优惠，鼓励游客选择低碳出行，减少对空气质量和交通拥堵的负面影响。在文物旅游目的地建设绿色交通基础设施，包括自行车道、步行道、电动车充电站等。这有助于提供更多的环保交通选择，改善游客的出行体验。推广使用数字化导览系统，减少纸质导览手册的使用。同时，鼓励游客在线预订门票和导览服务，减少排队等待所产生的不必要的环境影响。将文物旅游与生态保护相结合，推动可持续的旅游开发。通过科学规划，确保文物旅游活动对当地生态系统的影响最小化，保护自然环境和生物多样性。促进文物旅游与当地社区的紧密合作，支持当地社区的绿色发展项目。这包括推动本地文创产业、支持可持续农业和手工业等，通过文物旅游带动当地经济的可持续增长。在文物旅游目的地设立环保宣传点,向游客传递环保知识和行为准则。通过展览、互动体验等形式,提升游客对环保的认知和意识。建立绿色旅游认证制度,鼓励文物旅游相关企业和景区采取环保措施。同时设立奖励制度,激励他们在可持续发展方面取得更好的业绩。通过推动绿色文物旅游,我们可以在保护文化遗产的同时,促进环保和社区的可持续发展。这种综合性的绿色旅游理念有助于平衡旅游业的发展和自然环境的保护。

(七)社区参与环境保护

开展面向社区居民的环境教育项目,通过举办讲座、工作坊、展览等形式,向居民传递环保知识,提高他们的环境意识。组建社区文物保护志愿者团队,让社区居民参与到文物保护工作中。志愿者可以协助保护文物、参与考古发掘,同时传递文物保护与环保的紧密联系。与社区居民一起制定和实施具体的环保项目,如垃圾分类、植树活动、水资源保护等。确保社区环保项目与文物保护目标相互支持,形成良性循环。制定社区可持续发展规划,将文物保护、环境保护、社区经济发展等因素纳入考虑。确保社区的发展是综合、可持续、符合当地文化和环境的。通过建设社区绿道、公园、社区花园等绿色基础设施,提高社区居民的环境舒适度,同时促进文物保护与社区环境的融合。在社区组织文化活动时,结合环保主题,如文物展览、艺术节、绿色市集等。这不仅能够丰富社区文化生活,还能够引导社区居民更多地关注环保问题。设立社区环保奖励机制,鼓励社区居民提出并实施创新的环保项目。奖励可以是物质奖励、荣誉奖励或其他激励方式。通过这些举措,文物保护不再是孤立的活动,而是与社区环保紧密相连,形成一个互动、合作的可持续发展模式。这样的模式有助于加强社区凝聚力,提升居民的环保责任感,实现文物保护和社区环保的双赢。通过社会参与文物保护,我们可以更加全面地考虑文物管理对环境的影响,并努力在保护文物的同时实现对环境的尊重和保护。这样的可持续文物保护模式有助于创造更加和谐的社会和自然环境。

综合来看，社会参与文物保护不仅仅是对历史和文化的一种贡献，更是对社会各个方面的积极影响，有助于实现全面的可持续发展。

第二节 博物馆的教育推广作用

一、历史文化教育

历史文化教育是博物馆中的一项重要使命。通过陈列和展览，博物馆为公众提供了深入了解本地和全球历史的机会，产生了许多积极的影响：

（一）传承文化遗产

博物馆通过收藏和展示具有历史和文化价值的文物，将它们呈现给观众，使人们能够亲身接触、欣赏和学习。这有助于传承并保护文化遗产。利用现代技术手段，对文物进行数字化保存。数字化的文物资料可以更好地保存和传播，以确保文化遗产得以长时间保存，并能够在全球范围内分享。定期举办特展和主题展览，突出文化遗产的不同方面。这不仅能够吸引更多观众，还有助于深入挖掘文化遗产的多样性。开展面向学校、社区和公众的教育项目和工作坊，使人们更深入地了解文化遗产。这种参与式的学习方式有助于培养人们对文化遗产的兴趣。与当地社区建立合作关系，通过与居民共同参与文化遗产保护的活动，实现文化传承的社区参与。博物馆可以参与编纂文化史书籍和资料，将丰富的文化遗产记录下来，为后代提供参考和学习的资料。通过展示传统手工艺品和工艺技艺，鼓励传统工艺的传承。同时，可以开设工艺传承班或培训项目，促使新一代人学习和传承传统工艺。通过国际合作和文化交流，加强与其他国家和地区的联系，促进文化遗产的跨国传承和共享。通过这些方式，博物馆不仅守护着文化遗产，而且积极推动文化遗产的传承工作，确保丰富的历史和传统得以延续并为后代所继承。

(二) 激发历史兴趣

博物馆通过生动的展览和陈列，以及亲身接触和视觉体验，成功激发了公众对历史的浓厚兴趣。博物馆展览设计的精心策划是吸引观众兴趣的关键。通过巧妙的展陈和布局，使展品能够生动地呈现历史故事，引发观众的好奇心。设计互动体验和参与性活动，让观众能够参与到历史中。这可以是模拟场景、互动展品或者角色扮演活动，使观众更深入地体验历史。利用多媒体和技术手段，如虚拟现实、增强现实等，将历史场景还原或呈现出更具沉浸感的展示方式，激发观众的历史兴趣。博物馆的讲解员和导览服务发挥着关键的作用。他们可以向观众讲述历史的故事，解释展品背后的文化和历史背景，增强观众的学习体验。举办历史教育活动和工作坊，使观众能够参与到历史研究和实践中。这样的参与性学习活动有助于激发观众主动学习的兴趣。定期推出主题展览和临时展览，吸引不同兴趣和年龄层的观众。这样可以保持博物馆的新颖性和吸引力。利用数字化技术，提供在线互动和虚拟参观体验。这样观众可以在博物馆外也能够进行历史探索，进一步激发他们的历史兴趣。通过这些方法，博物馆成功地创造了一个富有吸引力和启发性的学习环境，使观众更加深入地了解和热爱历史。这对于历史文化的传承和保护起到了重要的推动作用。

(三) 促进文化理解

博物馆促进文化理解的作用是至关重要的，它有助于加深人们对不同文化之间的理解，减少误解，促进社会的和谐发展。以下是博物馆如何实现促进文化理解的一些建议：博物馆可以通过多元文化陈列，展示来自不同历史时期和地域的文物。这有助于展示文化的多样性，增进观众对不同文化的理解。定期举办跨文化主题的展览，深入探讨文化交流、融合和共生。这样的展览能够引起观众对不同文化互动和影响的思考。在博物馆中设置文化解读区域，为观众提供更深入的文化解读。同时，博物馆的讲解员可以在导览中强调文化的背后故事，促进观众对文化的深入理解。举办文化交流活动，包括文化讲座、座谈会、文艺演出等，为观众提供更多了解和体验不同文化的机会。参与或主办文化节庆活动，展示和庆祝不同文化的传统和习俗。这样的庆典有助于拉近文化之间的距离，促进文化的相互尊重。利用博物馆的数字平台，通过网上展览、虚拟参观等形式，向全球观众介绍不同文化。这有助于扩大文化理解的影响范围。促进国际的文化交流，与其他国家和地区的博物馆建立合作关系，共同推动文化理解的交流与合作。通过这些方式，博物馆能够成为促进文化理解的平台，为社会构建一个更加开放、包容、和谐的文化环境。促进文化理解有助于人们更好地理解和尊重彼此的差异，从而共同推动社会的进步和发展。

（四）历史教育的延伸

博物馆作为学校的延伸教育场所，对历史教育的延伸具有独特的价值。以下是一些博物馆如何为学校提供理想历史教育场所的方式：博物馆可以与学校的历史课程对接，提前了解学生所学的历史内容，并精心策划与之相关的展览。这样，学生在参观博物馆时可以更好地理解教科书中所学的知识。博物馆可以为学校提供专门的教育活动和导览服务。学生可以通过专业讲解，深入了解展览中的历史文物，得到更系统、深刻的历史教育。学校可以组织学生进行博物馆的实地考察和研究。这种实地体验可以帮助学生更直观地感受历史，培养他们的观察能力和独立研究的能力。博物馆可以设计互动体验和实践活动，让学生参与到历史的还原和实践中。这样的活动既能够增加学生的学科兴趣，也能够提高他们的参与度。利用博物馆的数字化教育资源，学校可以在课堂上使用博物馆的图片、视频、文献等资料，丰富教学内容，提升历史课程的趣味性和深度。博物馆可以组织与历史相关的学术竞赛，激发学生对历史学科的兴趣。这种方式不仅能够加深学生对历史知识的理解，还能够培养他们的学科竞赛意识。定期组织学术讲座和研讨会，邀请专业历史学者分享研究成果。这有助于拓展学生的历史视野，提升他们对历史学科的认识水平。通过与学校的深度合作，博物馆为历史教育提供了一个丰富多彩的延伸场所，为学生提供了更全面、深入的历史学习体验。这种跨学科的教育模式有助于激发学生对历史的浓厚兴趣，提高他们对历史知识的理解水平。

（五）弘扬本土文化

博物馆在弘扬本土文化方面发挥着重要的作用。博物馆通过收藏本土文物，包括传统手工艺品、乡土历史文献、地方特色的艺术品等，展示本地独有的历史和文化。定期举办本土文化主题的展览，深入挖掘本地独有的文化元素，向公众展示地方文化的丰富性和多样性。举办文化传承工作坊，传授传统手工艺技能、民间艺术等，使年轻一代能够学习和传承本土文化。展示本土文学作品、艺术作品，包括当地作家的著作、本土艺术家的作品等，为地方文化的繁荣发展提供平台。参与或主办本土文化节庆活动，包括传统节日庆典、本地特色的文化活动等，促进本土文化的传承和发展。利用数字化技术，将本土文化的资料进行整理和保存，建立数字化档案，以确保文化传承的延续性。与本地社区建立紧密的合作关系，了解社区的文化需求和特色，共同推动本土文化的弘扬。开展本土文化教育项目，面向学校和社区，提供本土文化的课程和讲座，加深公众对地方文化的了解。通过这些方式，博物馆成为本土文化的守护者和传播者，为社区提供了一个了解和热爱本土文化的平台。弘扬本土文化不仅有助于传承历史，还能够激发地方居民对本土文化的自豪感和认同感。

（六）启发思考和反思

博物馆作为一个展示历史文物和文化的场所，确实具有启发思考和反思的独特能力。博物馆可以通过展览设计的多样性，呈现不同历史时期、文化背景和主题的展品。观众在参观时能够接触到多元的历史元素，激发对历史多维度的思考。博物馆的引导性解说和教育活动有助于向观众传达历史事件的背景和影响。通过这些解说，观众可以更深入地理解历史事件的复杂性和多层次性。某些展品可以被设计成引人深思的形式，通过艺术手法、符号或象征意义，激发观众对历史事件更深层次的思考和感悟。在博物馆中设立专门的反思区域，为观众提供思考和讨论的空间。这可以是一个小型的休息区域或者一个设有问题讨论板的区域。利用互动体验和模拟场景，让观众更加身临其境地感受历史事件。这种体验式的展览能够激发观众主动思考和亲身体验。定期举办讲座和研讨会，邀请历史学者、专家进行深入的学术解读。这为观众提供了与专业人士交流和学术思考的机会。通过展示不同文化背景下的历史事件，进行文化对话和跨文化比较。这有助于观众超越自身文化的局限，更全面地理解历史。通过这些方式，博物馆成为引导观众深度思考历史事件的场所。这种思考不仅有助于培养观众的批判性思维，还能够增强他们对历史事件复杂性的理解和尊重。

（七）文化保护与传承

博物馆确实在文化保护与传承方面扮演着重要的角色。博物馆通过精心收藏和妥善保护文物，确保它们得以保存并传承给后代。这包括文物的妥善储存、保养和修复工作。运用现代技术，对文物进行数字化保存，以确保其在数字形式下得以永久保存。数字化文物可以更容易地分享、传播和研究。通过定期的文物展览和教育活动，向公众传达文化的重要性，引发人们对文化传承的关注和热情。举办文化传承工作坊，培训年轻一代掌握传统手工艺、技艺和文化实践，促进传统文化的传承。与当地社区合作，共同开展文化传承项目。社区居民可以参与到文物的保护和传承工作中，增强对本地文化的责任感和归属感。博物馆可以倡导并参与文化保护法规的制定和执行。通过法规的支持，文物得以更有效的保护和传承。博物馆可以积极参与文物的研究工作，与学术机构合作，深入挖掘文物的历史和文化价值。通过与其他国家和地区的博物馆进行合作和文化交流，促进跨国文物的保护与传承。通过这些方式，博物馆不仅是文化传承的守护者，还是文化保护和传承意识的推动者。通过向公众普及文化保护的知识，博物馆能够唤起更广泛的社会参与，共同致力于文化的传承和保护。通过这些方式，博物馆在历史文化教育方面发挥着不可替代的作用，成为社会中传播历史知识和文化价值的重要平台。

二、科学与技术教育

科技博物馆和自然历史博物馆确实是促进科学与技术教育的重要场所。以下是一些方式，说明博物馆如何激发人们对科学和技术的兴趣：展示科学和技术的发展历程，通过展品和文物展示，展示重大科技突破和发现，让观众了解科学与技术的进步。利用互动展览，让观众亲身参与科学实验和技术展示，提供实践性的学习体验，激发学习兴趣。提供模拟实验和科技应用的体验，让观众了解科学实验的过程，增强对科学原理的理解。定期开展科技教育活动，包括讲座、研讨会和工作坊，邀请专业人士分享科学知识和技术应用。为观众提供专业的科学解说员，进行导览和解说，帮助观众更深入地理解科学和技术的知识。利用数字化技术展示科学实验和技术创新，通过虚拟现实等技术手段呈现科技的未来发展方向。展示实际的科学设备、技术器材，让观众近距离观察和了解科技产品的结构和原理。自然历史博物馆展示地球的演变、生物的进化等，通过自然界的奇妙展示，引发观众对科学研究的兴趣。与学校合作，为学生提供实地教学和参观机会，将课堂理论与实际展示相结合。通过这些方式，博物馆为公众提供了一个生动、互动的学习场所，促进了科学与技术的普及和传承。这样的博物馆体验有助于培养人们对科技的好奇心，激发创新思维，为未来的科学发展培养人才。

三、艺术和文学教育

美术馆和文学馆的确是提高艺术和文学教育水平的重要场所。展示丰富多彩的艺术品，包括绘画、雕塑、摄影等，让观众近距离欣赏艺术作品，感受艺术家的创意和情感。提供专业的艺术解说员和导览服务，帮助观众理解艺术品背后的文化背景、历史故事和艺术手法。设计互动艺术体验，让观众参与到艺术创作中，增强他们的创意和表达能力。提供艺术临摹和模仿的机会，让学生学习艺术家的技巧，同时发展自己的艺术风格。展示文学馆的文学作品，包括诗歌、小说、散文等，让观众通过文字感受文学之美。举办文学解读和讲座，邀请作家、文学评论家分享文学作品的深层次理解和创作背后的故事。提供书法和手写体验的机会，让观众亲自体验文字艺术，感受文字的美感和艺术性。举办创意写作工作坊，促进观众的创意思维和文学表达能力，鼓励他们勇敢表达自己的想法和情感。与学校合作，为学生提供文学和艺术教育的实地教学机会，让他们通过博物馆的展品丰富学科知识。通过这些方式，博物馆成为激发观众对艺术和文学的兴趣的场所。这种全面的文学和艺术体验有助于提高观众的审美水平，培养他们对艺术和文学的独立鉴赏能力。

四、社会问题教育

通过策划和设计展览，反映当代社会面临的各种问题，如贫困、环境污染、社会不公等，引起观众的关注和思考。定期举办社会问题讲座和座谈，邀请专家学者和社会活动家分享对社会问题的见解，激发观众的思考和讨论。通过艺术作品、影像展示等方式，展现艺术家对社会问题的观察和表达，以引发观众对社会现象的反思。展示社会历史上的重大变革和社会运动，通过历史回顾，启发观众对当代社会问题的理解和思考。利用互动式体验项目，让观众亲身感受社会问题的影响，增强对社会问题的认知和关切。与社会组织合作，组织观众参与社会活动，鼓励他们亲身参与解决社会问题的过程中，增强社会责任感。开展社会问题教育项目，面向学校和社区，提供有关社会问题的课程和教材，培养学生对社会问题的关注和分析能力。利用数字化平台，通过博物馆的网站、社交媒体等传播渠道，传达社会问题的信息，扩大社会问题教育的影响范围。通过这些方式，博物馆成为引导公众关注社会问题、参与社会讨论的平台。社会问题教育有助于培养公民责任感，激发社会参与意识，推动社会向更加公正、可持续的方向发展。

五、多元文化教育

博物馆在展示不同文化背景的艺术品、手工艺品和传统物件方面，发挥了促进多元文化教育的重要作用。以下是一些方式，说明博物馆如何促进多元文化的理解与尊重：定期策划多元文化主题的展览，展示来自不同文化背景的艺术品、传统工艺品等，为观众提供全面了解多元文化的机会。提供详细的文化背景解说，帮助观众理解展品所代表的文化特色、传统背景和意义，增进对多元文化的认知。举办文化体验活动，如传统手工艺制作、文化表演等，让观众亲身体验不同文化的魅力，促进交流和理解。邀请不同文化背景的代表人物进行文化交流讲座，分享自己文化的独特之处，促进文化的对话和交流。在展览中使用多种语言进行解说和多语言标签，确保观众能够以自己熟悉的语言获取信息，提高跨文化沟通的便捷性。利用数字化技术，建立多元文化的数字化文化档案，为学者、研究者和观众提供更全面的文化信息。举办庆祝多元文化的节日活动，让不同文化背景的人们共同庆祝，增进相互的了解和友谊。与当地社区合作，了解社区居民的文化需求和特色，共同推动多元文化的展示和传播。通过这些方式，博物馆成为促进多元文化理解与尊重的平台。这种文化教育有助于打破文化隔阂，减少误解和偏见，促进社会的多元和谐发展。

六、亲子教育

博物馆作为家庭教育的理想场所，提供了许多适合亲子参与的活动和展览。以下是一些方式，说明博物馆如何促进亲子教育：设计专门为亲子参与的展览，结合趣味性和教育性，让家庭成员一同参与，增进亲子之间的交流和学习。举办亲子工作坊和亲子活动，如手工艺品制作、科学实验等，让孩子和父母一同动手参与，促进亲子互动和合作。提供专门的导览和解说服务，让专业的讲解员引导家庭了解展品，促进亲子共同学习和思考。定期组织亲子竞赛和游戏活动，以寓教于乐的方式，激发孩子的学习兴趣，增加家庭的互动和娱乐。提供家庭学科课程，为父母和孩子提供共同学习的机会，促进家庭成员对不同领域知识的共同理解。利用数字化技术建立亲子学习平台，让家庭成员可以在博物馆之外继续学习，拓展亲子教育的领域。提供专门的家庭导览手册，让家庭自行参观并互动，通过问题解答和小任务，促进家庭成员共同学习。定期推出特别主题的亲子活动，例如家庭日、亲子夜等，营造轻松愉快的氛围，让家庭在共同参与中建立美好回忆。通过这些方式，博物馆成为激发亲子共同学习和互动的场所。亲子教育不仅提供了知识的传递，还培养了孩子的兴趣和家庭之间的紧密关系。

七、公共健康教育

关注公共健康问题并通过博物馆展览和教育活动传递健康信息是一种非常有效的健康教育手段。以下是一些方式，说明博物馆如何促进公共健康教育：策划健康主题的展览，介绍营养、运动、心理健康等方面的知识，让观众了解如何保持身体健康。定期举办健康教育讲座，邀请医生、专家分享健康知识，解答公众关心的健康问题。提供关于健康生活方式的指导，包括合理饮食、适度运动、良好的睡眠等方面的建议。创设互动健康体验项目，让观众亲身感受健康活动，增进对健康生活的体验和理解。提供健康检测和咨询服务，帮助公众了解自己的健康状况，提供个性化的健康建议。利用数字化技术建立健康平台，提供在线健康课程、健康测评等服务，方便公众随时随地获取健康信息。提供应急健康知识教育，包括急救技能、公共卫生知识等，培养公众在紧急情况下的自救能力。参与和组织健康推广活动，如健康日、义诊活动等，提高公众对健康问题的关注。

通过这些方式，博物馆不仅成为传递健康知识的平台，也为公众提供了实际操作和互动的机会，有助于提高公众对健康问题的认知水平，推动社会朝着更健康的方向发展。

八、可持续发展教育

博物馆通过展示环保和可持续发展的实践案例，成为引导公众关注环境问题和提高可持续生活方式认知的重要平台。这样的展览不仅仅是知识的呈现，更是一种激发思考和行动的启示。观众在博物馆中可以深入了解各种可持续发展的实践，包括但不限于：展示最新的环保科技成果，例如清洁能源技术、智能环境监测系统等，引领观众了解科技创新对可持续发展的贡献。展示不同地区采用的可再生能源方案，如太阳能电池板、风力发电等，让观众认识到可再生能源的潜力和重要性。引导观众思考废物处理的新思路，包括废物的回收再利用，展示成功的循环经济案例，启发更环保的生产和消费观念。展示绿色建筑和设计的原则，通过具体项目的案例，传达如何在建筑领域推动可持续发展。展示生态系统的脆弱性以及各种保护措施的有效性，唤起公众对自然环境保护的共同责任感。引导观众思考社区发展的方向，以可持续的方式管理资源、推动社会公平，构建更具活力和韧性的社区。提供关于可持续消费和生活方式的信息，鼓励观众在日常生活中采取更环保的行动，减少对环境的负面影响。利用数字技术提供在线可持续发展教育资源，使更多人能够获取相关知识，推动可持续发展理念的传播。这样的博物馆展览通过生动展示和互动体验，使观众更深刻地理解可持续发展的原则和实践，激发他们在个人和社会层面追求更可持续的未来。

总体而言，博物馆在教育推广方面扮演着重要的角色，通过展示、教育活动和互动体验，为公众提供了一个全面学习的平台，促进了知识的传递和社会的进步。

第三节 利用社交媒体进行文物宣传

一、视觉吸引

视觉吸引是社交媒体上成功宣传文物的关键。使用专业设备拍摄高清晰度的图片和视频，确保展示文物的细节清晰可见。提供文物的多角度照片和视频，让用户可以全方位地欣赏文物的外观和结构。利用近距离拍摄展示文物的细节，突显其工艺和独特之处。利用放大镜或数码技术，突出文物的细小元素，让用户更深入地了解文物的工艺。对于文物中的可移动部分，可以创建时间推移视频，展示其变化和运动过程。在社交媒体上设计美学布局，确保图片和视频在用户流中引人注目。鼓励用户分享他们对文物的图片或视频，形成用户生成的内容，增加文物的传播范围。利用图片和视频编排出具有故事性的展示，引导用户对文物背后的故事产生兴趣。将文物放置在真实场景中拍摄，模拟用户亲临现场的感觉。利用社交媒体提供的故事功能，以图片和视频形式呈现文物的故事，增加实时性和互动性。使用动态效果、滤镜或动画，为图片和视频增加趣味性和吸引力。通过这些方法，可以在社交媒体上创造引人入胜的文物宣传内容，吸引更多用户关注，提高文物的曝光度和认知度。

二、故事叙述

在社交媒体平台分享文物的故事是一种深受欢迎的宣传方法。通过深入讲述文物的历史、发掘经过以及文化意义，能够在用户心中建立起对文物的深刻印象。文物背后的故事承载着丰富的历史和文化内涵。分享文物的历史，可以将用户带回到过去，让他们亲身感受到历史的沧桑变迁。通过揭示文物的发掘经过，用户可以窥见考古学的奥秘，感受挖掘者在历史尘埃中的发现之旅。强调文物的文化意义，可以引导用户深入思考文物在特定文化中的角色和象征。这种文化解读让用户不仅仅看到了物品本身，更理解了其在人类历史和文化中的独特地位。故事叙述的力量在于能够引发用户的情感共鸣。通过将文物与人物故事结合，或强调文物与现代社会的联系，可以使用户更容易产生共鸣，增加对文物的情感投入。这种故事叙述不仅仅是信息的传递，更是一次文化之旅。通过多媒体形式，如图文结合、视频、音频等，将故事呈现得更为生动有趣，激发用户对文物的好奇心和学习欲望。通过用户生成内容的分享，形成更广泛的社群，让更多人参与到文物故事的讲述和传承中。这样的故事叙述不仅增加了文物在社交媒体上的曝光度，也为文物的保护和传承注入了更多活力。

三、互动体验

互动体验是社交媒体宣传文物的一项强大工具。通过创造性的线上展览、虚拟参观和文物解谜等互动活动，能够更深度地吸引用户，提高他们的参与感和亲密感。

（一）线上展览

线上展览是一种出色的方式，通过虚拟手段将文物呈现给全球观众。

精心设计虚拟展览的布局和导览，确保用户可以按照特定的主题或时间线浏览文物。提供清晰的导航和交互元素，使用户能够自由探索。确保展示的文物图片是高分辨率的，以便用户可以近距离欣赏文物的细节。提供多角度的图片，让用户能够全方位地了解文物。利用虚拟现实技术，为用户提供更沉浸式的展览体验。用户可以通过虚拟现实设备，如头戴式显示器，仿佛置身于博物馆中。在线上展览中加入互动元素，例如点击查看详细信息、触发音频解说或视频介绍。这样的设计能够使用户更深度地了解文物。提供导览讲解视频，由专业的讲解员介绍展览的亮点和文物的背后故事。这种形式能够增加亲切感，让用户更深度地参与。设计时间限定的特别展览，增加用户的期待感。特别展览可以聚焦于某一主题或特定时期的文物，吸引更多的关注。结合线上展览，举办在线讲座、座谈会或互动问答活动。这样的配套活动能够进一步拉近观众和文物之间的距离。提供在线观众下载展览导览手册，让他们在参观时有更全面的信息。手册中可以包含更多的背景故事和深度解读。集成社交媒体分享功能，让用户可以轻松分享自己在线上展览中的发现和体验，扩大展览的影响力。通过以上设计，线上展览不仅仅是文物的展示，更是一场数字化的文化之旅，让用户能够随时随地、全方位地感受文物的魅力。

（二）虚拟参观

虚拟参观是一项令人兴奋的技术应用，为用户提供身临其境的文物体验。以下是一些关于虚拟参观的思考：利用虚拟现实技术，为用户创造出一个数字化的文物展览空间。这种技术能够提供更为沉浸式的体验，使用户感觉仿佛置身于实际的博物馆中。利用360度全景展示，让用户可以通过拖动或转动设备，自由探索文物展览的每个角落。这种交互性的设计增加了用户的参与感。在虚拟参观中加入导览和解说功能，通过音频或文字，为用户介绍文物的历史、文化背景和重要信息。这样的设计能够帮助用户更深度地理解展览。通过虚拟现实技术，模拟文物所在地的真实感官体验，如环境的声音、氛围甚至是气味。这样的设计能够提供更全面的体验。在虚拟参观中加入互动元素，如点击查看详细信息、参与文物解谜等。这样的设计能够增加用户的参与度，使他们更深入地了解文物。考虑到全球观众，提供多语言的虚拟导览和解说，确保更多用户能够参与到虚拟参观中。保证虚拟参观在各种移动设备上的流畅运行，让用户可以随时随地进行虚拟参观，增加灵活性。集成社交分享功能，让用户可以与朋友分享他们在虚拟参观中的体验，扩大虚拟参观的影响力。通过这样的虚拟参观体验，用户无须实际到博物馆里，即可深切感受文物的魅力，为他们提供了更便捷、生动的学习方式。

（三）文物解谜

文物解谜游戏是一种引人入胜的互动体验。通过设计有趣的谜题，用户在解谜的过程中不仅能够增加对文物的了解，还能激发挑战欲望，提高学习的趣味性。这样的游戏不仅是娱乐，更是一次深度学习的体验。通过互动性和挑战性，用户能够更全面地了解文物的历史、文化背景以及独特之处。文物解谜游戏的设计需要充分考虑用户体验，以确保游戏既有足够的吸引力，又能够有效地传递文物的教育信息。通过这样的互动方式，文物不再是静止的展品，而是变成了一个引人入胜的故事，等待用户亲自去揭开它的神秘面纱。

（四）线上讲座和直播

线上讲座和直播是推动文物保护意识和理解的有效途径。通过这种形式，专业人士可以实时分享关于文物的深刻知识，包括历史、文化背景等。用户在活动中有机会实时提问，与专业人士互动，进一步加深对文物的理解。这种互动性和实时性使得线上讲座和直播成为促进文物保护教育和传播的强大工具。

（五）互动问答

通过在社交媒体上组织互动问答活动，可以有效促进文物保护意识的提升。在这种活动中，提出与文物相关的问题，激发用户的兴趣和参与欲望。通过设置奖励机制，如奖品或特殊福利，可以增加用户的积极性，进一步吸引他们参与互动。这种形式的活动既能传递文物保护的知识，又能通过互动问答的方式增强用户对文物的认知。

（六）虚拟体验活动

虚拟体验活动的形式包括虚拟考古挖掘、文物修复等，这些活动通过虚拟技术使用户能够参与到文物保护的过程中。这种互动体验有助于用户更深入地了解文物的历史、背景以及保护工作的复杂性。用户可以通过虚拟平台参与考古挖掘活动，了解考古学的基本原理和操作流程。这种互动体验可以增加用户对考古工作的理解，培养他们对文物的关注和保护意识。通过虚拟体验，用户可以模拟文物修复的过程，了解文物修复的专业技术和步骤。这有助于提高用户对文物保护工作的尊重和认知，同时也能够传递文物修复的重要性。虚拟体验活动不仅提供了娱乐性，还具有教育效果。用户可以在互动中学到更多有关文物保护的知识，同时加深他们对文化遗产的理解和尊重。这种形式的活动具有较强的传播性，用户可以通过分享虚拟体验的过程，向更多人传递文物保护的信息。这有助于扩大文物保护的影响力，形成良好的社会共识。虚拟体验活动为用户提供了参与感和沉浸感，使其更深度地了解文物保护工作。

（七）社交媒体挑战

通过社交媒体挑战，可以鼓励用户分享与文物相关的创意内容，如绘画、手工艺品等。这种形式的活动可以激发用户的创造力，同时使文物保护更加具有艺术和趣味性。社交媒体挑战通常以用户参与为主要目的，通过分享自己的创意作品，用户能够感到自己参与到文物保护的过程中。这种参与感有助于建立用户对文物保护的积极态度。社交媒体挑战具有传播迅速的特点，用户分享的创意内容可以在社交媒体上迅速扩散，形成良好的传播效应。这有助于推动文物保护理念在社交媒体上的传播。社交媒体挑战可以促进用户之间的互动和交流，形成一个关注文物保护的社区。用户在活动中分享经验、交流创意，共同建立起对文物保护的共识。设立奖励机制可以进一步激励用户参与社交媒体挑战。例如，设置最佳创意奖、最受欢迎奖等，为用户提供一定的激励，增加他们参与的积极性。在推行社交媒体挑战时，需要注意潜在的挑战，如确保内容的合法性和符合社交媒体平台的规定，以避免可能的问题和纠纷。社交媒体挑战是一种具有活力和互动性的文物保护推广方式，它通过用户创意的分享，将文物保护融入社交媒体的日常互动中。

（八）用户故事分享

用户故事分享可以通过真实的个人经历，展现用户与文物之间的情感连接。这种情感化的传播方式有助于引发公众对文物的共鸣和关注。通过社交媒体平台分享用户故事，形成了一种共同的文化记忆。用户的个人经历将文物融入他们的生活故事中，使文物不再是遥远的历史，而是与人们日常生活息息相关的一部分。用户故事能够生动地展示文物对个人、家庭或社区的重要性。这种个体经历有助于提升公众对文物价值的认知，使其认识到文物不仅是历史的见证者，还承载着个人与集体的情感和记忆。用户故事容易在社交媒体上传播，因为它们具有情感化和真实性。其他用户可能因为故事中的共鸣点而分享，从而形成更广泛的社交传播效应。不同用户的故事展现了文物对于不同人群的多样性影响，这有助于拓展公众对文物的理解。通过各种故事，人们可以看到文物在不同文化、年龄和社会背景下的多样表达。鼓励用户分享故事能够激发他们的参与感。用户不再是接收信息，而是成为文物保护推广的积极参与者，通过自己的故事为文物保护事业做出贡献。在用户故事分享中，需要注意隐私和合法性等问题。

确保用户分享的内容符合社交媒体平台的规定，并保障用户的隐私权。通过用户故事分享，文物保护可以更加贴近人心，使文物不再是冰冷的历史符号，而是充满温度和故事的生动存在。

通过这些互动体验，用户不仅仅是观众，更成为参与者和体验者。这种参与感能够让用户更深入地了解文物，激发他们的好奇心和学习热情，同时增加社交媒体宣传的效果。

四、文物背后的人物

将文物与历史人物、艺术家或发现者联系起来，可以在公众中建立更深层次的情感连接。人物的经历和故事使得文物不再是冰冷的展品，而是具有鲜活性和亲近感。

（一）生动故事传播

生动的故事能够引起公众的兴趣和好奇心。人物的经历和故事情节能够打破文物干燥的形象，使公众更愿意投入注意力去了解文物的来龙去脉。通过人物的故事，能够在情感上与公众建立共鸣。人们往往更容易被情感化的故事所打动，因此人物的经历可以激发公众对文物的情感认同和关注。人物的故事将文物赋予生命。通过讲述与文物相关的人物，就像给文物注入了灵魂，使得文物不再是静态的展品，而是有着丰富故事的活动角色。生动的故事更容易在社交媒体等平台上传播。公众倾向于分享那些具有感染力和趣味性的故事，从而扩大文物推广的传播范围。通过人物的故事，公众更容易记住与文物相关的信息。这有助于提高文物的认知度，使公众更容易在日常生活中联想到和讨论这些文物。生动的故事能够在公众心中留下深刻的印象。记住一个故事往往比记住冰冷的历史事实更容易，因此人物故事为文物创造了更深刻的印象。人物的故事能够激发公众的参与和支持。当公众感受到与人物有关的文物有着特殊的意义时，更容易支持相关的文物保护活动。通过生动故事传播，文物保护可以更好地打破信息传递的局限，让公众更加深入地了解和关心文物。

（二）背后历史解读

通过介绍文物背后的人物，可以深入解读文物所处的历史背景。这种深度解读使得公众不仅仅看到了文物的外在形式，更能理解文物产生的历史背景和时代背景。文物并非孤立存在的，它们承载着丰富的历史价值。通过人物的介绍，公众可以更全面地了解文物在历史中的角色和地位，从而增加对文物历史价值的认知。通过人物故事，可以为文物创造一个生动的历史氛围。公众在听取与文物相关的人物经历时，会更容易想象和感受到历史时期的特殊氛围，使得文物变得更加有血有肉。文物不再是冰冷的展品，而是有着具体故事和历史背景的存在。这种有趣的历史解读能够提升文物的吸引力，使得更多人愿意深入了解和关注这些文物。人物的介绍不仅仅是叙述历史事实，更是一种启发思考的方式。公众在听到人物的故事时，可能会产生更多对历史问题的思考和讨论，促使他们更深入地了解历史。通过人物故事，可以为文物塑造更为生动的形象。文物不再是无趣的陈列品，而是有着故事和情感的角色，这样的形象更容易留在公众心中。公众在了解文物历史背后的故事时，可能更愿意参与讨论、提问，增加了文物的互动性。这种参与感有助于形成更为活跃的文物传播和推广。总体来说，背后历史解读不仅可以加深公众对文物的理解，还能使文物在公众心目中更具有丰富的历史内涵。

（三）人物形象建设

通过生动的描绘，人物形象可以更加贴近公众生活，使公众能够产生一种亲近感。这种亲近感有助于拉近文物与公众之间的距离，使公众更容易产生对文物的兴趣。人物形象的描绘可以通过情感元素来引发公众的情感共鸣。当公众能够感受到与人物有关的情感故事时，他们更容易与文物建立情感连接，从而更深刻地记住文物。有趣的人物形象能够吸引公众的注意力。在众多文物中，人物故事可能成为公众关注的焦点，从而引发更多人的兴趣，提高文物推广的曝光度。通过人物形象，可以更好地传递文化价值。人物的经历和行为往往能够反映出当时的社会和文化背景，使公众在了解人物的同时，也能够更深入地理解文物所蕴含的文化价值。人物形象的描绘有助于为文物创造一个具有故事性的推广场景。故事性的传播方式更容易引发公众的兴趣，使他们更乐意参与和分享。对于文物推广而言，文物可以被看作品牌。通过人物形象的建设，可以为文物打造一个独特的品牌形象，使其在公众心目中留下深刻印象。一些历史上的人物可能已经成为某个时代或文化的标志性形象。通过强化人物形象的独特性和标志性，可以使文物在公众心目中变得更加显著。综合来看，人物形象建设不仅是文物推广的手段，更是一个能够触动公众情感、引发关注的重要元素。

（四）教育意义强烈

通过介绍与文物相关的人物，可以将历史事件变得更加生动具体。公众可以通过这些人物的亲身经历，更好地理解历史事件的发生、演变过程，使抽象的历史变得更为真实和有趣。人物故事往往能够反映出当时的社会背景和文化氛围。通过人物的生活、选择和经历，可以向公众传递更多关于历史社会的信息，帮助他们更好地理解不同时期的文化特点。好的人物故事有助于引发公众对历史的兴趣。与枯燥的历史教科书相比，通过生动的人物描写，可以使历史更富有情感，激发公众主动学习历史的愿望。人物故事不仅可以传递历史事件，还能够传承文化价值观。人物的信仰、追求、价值取向等方面的描绘，可以反映出当时社会的核心价值观，为公众提供历史文化的指引。通过人物故事，公众能够接触到更广泛的历史知识。人物往往涉及不同领域的经历，拓展了公众的历史知识面，使他们对于历史的理解更加全面。人物故事有助于培养公众的历史思维能力。通过分析人物的选择、决策和影响，公众可以更深刻地理解历史事件的多面性和复杂性，培养批判性思维。人物故事中的情感元素能够引发公众的情感共鸣。这种情感连接使历史不再是一堆冷冰冰的事实，而是有温度、有生命的故事，更易于被公众所接受和记忆。在文物推广和历史教育中，人物故事的重要性不可忽视，它为公众提供了一扇了解历史、感受文化的窗口。

（五）社交传播优势

社交传播的优势在文物推广中扮演着关键角色。以下是一些支持这一观点的方面：人物故事往往充满情感元素，能够触发观众的共鸣和情感连接。在社交媒体上，用户更愿意分享引人深思和感动的故事，从而扩大故事的传播范围。社交媒体提供了丰富的互动机制，如评论、点赞、分享等。通过引入文物背后人物的故事，可以激发用户的参与欲望，促使他们在社交平台上积极互动，从而扩大文物推广的影响力。人物故事可以通过图文、视频等多媒体形式进行呈现，更容易引起用户的关注。社交媒体强调视觉化内容，适合展示与人物相关的文物故事，从而提高内容的传播效果。有趣、感人的人物故事能够成为社交分享的热点。一个用户分享了故事，其社交网络中的其他用户也可能受到启发而进行分享，形成一个传播链条，使故事在社交媒体上迅速传播。通过社交媒体传播文物背后人物的故事，不仅能够提升文物本身的知名度，也有助于建立与文物相关的品牌形象。用户更容易记住并认可与感人的人物故事相关联的文物。社交媒体平台构建了一个庞大的虚拟社区。通过文物人物故事，可以在社交媒体上形成一个有着相同兴趣的社群，促进用户之间的交流和互动，形成更为紧密的社区关系。社交媒体的实时性和持续更新特性适合文物推广。通过持续发布人物故事，可以保持公众对文物的持续关注，形成一个长期的社交传播策略。因此，借助社交传播的优势，文物推广可以更好地触达目标受众，形成更广泛的社会影响力。

（六）潜在挑战

准确性和客观性是讲述人物故事时必须要高度关注的方面。以下是关于潜在挑战的一些详细讨论：讲述人物故事时，必须确保对历史事实的准确性。历史记录可能有不同的解释和版本，因此需要进行深入的研究，以避免传播错误或失实的信息。误导公众可能影响其对文物和历史的真实理解。在讲述人物故事时，要保持平衡，避免过度强调个人主观情感或观点。尽量使用客观的语言和事实，以确保故事不受个人立场的影响，使公众能够自行形成对文物的看法。有时，为了营造更引人注目或戏剧性的故事，可能会诱使讲述者对历史进行修饰。这种修饰可能扭曲了历史真相，因此在讲述人物故事时，应当避免故意添油加醋，保持真实性。涉及敏感性较高的问题时，比如涉及宗教、种族、政治等方面的人物故事，需要更为谨慎。避免挑起争议，尊重多元的观点，确保故事不会引发不必要的纷争。涉及人物故事时，可能会受到公众的反馈。建立渠道接受公众的意见和纠正，以及对可能的错误或不准确之处进行修正，是确保公正和透明的关键。在社交媒体等传播平台上，存在不同的规范和审核机制。需要确保人物故事的内容符合平台规定，以避免因内容违规而受到限制或处罚。在推广人物故事的同时，有必要进行公众教育，引导公众理解历史的复杂性和多样性。这样可以提高公众对于历史事实的理性认知，避免对于文物故事的过于主观解读。克服这些挑战，同时保持故事的吸引力和感染力，是在文物推广中讲述人物故事时需要认真考虑的问题。

通过引入文物背后的人物，文物推广不仅可以传递历史文化的内涵，还能够通过人物的生动形象吸引更多公众的关注。

五、直播和实时互动

（一）亲近感和参与度提升

直播提供了实时互动的平台，观众可以通过评论、提问等方式直接与主持人或解说互动。这种互动性强化了观众的参与感，使他们更积极地参与文物展示和解说之中。直播能够让观众在家中就能够感受到文物展示的现场氛围。通过高清的视频和音频，观众仿佛身临其境，更能够深入体验文物的魅力。观众的评论和反馈能够即时传达给主持人或解说，使他们能够根据观众的兴趣和需求做出调整。这种即时反馈有助于提供更符合观众期望的内容。观看直播的人们可以在评论区交流，分享彼此的看法和经验，形成一个临时的社群。这种社群感增加了观众之间的联系，使整个直播过程更具社交性。直播通常由专业的解说或主持人进行，他们能够深入解释文物的历史、文化背景等，为观众提供更丰富的信息。观众通过直播可以获得专业的解说，增加了对文物的认知深度。直播能够让观众跨越地域的限制，不受时间和空间的束缚。无论观众身在何处，只要有网络连接，就能够实时参与文物展示，这有助于推广文物的影响力。由于直播是实时的，观众更容易保持持续的关注。相比于事后观看录播，直播更能够吸引观众在整个过程中保持关注，增加了文物的曝光度。直播提供了一种轻松愉快的学习方式。观众可以在家中或任何舒适的环境中观看直播，不需要额外的出行和时间安排，使学习文物知识变得更加便捷和轻松。

（二）实时解答疑惑

直播中的互动问答为观众提供了即时沟通的机会。观众可以在直播过程中随时提出问题，而主持人或解说员能够立即回应，建立起即时的互动交流。通过实时解答，主持人或解说员能够更精准地回答观众的问题。这有助于确保观众得到他们关心的具体信息，提高了互动的针对性。观众在观看文物展示时可能会有疑虑或不理解的地方。通过实时解答，主持人能够及时解决观众的疑虑，帮助他们更好地理解文物的历史和文化背景。实时解答能够为观众提供个性化的服务。每个观众可能对文物有不同的兴趣和疑问，实时互动问答使得主持人可以根据观众的个性化需求进行回答，提供更有针对性的信息。观众通过提问和获得实时回答，参与到文物展示的过程中。这种互动体验使得观众更加投入，增加了他们与文物之间的亲密感。实时解答不仅有助于解答当前观众的问题，还能够传递更多的相关知识。主持人可以在回答问题的同时，为观众提供额外的文物背景和历史知识。观众通过提问和得到解答的过程中，更容易保持对文物的学习兴趣。实时解答有助于促进观众的学习体验，使其更深入地了解文物的各个方面。通过直接与主持人或解说员互动，观众能够建立更亲近的关系。这种亲近感有助于观众更深度地参与文物展示，提高了整体的用户体验。

（三）传递文物背后的故事

通过直播传递文物背后的故事是一种极富教育性和感染力的方式，以下是相关讨论：直播提供了一个实时叙述文物故事的机会。主持人可以在直播过程中通过口述方式，生动地讲述文物背后的故事，使观众更容易产生共鸣和情感连接。通过实时叙述文物的历史和文化背景，观众可以亲身感受到这些故事。这种亲身感受有助于加深观众对文物的理解和记忆，使其更深入地融入文物的世界。通过真实的叙述，观众更容易与文物背后的故事产生情感共鸣。主持人可以通过讲述相关事件、人物的经历，引发观众的情感共鸣，让他们更加投入到文物的历史中。通过故事的叙述，观众可以更清晰地了解文物的历史价值。主持人可以突出文物在历史中的角色和影响，为观众呈现文物的真实面貌和独特之处。在直播过程中，观众可以通过评论和提问参与到故事的讲述中。这种互动参与使得观众成为故事的一部分，增加了他们的参与感和投入度。文物故事往往富有情节性和吸引力，通过直播形式呈现更容易吸引观众的注意力。观众通过视听的方式更好地沉浸在文物故事的氛围中。直播过程中的文物故事不仅有趣，还富有教育性。观众可以在娱乐的同时学到更多关于历史、文化的知识，提高他们的文物保护意识。主持人可以结合多媒体元素，如图片、视频等，更生动地展示文物的背后故事。这种多媒体辅助使得故事更具可视化和生动性。

（四）虚拟导览和考古挖掘

通过虚拟导览和考古挖掘的直播，观众可以获得身临其境的感觉，以下是相关的讨论：通过直播，观众可以在不同的文物展览或历史遗址中进行虚拟导览。主持人可以利用摄像头实时展示展览品或考古现场，让观众仿佛置身其中，提升了参与感和沉浸感。主持人可以逐一介绍展览品，解释其历史、文化背景和艺术价值。观众可以通过直播清晰地看到文物的细节，了解其独特之处，从而更好地欣赏和理解文物。对于考古挖掘，直播可以呈现出实时的挖掘场景。观众可以观看考古学家进行挖掘、发现文物的整个过程，感受考古工作的刺激和紧张，增加了文物发现的神秘感。在虚拟导览和考古挖掘的过程中，观众可以通过实时评论提出问题，或者向主持人询问他们感兴趣的方面。这种互动性使得观众不仅是被动接收者，还能够参与到文物探索的过程中。主持人可以在直播过程中进行实时解说，解释文物的历史、文化背景和重要性。这种实时解说使得观众能够更深入地了解文物，同时能够即时回答观众的疑问。通过虚拟导览和考古挖掘的直播，观众可以跨越地域限制，不受时间和空间的限制，随时随地参与到文物的探索中。这种灵活性能够吸引更多的观众。直播给观众提供了真实感受文物和考古工作的机会。观众可以感受到文物所处的真实环境，以及考古发现的紧张和刺激，增加了他们对文物保护工作的理解和认同。通过直播，观众可以从多个维度感知文物，不仅仅是视觉上的欣赏，还有声音、解说和互动。这种多维度的体验使得文物的呈现更加全面和立体。

（五）时效性的推广活动

通过直播宣传文物展览特别的限时促销或折扣活动，观众在直播中了解到的信息可能会在一定时间内有效。这种紧迫感可以促使观众在活动期间参与购物或访问文物展览。如果有独家的文物展览或活动即将结束，直播中的倒计时提醒观众活动的截止时间，创造一种紧迫感。观众可能会更积极地参与，以确保不错过这个独特的体验。在直播中进行抽奖活动，奖品可能包括免费入场券、文物周边商品等。观众只有在直播期间参与互动才有资格参与抽奖，增加了观众的参与度和期待感。通过直播形式展示在线文物展览，观众只能在直播期间在线观看。这种限时在线展览的形式使得观众更有动力在直播时观赏，同时也促使他们在规定时间内分享和参与。在直播中设立互动排名竞赛，例如分享、评论或点赞排名。观众可以在直播中通过互动参与竞赛，排名靠前的观众有机会获得奖品或特殊待遇。在直播中宣布特定文物或历史故事的限时解锁。观众只有在直播时才能够获得关于这些文物或故事的独家信息，创造了一个只在直播中能够获取的体验。在直播中举行文物展览或活动的现场观众投票。观众通过直播平台进行投票，决定展览中下一个展示的文物或进行的互动活动，增加了观众对活动的参与性。在直播中宣布特定时间内提供的虚拟导览。观众只有在直播时才能够获取虚拟导览的链接或代码，创造了一种短暂但独特的体验。

（六）跨地域观众参与

直播可以通过在线平台将文物推广活动传递到世界各地。观众无须身临其境，即可实时参与文物展示、解说或互动问答。这为国际性文物的推广提供了全球性的观众参与机会。跨地域直播不仅可以吸引观众，还有助于文物之间的国际合作。文物机构可以通过直播与其他国家或地区的机构合作，共同展示文物、分享历史，促进跨文化交流。对于地方性文物，直播可以吸引更多不同地区的观众。通过展示本地独有的文化遗产，吸引其他地区的观众，促使他们对文物的关注和了解。提供多语言的直播服务，使得来自不同地域的观众能够更好地理解和参与。多语言直播有助于消除语言障碍，让更多观众能够享受文物推广的内容。通过直播，观众可以实时体验其他地区的文物、历史和文化。这种跨文化的体验可以加深对不同地域文物的理解，促进文化多元性的传播。针对不同地域的直播推广，可以突出展示各地文物的独特特色。这有助于观众更全面地了解各地文物的多样性，促使对不同地域文化的关注。观众在观看直播时可以通过社交媒体分享体验，这会使文物推广的信息在不同地域迅速传播。跨地域的社交分享效应有助于扩大文物推广的影响范围。跨地域直播有助于提高文物的国际知名度，吸引更多国际游客。观众通过直播了解到的文物信息可能成为他们选择旅行目的地的重要因素之一。

（七）社交分享效应

通过社交分享，观众能够更积极地参与和互动。分享自己在直播中的体验，提出问题或发表评论，进一步拉近文物机构与观众之间的联系。社交分享使得观众成为文物推广的传播者，通过分享他们的观点和体验，将文物的信息传播到更广泛的社交网络。这有助于扩大文物推广的影响力。观众通过社交分享产生的内容成为用户生成的有价值的信息。这种用户生成的内容能够传递真实的观众体验，对其他潜在观众具有说服力。通过社交分享，文物机构的品牌和活动信息能够更迅速地传播，增强品牌认知度。这种口碑传播能够在社交媒体上形成良好的品牌形象。社交分享有助于建设文物推广的社群。观众通过分享形成共同的兴趣点，建立起一个互相交流、分享的社交群体，进一步巩固了文物机构与观众之间的连接。由观众分享的内容可以激发其他人的兴趣，引起更多人关注文物推广活动。社交分享的互动性有助于形成更加生动和引人入胜的推广效果。通过社交分享，文物机构可以收集观众反馈和数据，了解观众的兴趣点和喜好，从而进行更精准的推广策略和内容优化。由于社交分享能够让观众在活动中有更多参与感，对于文物机构而言，这意味着更多的人会感到被吸引和参与，推动文物推广活动的成功开展。社交分享有助于建设观众对文物机构的品牌忠诚度。通过分享他们的文物体验，观众不仅表达了对文物的喜爱，也在社交媒体上形成了与文物机构相关的社交身份。

（八）创造互动体验

通过设计创意性的互动体验，观众更有可能参与到直播活动中。投票选择展示的文物或参与小游戏等方式，能够激发观众的兴趣和积极性。互动体验的设计可以使直播更富有趣味性。观众参与其中，不仅仅是被动地接收信息，还能够在互动中获得乐趣，提升整体观赏体验。互动体验能够创造出观众共同参与的体验，使他们感到彼此连接。这种共同体验有助于建立观众之间的社群感，增强对文物推广活动的参与感。互动体验使观众更容易产生深度参与感，这有助于提高观众的留存率。参与互动的观众更有可能在未来继续参与文物推广的活动。通过引入新颖的互动体验，可以创新直播的形式。这有助于文物机构吸引更多的观众，尤其是年轻一代，提升直播的吸引力和独特性。根据观众的兴趣和参与程度，设计个性化的互动体验。这种个性化能够更好地满足观众的需求，增加他们参与的积极性。互动体验不仅可以提供娱乐性，还可以设计具有教育性的互动活动。观众通过参与互动，能够更深入地了解文物的历史和文化背景。利用互动体验在不同平台上展开，例如在社交媒体上进行投票，增加了互动的广度。这有助于拓展观众群体，提高文物推广的影响力。通过观众的互动反馈，文物机构可以收集意见和建议，了解观众的需求和喜好，从而不断改进互动体验，提升直播活动的质量。

总的来说，直播和实时互动为文物推广提供了丰富多彩的可能性，通过技术手段拉近了文物与观众之间的距离，使推广更加生动有趣。

六、用户生成内容

鼓励用户分享与文物相关的内容可以大大扩大文物的宣传范围。用户生成的内容可能通过社交媒体等渠道传播，形成口碑效应，吸引更多人关注和参与。

（一）增强参与感

通过鼓励用户分享个人观点、照片或创意作品，文物推广活动不再是单向的信息传递，而是变成了一个双向互动的过程。这样的参与感对于建立用户与文物之间的情感连接至关重要。当用户感到他们的意见和创意被重视时，他们会更有动力投入到文物推广的过程中。这种参与感还可以转化为更深层次的用户参与，比如参加线上活动、参观实体展览等。通过这样的互动，用户会更加深入地了解文物，同时也为文物推广增添了更多元的元素。此外，参与感也是建立社群和用户忠诚度的重要桥梁。用户在一个积极、互动的社群中分享自己的观点和创意，形成共同的文化兴趣，进而建立了一个关系紧密的社区。这种社群感有助于提高用户的忠诚度，使他们更长期地参与到文物推广活动中。总的来说，增强用户的参与感是文物推广不可或缺的一环。通过建立开放、互动的平台，激发用户的创造力和热情，文物推广将更有可能引起公众的广泛关注和参与。

（二）创造社群

创造一个关注文物的社群是文物推广中非常重要的一环。用户生成的内容不仅仅是信息的呈现，更是社群建设的基石。社群在文物推广中具有多重意义。首先，社群成员可以通过分享自己的经验、见解和创意，形成一个多元化的文化氛围。这样的多样性有助于吸引更广泛的用户群体，因为每个人都能在社群中找到与之相关的内容或话题。其次，社群是互相支持的平台。成员之间可以相互学习、交流，解决疑问，进一步促进对文物的理解和认知。这种共同体验和互帮互助的氛围不仅增强了用户的参与感，也使文物推广更具有社会性和亲和力。此外，社群是建立用户忠诚度的重要途径。在一个积极、友好的社群中，用户更有可能产生对文物的深层次兴趣，从而形成对文物推广活动的长期支持和参与。总的来说，通过鼓励用户生成内容，文物推广可以打造一个充满活力、互动频繁的社群。这种社群不仅有助于文物的传播，也为文物推广提供了更广泛、更深入的平台。

（三）多元化内容形式

用户生成的内容的多元化形式为文物推广提供了更广泛的表达途径，满足了不同用户的喜好和需求。一些用户可能更喜欢通过文字来表达对文物的理解、感悟或历史背景的解读。这样的内容可以是文章、博客、评论等形式，为喜欢深度阅读的用户提供了丰富的信息。图像是一种直观且生动的表达方式，用户可以通过分享自己拍摄的文物照片、艺术品细节等，展示个人视角和感受。这对于喜欢视觉体验的用户而言，是一种非常有效的沟通方式。视频内容在当今社交媒体中非常受欢迎。用户可以通过制作文物介绍、文物修复过程的视频，或者分享自己的文物参观经历，为文物推广增添生动的元素。用户还可以通过互动式内容的方式参与，例如文物解谜游戏、虚拟实景导览等，这样的互动形式使用户更积极地参与到文物推广活动中。这样的多元化内容形式使得文物推广更具趣味性和互动性，同时也能够满足不同用户的阅读和体验偏好。这不仅拓展了文物推广的传播途径，也使得推广活动更富有创意和活力。

（四）提升创意水平

用户的创意作品不仅为文物推广增色不少，而且还能够为整个推广活动注入新鲜的思维和创意。用户参与文物推广的创意有很多方面的好处：用户可能会通过个人独特的视角和创意来表达对文物的理解和感受，这种新颖的表达方式能够吸引更多的关注。用户可能提出新颖的互动形式，如文物主题的小游戏、互动问答等，增加了推广活动的趣味性和参与度。一些用户可能以艺术的方式表达对文物的喜爱，创作绘画、手工艺品等，这不仅是一种对文物的致敬，也为推广活动带来了更多的艺术元素。鼓励用户在社群中合作创作，形成集体创意。这种社群创作能够促进用户之间的互动，形成一个更加有活力的社群。组织文物创意竞赛，激发用户的创作热情。这样的竞赛既是对用户的认可，也是发现更多优秀创意的途径。通过提升创意水平，用户生成的内容将更具有吸引力和感染力，使文物推广更加生动有趣。这也有助于建立一个更加活跃和创新的文物推广社群。

(五) 提高互动性

通过用户的评论和互动,形成了一个具有共同兴趣的社群。这样的社群对于文物推广来说是一个强大的支持力量,能够共同促进文物推广的发展。用户的互动提供了实时的反馈机制,推广方能够更直观地了解用户的喜好、关注点,从而调整推广策略,更好地满足用户需求。通过用户的互动,内容可以更迅速地传播扩散。一个有趣的、引人入胜的用户生成内容往往会被更多人分享,从而扩大推广的影响范围。用户参与的互动让他们感到被重视,增强了参与感。这使得用户更愿意持续参与推广活动,形成一个良性的互动循环。在数字化时代,提高互动性不仅是文物推广的需求,也是社交媒体平台用户习惯的体现。通过这样的互动,文物不再是冰冷的展品,而是与观众建立了更为亲密的联系。

(六) 制定创意活动

制定创意活动是一种非常有效的方式,可以通过这种方式集结用户的创造力,为文物推广注入更多新鲜的元素。这样的创意活动有几个显著的优势:创意活动往往能够激发用户的创作热情。通过比赛或征集,用户会积极参与,展示他们对文物的独特视角。这种活动可以带来多样化的内容形式,从摄影作品到故事创作,再到手工艺品,用户的创意不仅能够为文物推广带来更多元化的内容,也让用户能够以不同的方式表达对文物的热爱。创意活动可以设计成互动性强的形式,例如观众投票选出最佳作品。这样的互动性不仅拉近了用户之间的关系,也使得推广活动更有趣味性。这样的活动可以帮助建立更加紧密的社群氛围。用户之间可以通过比赛讨论、互相鼓励,形成一个更加有活力的社群。总的来说,制定创意活动不仅仅是为了获取更多的用户生成内容,更是在推广过程中创造了一种有趣、积极的互动体验。这样的体验不仅能够让用户更好地参与,也会为文物推广注入更多活力。

(七) 提高用户忠诚度

通过参与文物推广活动，用户不再只是被动的接收者，而是成为参与者和贡献者，这种参与感可以深刻地影响用户的认同和忠诚度。当用户感到他们的贡献是被重视的，他们更有可能与文物建立起一种特殊的情感连接，认为文物不仅仅是一种展示物品，更是他们自己的一部分。用户生成的内容被采纳和展示，让用户感到他们的贡献对于文物推广是有实质性影响的。这种认同感能够深刻地影响用户对文物的情感连接。定期的互动活动，例如回顾用户生成的内容、选出最佳作品等，保持了用户与文物推广活动的持续联系，促使用户保持对文物的兴趣。通过对用户生成内容的了解，可以提供更个性化的关怀和反馈。这种个性化的关怀能够让用户感到被重视，增强他们的忠诚度。鼓励用户之间的互动，形成一个社群。这个社群可以成为用户分享文物热情、经验和见解的平台，使用户感到他们是一个共同体的一部分。在建立用户忠诚度的过程中，文物推广活动不再是单纯的展示，更是一个共同体、一个共同的文化体验。

(八) 转化为品牌大使

将用户转化为文物的品牌大使是一个非常有前景的方向。这种转化不仅仅是用户对文物的热情表达，更是一种深度的情感连接和认同。将用户生成的内容进行认可和奖励，让用户感受到他们的贡献是受到文物机构高度认可的。这有助于建立用户对文物的认同感。将品牌大使与一些特殊的权益相联系，例如提前参观、专属活动邀请等，增加他们的归属感和参与感。为品牌大使提供培训和支持，使他们更好地了解文物、推广文物。这样的培训可以提高品牌大使的专业性和影响力。鼓励品牌大使在社交媒体上分享他们的文物体验，这将有助于文物推广活动在更广泛的社交网络中传播。将品牌大使组织成一个社群，通过定期的线上或线下活动，促使他们之间的互动,形成更紧密的社群关系。通过将用户转化为品牌大使,文物推广活动不仅能够获得更大的影响力,也能够在社交网络中形成更为广泛的传播效应。这是一种建立在共同兴趣和情感连接基础上的强大推广力量。

参 考 文 献

[1] 高慧. 博物馆文物管理中的文物保护对策微探 [J]. 收藏与投资, 2023, 14（09）: 115-117.

[2] 陈川. 三维激光扫描技术在文物保护中的应用 [J]. 科学技术创新, 2023（22）: 81-86.

[3] 靳忠梅. 文物保护教育与宣传策略研究 [J]. 黑河学刊, 2023（04）: 40-44.

[4] 隋俪荣. 新形势下革命文物保护利用实施路径 [J]. 中国民族博览, 2023（11）: 250-252.

[5] 刘全胜. 博物馆文物陈列与文物保护意识研究 [J]. 收藏, 2023（06）: 74-76.

[6] 多杰加. 博物馆文物管理中的文物保护对策分析 [J]. 收藏, 2023（06）: 107-109.

[7] 冯宇. 加强博物馆文物保护与管理的策略分析 [J]. 中国民族博览, 2023（10）: 245-247.

[8] 张君平. 新时期博物馆的文物保护策略探究 [J]. 中国民族博览, 2023（09）: 236-238.

[9] 洪晓芸. 浅谈大像山石窟的文物保护 [J]. 收藏, 2023（05）: 94-97.

[10] 王艳峰. 浅谈如何做好文物的保护与管理工作 [J]. 中国民族博览,

2023（09）：248-250.

[11] 江贞.信息化技术在文物保护中的几点思考[J].收藏，2023（05）：85-87.

[12] 郭瑞芳.浅谈基层博物馆在文物保护管理中的作用发挥[J].收藏，2023（05）：152-154.

[13] 陈勃源.互联网时代博物馆文物管理中的文物保护研究[J].收藏，2023（05）：146-148.

[14] 王永平.博物馆文物陈列与文物保护意识研究 以义乌博物馆铜镜为例[J].收藏，2023（05）：42-44.

[15] 张鹏.关于加强博物馆文物保护工作的思考[J].收藏，2023（04）：135-137.

[16] 武天宇.博物馆文物保护问题研究[J].收藏，2023（04）：147-149.

[17] 孙引龙.博物馆文物管理中的文物保护措施研究[J].收藏，2023（03）：125-128.

[18] 温娟.野外不可移动文物保护的难点和建议[J].收藏，2023（03）：56-58.

[19] 宋天宁.博物馆文物陈列与文物保护意识探讨[J].收藏，2023（03）：121-124.

[20] 程姗.博物馆文物保护及文物修缮的策略探讨[J].收藏，2023（02）：121-124.